LA
GARDE MOBILE D'EURE-ET-LOIR
ET SES AUMONIERS
(1870-1871)

Chartres. — Imp. GARNIER, 15, rue du Grand-Cerf.

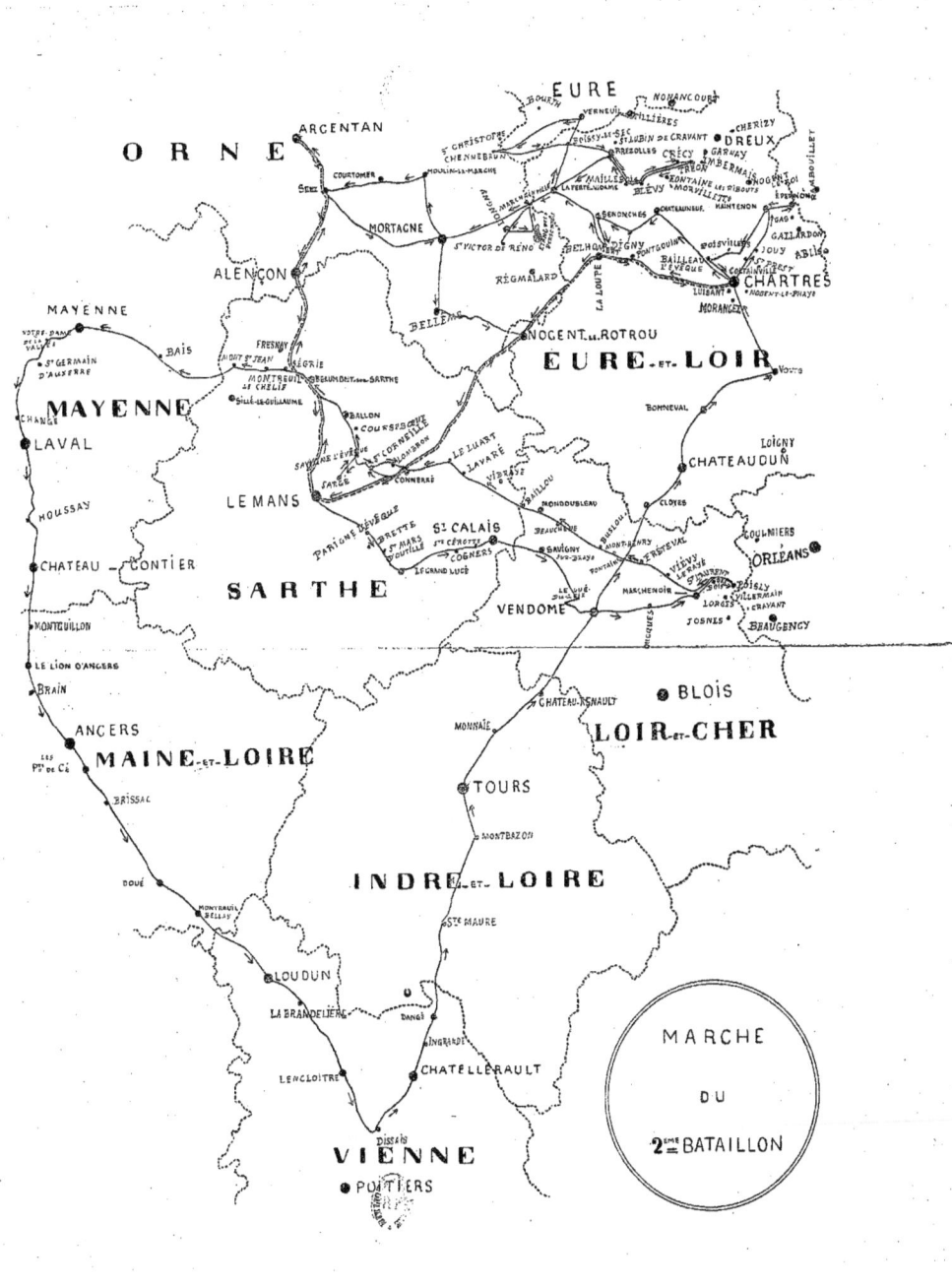

LA GARDE MOBILE

D'EURE-ET-LOIR

ET SES AUMONIERS

(1870-1871)

Par M. le Chanoine PROVOST

CHARTRES   CHARTRES
IMPRIMERIE GARNIER   *LIBRAIRIE SAINT-PIERRE*
15, Rue du Grand-Cerf, 15   16, Place des Halles, 16

1901

ÉVÊCHÉ
DE CHARTRES

Chartres, le 10 Septembre 1901.

Monsieur le Chanoine,

La lecture rapide des pages où vous ravivez le souvenir des communs efforts réalisés et des communes épreuves supportées par la Garde Mobile d'Eure-et-Loir et ses vaillants Aumôniers a suscité dans mon âme un sentiment profond de reconnaissance pour l'héroïsme des uns et la charité des autres.

Vous avez dit tout cela, Monsieur le Chanoine, avec une émotion contenue qui atteste hautement la sincérité de votre récit et traduit, en termes excellents, votre juste admiration pour le courage des troupes françaises et la grande prudence des administrateurs civils de la ville de Chartres, en ces jours de calamité publique.

Je vous félicite, Monsieur le Chanoine, d'avoir su, en vous inspirant des pensées et des écrits de nos dévoués Aumôniers, exalter le patriotisme des enfants de notre Beauce; et, avec vous, je suis heureux de pouvoir répéter : « Puisse la lecture de ces pages unir tous les cœurs dans une même œuvre de restauration pour Dieu et la patrie ! »

Avec toutes mes félicitations, veuillez agréer, Monsieur le Chanoine, l'assurance de mes meilleurs sentiments.

† B. GABRIEL,
Évêque de Chartres.

Monseigneur,

Je suis profondément touché de l'honneur que vous me faites en acceptant l'hommage de cette étude sur la *Garde Mobile d'Eure-et-Loir et ses Aumôniers* pendant la guerre de 1870-1871.

Il était difficile de rendre tout ce qu'il y eut de dévouement obscur, d'héroïsme caché dans ces jeunes bataillons qui durant les mois sombres de l'automne et de l'hiver supportèrent si courageusement les rigueurs d'une température sibérienne et les coups répétés de la fortune.

Aussi le plus souvent possible c'est aux victimes de ces misères, aux combattants de ces luttes inégales que je laisse la parole. Ils vous raconteront eux-mêmes leurs travaux sans espérance, leurs efforts inlassables, leurs souffrances continuelles, leurs humiliations sans nombre.

En les écoutant vous vous rappellerez ces jours où vous-même, Aumônier militaire, vous accompagniez vos compatriotes de la Somme. Vous reverrez des campagnes désolées, des flammes rougissant l'horizon, des hommes hâves et en guenilles, marchant péniblement dans la neige ou la boue, qui retrouvent, en face de l'ennemi, un reste de fierté pour résister avec vigueur toujours, parfois même avec succès.

— VIII —

Vous entendrez encore les confidences des âmes angoissées, les gémissements des blessés, les plaintes des moribonds à l'ambulance et sur les champs de bataille. Comme autrefois votre main bénissante se lèvera pour appeler du ciel les tendresses des miséricordes infinies sur tous ces repentirs et sur toutes ces douleurs.

Puissent ces pages en ravivant les souvenirs de communs efforts et de communes épreuves, unir tous les cœurs dans une même œuvre de restauration pour Dieu et pour la Patrie !

Je suis, de Votre Grandeur,

Monseigneur,

le très humble et très dévoué serviteur,

PROVOST
Chanoine.

Chartres, en la fête de la Nativité de la Sainte-Vierge,
8 septembre 1901.

PRÉFACE

Cette étude, commencée par la publication, dans la Croix d'Eure-et-Loir, *du Rapport des Aumôniers militaires et des Récits de nos Confrères sur la guerre de 1870-1871*, s'est élargie peu à peu, grâce aux documents divers qui nous ont été successivement communiqués. Les plus nombreux ne nous sont même arrivés que récemment

Notes prises dans les loisirs d'une grand'garde ou dictées au soir d'une bataille, lettres écrites à la famille ou à des amis, relations suivies, anecdotes, états de situation, ordres du jour sont alors venus nous livrer leurs secrets.

Nous remercions MM. les capitaines Maurice de Possesse et Vidière, le sous-lieutenant Vivien, le sergent-major Couronnet et le sergent Bay qui ont bien voulu nous confier leurs journaux de marche.

Nous sommes profondément reconnaissant à Mme de la Marlier, à M. le Marquis de Maleyssie et à M. Fessard, Maire de Chartres, des documents officiels et privés qu'ils ont, avec tant d'obligeance, mis à notre disposition.

Parmi les ouvrages qui ont paru sur la guerre de 1870-1871 et que nous avons consultés avec fruit, nous citerons: La Deuxième Armée de la Loire, par le général Chanzy ; La Guerre à Dreux, *par le commandant de Coynart;* les Renseignements sur les faits qui ont précédé l'occupation de Chartres, *par M. Labiche;* Les Prussiens à Chartres, *par M. Caillot;* les Rapports des Maires; Les Mobiles de l'Orne, *par M. des Moutis.*

Plusieurs autres, tels que Le Sparnonien, *annuaire d'Epernon pour 1892 et 1893;* Les Francs-Tireurs de la Sarthe, *par le comte de Foudras;* Les Zouaves Pontificaux, *par Jacquemont, nous ont fourni quelques indications précises.*

*Mais celui qui dans les premiers chapitres nous a été le plus utile est l'*Album de la Garde Mobile d'Eure-et-Loir, *par le lieutenant Silvy, du 4ᵉ bataillon. L'auteur, plus à même que nous de mener à bien une telle entreprise, nous aurait dispensé de ce travail s'il avait achevé le sien.*

Tout n'est pas dit sur la Garde Mobile d'Eure-et-Loir; il y a certainement des mérites, des actes de bravoure et de dévouement qui ne sont pas signalés dans ces pages, parce qu'il y a des sources où il nous a été impossible de puiser, des renseignements qui ne nous sont pas parvenus.

Aussi nous continuerons de recueillir avec empressement les faits qui pourront permettre à d'autres de compléter un jour ces essais historiques.

Enfin nous sommes heureux, en terminant, de remercier tous ceux qui par leurs démarches, leur crayon, leurs recherches, nous ont aidé à illustrer et à faire paraître cette monographie.

LA GARDE MOBILE D'EURE-ET-LOIR

ET SES AUMÔNIERS

(1870-1871)

I

ORGANISATION ET DÉBUTS

SOMMAIRE. — Création de la Garde Mobile. — Son rôle et son importance. — Nos quatre bataillons.— Officiers et sous-officiers.— Effectifs.— Exercices.— Armement. — Habillement. — Plan de Campagne. — Premier séjour dans l'Orne. — Discipline. — Retour. — Les éclaireurs prussiens. — Nos Mobiles à Épernon — Deux Aumôniers.

Lorsque le 20 juillet 1870, la guerre eut éclaté soudainement entre la France et la Prusse, le gouvernement impérial prescrivit dans les départements la levée immédiate et la prompte organisation de la Garde nationale mobile.

Distincte de la Garde nationale *sédentaire* qui se composait ordinairement d'hommes faits et était destinée à assurer l'ordre ou la défense d'une localité, la Garde nationale *mobile*, formée de jeunes gens, devait servir d'auxiliaire à l'armée active et appuyer les grandes opérations militaires en France ou à l'étranger.

Le 1er février 1868, en présence des menaces que les récentes victoires de la Prusse sur l'Autriche suspendaient au-dessus de nos têtes, on avait voté la création de cette nouvelle milice. La Garde mobile doublerait notre armée, la rendrait égale en nombre à celle de l'ennemi, nous permettrait de ne plus redouter aucune attaque.

Car l'effectif et la force de ces troupes de réserve pouvaient être considérables. En 1870, elles étaient composées des classes de 1865, 66, 67, 68 et 69 ; elles comprenaient tous les jeunes gens qui s'étaient fait exonérer du service, c'est-à-dire les plus instruits, les plus fortunés, et la partie libre des contingents de ces diverses années. Il y avait là des centaines et des centaines de mille hommes. Quel avantage assuré, dans un moment critique, la patrie ne tirerait-elle pas de ces innombrables bataillons ?

Malheureusement, par raison d'économie, et pour des motifs politiques, on avait différé d'exécuter la loi, de composer soigneusement et par engagements irrévocables, les cadres d'officiers ou de sous-officiers, d'exercer les jeunes gens au maniement des armes, afin de pouvoir les utiliser victorieusement à l'heure du danger. A part la nomination des commandants et des capitaines faite en 1869, il fallait, en 1870, excepté à Paris, tout improviser en quelques semaines.

Et cependant, à cette époque, la plupart étaient pleins de confiance ; on entreprenait la guerre d'un cœur léger, on ne parlait que d'aller à Berlin. Les Mobiles, ou plus familièrement Moblots, comme on les appelait par abréviation, n'auraient pas même à combattre. Une fois organisés, ils iraient remplir les vides du camp de Châlons et s'avanceraient plus tard à la suite de l'armée de première ligne pour garder les places fortes que celle-ci aurait conquises ; il n'y avait donc pas pour eux grands dangers à courir.

Mais bientôt l'envahissement du territoire français par les Allemands, les défaites successives infligées à nos troupes, la marche des ennemis sur Paris firent voir quelle tâche écrasante incombait à ces pauvres Mobiles qui ne connaissaient encore rien du rude métier des armes.

Chacun de nos arrondissements fournissait un bataillon. Toutefois comme les effectifs auraient été trop inégaux, on avait détaché de Chartres le canton de Maintenon pour le donner à Dreux, et les cantons de Courville et d'Illiers pour les réunir à ceux de Nogent-le-Rotrou [1].

Les commandants et les capitaines avaient été nommés l'année précédente, avons-nous dit. Ils avaient alors passé un mois dans une caserne pour y apprendre le maniement du fusil. Mais cette instruction rapide était loin d'être suffisante. Aussi ils se réunirent à Chartres, le 30 juillet 1870, afin de se préparer à nouveau par l'étude et les exercices à leur difficile mission.

Le 1er août, le vieux général Cardon de Chaumont recevait à Chartres les aspirants aux grades de lieutenant et de sous-lieutenant. Excepté dans les cas fort rares de services militaires antérieurs, on avait égard, pour conférer ces grades, à la position des familles et au degré d'éducation des postulants.

La même règle fut appliquée quinze jours plus tard au choix de tous les sous-officiers ; car, fait bien regrettable, dans notre département il ne se trouva que quatre anciens sous-officiers de l'armée active qui prirent un engagement pour la durée de la guerre parmi nos Mobiles, tandis qu'il en eût fallu dix fois plus pour remplir les rôles si importants, surtout dans la circonstance, de sergents-majors et de sergents instructeurs dans les quatre bataillons d'Eure-et-Loir.

Chaque bataillon se divisait en huit compagnies comprenant de 125 à 150 hommes. A partir du 7 septembre, les trois premiers bataillons formèrent le 63e régiment de marche, commandé par un lieutenant-colonel. Le 4e, celui de Nogent-le-Rotrou, formait corps à part et était commandé par un chef de bataillon [2].

En fait, le 4e bataillon ne fut pas séparé de nos compatriotes : il les accompagna pendant toute la durée de la guerre et n'agit parfois isolément, comme les trois premiers d'ailleurs, qu'avant sa jonction avec l'armée de la Loire.

M. de la Marlier de la Sauverie, ancien sous-lieutenant de

---

[1] *Journal militaire officiel*, année 1868, no 39, pp. 6 et 7. Voir en appendice le tableau A.

[2] Deux conseils d'administration furent créés, l'un pour le 63e régiment, l'autre pour le 4e bataillon.

— 4 —

hussards, commandait le bataillon de Chartres ; M. Lecomte, qui n'avait pas été militaire, mais auditeur au Conseil d'Etat, commandait celui de Châteaudun ; M. Marais, ancien capitaine de chasseurs à pied, commandait celui de Dreux ; M. Marais était en même temps lieutenant-colonel. Enfin M. le comte de Castillon de Saint-Victor, ancien sous-lieutenant de hussards, blessé à Solférino et chevalier de la légion d'honneur, avait le titre de chef de bataillon et commandait les Mobiles de Nogent-le-Rotrou [1].

Le 16 août, les contingents de Chartres et de Dreux étaient réunis à Chartres ; les deux autres contingents étaient convoqués pour le 20 au chef-lieu de leur arrondissement, Châteaudun et Nogent-le-Rotrou.

Comme les casernes étaient insuffisantes, beaucoup de conscrits logeaient chez l'habitant. Tous recevaient un franc par jour pour leur nourriture ; mais au milieu de nos populations si bienveillantes, ils étaient souvent nourris pour rien.

Les conseils de revision avaient examiné les motifs de dispense avec une précipitation qui fut plus d'une fois préjudiciable aux jeunes gens. Car s'ils furent faciles à Chartres, ils admirent ailleurs, comme à Châteaudun, de pauvres diables qui ne pouvaient résister à la première fatigue.

Les bataillons une fois formés, nous dit M. de la Marlier, comprenaient :

   le 1er, 25 officiers et 1.157 hommes.
   le 2e,   25   —   et 1.185   —
   le 3e,   25   —·   et 1.189   —
   le 4e,   25   —   et 1.026   —

Ce qui donne un total de 100 officiers et 4557 hommes [2].

---

[1] Voir en appendice, note B, les listes des officiers et sous-officiers à l'organisation.

[2] Les cinq classes de la Garde Mobile d'Eure-et-Loir formaient au moment de la déclaration de guerre un effectif d'à peu près 5.300 hommes . . 5.300
Les conseils de révision en exemptèrent ou réformèrent environ . 1.700
   Il restait donc 3.600
        A reporter 3.600

— 5 —

Les bataillons furent définitivement constitués le 25 et remis au département de la guerre.

On se hâta de faire commencer les premiers exercices à ces recrues qui n'avaient encore ni fusil, ni uniforme. Le maître n'était pas toujours fort habile, on le comprend. Heureusement qu'il se trouvait parfois comme à Châteaudun des instructeurs volontaires qui mettaient leur savoir et leur expérience à la disposition des chefs.

Ceux-ci cependant travaillaient de leur mieux à s'instruire et à se rendre capables de commander. En attendant ils s'efforçaient de bien faire. « Notre rôle à nous officiers de la Mobile, écrivait alors M. Maurice de Possesse, capitaine au 2° bataillon, est de suppléer par l'énergie et par l'entrain à ce qui nous manque en connaissances militaires. Je crois qu'en agissant ainsi chacun de nous fera son devoir. »

L'arme destinée à nos Mobiles était un ancien fusil, dit à tabatière ; il se chargeait par la culasse et n'avait qu'une portée de six cents mètres, bien inférieure à celle du fusil allemand. Ces armes vieillies et hors d'usage étaient en très mauvais état quand, dans la première semaine de septembre, elles parvinrent à nos différents bataillons. A Châteaudun, par exemple, il fallut requérir tous les armuriers du pays pour les retoucher.

Pour ne pas revenir sur l'armement de nos Mobiles et faire connaître en une seule fois à quel point il était défectueux, ajoutons ces graves paroles de M. de la Marlier, lieutenant-colonel de nos compatriotes :

« L'armement était pitoyable ; les percuteurs des fusils à

Report.	3.600
A ce chiffre il faut ajouter :	
1° Les hommes remplacés des classes de 1865 et 1866 qui furent appelés à cette époque par suite d'une loi spéciale, environ.	600
2° Les hommes qui appartenaient aux départements envahis et qui habitaient Paris au moment de la guerre, environ	400
Total approximatif des hommes disponibles	4.600

L'appel commença le 7 août et les opérations des conseils de révision furent terminées le 15 du même mois.

tabatière se brisaient ainsi que les ressorts à boudin et on n'avait pas de pièces de rechange.

» Les cartouches étaient de très mauvaise qualité, et je constatai à Mortagne en coupant des balles que sept sur dix étaient plus creuses et plus légères qu'il ne convient ; le plomb y était remplacé par une pâte de papier.

Garde Mobile d'Eure-et-Loir

» Il n'en fut pas parlé aux hommes. Malgré cela ils s'aperçurent bien que beaucoup de leurs balles n'arrivaient pas à l'ennemi ; ils mirent cela sur le compte du fusil qui, disaient-ils, ne valait rien et leur donnait un grand désavantage sur l'ennemi.

» Malgré tous ces désavantages, le régiment d'Eure-et-Loir a rendu de réels services et s'est bien comporté dans tous les combats auxquels il a pris part. »

L'uniforme définitif de nos Mobiles fut : un képi, une vareuse ou blouse de laine bleu marin avec pattes rouges sur les épaules, serrée à la taille par une ceinture, un pantalon de drap gris à bandes rouges et des guêtres de cuir.

Mais il n'y avait rien de prêt lorsque les jeunes gens se réunirent ; pendant trois semaines environ ils attendirent leur uniforme.

« Nos Mobiles, écrivait le 15 août le capitaine de Possesse, se vêtiront à leur arrivée d'une blouse bleue avec une croix de Saint-André sur l'épaule gauche. Ce n'est pas très militaire, mais on est si pressé qu'il faut se contenter de cela pour le moment. Les cadres seront habillés commes les Mobiles de Paris.

» On comptait trouver dans les magasins tout ce qui est nécessaire, et je vois encore une fois que Lebœuf (le ministre de la guerre) nous a trompés en disant qu'ils étaient pleins quand il n'y avait rien.

« Une commande de pantalons est également faite dans le département ; chaque arrondissement confectionne les siens. Les vareuses noires et rouges qui doivent, avec la blouse, former le costume complet, vont se faire de suite également.

« Tous ces vêtements que bâcleront à la hâte des gens qui n'en ont pas l'habitude seront sans doute de mauvaise qualité et ne dureront pas longtemps. Plaise à Dieu cependant que nous n'ayons pas le temps de les user ! »

Tandis que nos jeunes recrues sortaient à peine de leurs premiers tâtonnements, les événements marchaient avec une rapidité foudroyante et jetaient la consternation dans le pays. Les désastres succédant aux désastres, la capitulation de Sédan, la proclamation de la République le 4 septembre, l'inertie de Bazaine à Metz, nos vieilles troupes anéanties ou prisonnières, l'impuissance de nos diplomates à nous trouver des alliés ou à conclure une paix acceptable, l'investissement prochain de Paris disaient bien haut que la France était en grand danger, puisqu'elle en était réduite à compter pour sa défense sur des armées improvisées, composées en majeure partie de Mobiles, de gardes nationaux et de francs-tireurs.

Il fut pourtant décidé que l'on continuerait la lutte.

Mais quel plan de campagne adopterait-on ? A quel moment opposerait-on aux troupes allemandes aguerries et triomphantes ces Mobiles qui ne savaient pas même se servir des armes défectueuses, remises tout récemment entre leurs mains ?

Pour montrer à quel point nos Mobiles étaient encore peu exercés et par là même incapables d'arrêter la marche des Prussiens, lisons ce que raconte dans son journal le sergent-major Couronnet, du 4ᵉ bataillon. « Du 20 août au 24 septembre, nous n'avions tiré qu'une seule fois à la cible et brûlé que trois cartouches ». Aussi, dans le premier combat soutenu par nos compatriotes, celui d'Epernon, il arriva ce fait navrant que plusieurs des nôtres furent blessés par leurs camarades et que des officiers ordonnèrent à leurs hommes de cesser le feu dans la crainte de nouveaux accidents[1].

L'avis des hommes de guerre était qu'il ne fallait pas conduire ces malheureux jeunes gens, sans instruction militaire, à des défaites inévitables ; que ce serait les décourager, les démoraliser, les déshonorer inutilement. On devait d'abord les habituer à la discipline, leur apprendre à manœuvrer avec ensemble et à tirer avec calme, leur faire acquérir la cohésion, la solidité qui font les bonnes troupes ; en un mot les mettre en état de marcher avec assurance à l'ennemi.

De plus, ajoutaient ces mêmes hommes, il était impossible de songer à défendre la Beauce, pays riche, plat, découvert, voisin de la capitale, où les Allemands qui assiégeaient Paris viendraient nécessairement chercher à se ravitailler ; que l'abandonner pour un moment était un sacrifice indispensable qui préparerait les succès de l'avenir.

La conclusion s'imposait : On devait envoyer les Mobiles loin de Paris, les abriter derrière les collines et les forêts du Perche ou de la Normandie ; là on aurait le temps d'en faire de vrais soldats, et on pourrait alors ramener avec des chances sérieuses contre les armées allemandes, ces bataillons dans lesquels la patrie mettait sa dernière espérance.

C'est cette tactique que le gouvernement de Paris avait

---

[1] Silvy. *Album de la Garde Mobile d'Eure-et-Loir*, I, p. 16.

adoptée. Les ordres formels enjoignaient aux troupes d'Eure-et-Loir de se replier au-delà des forêts du Perche sitôt que les communications seraient coupées avec la capitale ; ce qui arriva le 19 septembre.

OFFICIER DE LA GARDE MOBILE D'EURE-ET-LOIR

Le général Boyer qui commandait alors à Chartres avait suivi sa consigne et, laissant le 4ᵉ bataillon à Nogent-le-Rotrou que protègent ses collines et ses bois, il avait fait venir de Châteaudun le 2ᵉ bataillon pour l'expédier par chemin de fer, le 19, à Argentan ; le même jour le 3ᵉ bataillon était dirigé sur Alençon, Séez, Nonant-le-Pin et le Merlerault. Lui-même, le 21, avait emmené le 1ᵉʳ bataillon à Mortagne, où un engagé volontaire, Georges Fessard, le futur maire de Chartres, ne tarda pas à le rejoindre.

Nos compatriotes furent parfaitement accueillis par les

populations hospitalières de ces contrées et chacun d'eux pourrait répéter pour son compte personnel ce que le lieutenant Vidière écrivait pour sa compagnie : « Tous les Gardes Mobiles ont conservé le meilleur souvenir de la réception qui leur a été faite, surtout à Séez. »

Sur ces entrefaites, le gouvernement républicain, se défiant sans doute des officiers de Mobiles nommés par l'Empire, s'était inspiré des exemples de la première Révolution et venait d'ordonner que tous les grades, dans chaque bataillon, seraient soumis aux élections.

La mesure était humiliante pour les chefs et désastreuse pour leur autorité. Heureusement que le départ précipité de nos Mobiles en fit ajourner et même oublier l'exécution. Mais cette menace en paralysa beaucoup dans l'exercice du commandement et fut loin de contribuer à la discipline.

Il était d'ailleurs difficile d'établir une stricte hiérarchie et des rapports sévères entre des jeunes gens appartenant tous au même pays, élevés ensemble, souvent unis par des liens de camaraderie ou de parenté.

Si l'officier inspirait alors quelque respect, c'était plutôt par son âge, sa position de famille ou de fortune, que par les galons d'or cousus sur son képi.

Aussi l'éloignement du pays fut-il favorable à la discipline en forçant et en accoutumant les hommes à se serrer autour de leurs chefs.

Pendant ce premier et rapide séjour dans le département de l'Orne, nos Mobiles s'essayèrent aux écoles de tirailleurs et de bataillon.

Le commandant Lecomte, dans la ville d'Argentan, avait à cœur de former avec ses compatriotes de Châteaudun un bataillon modèle. Il donnait l'exemple d'un travail opiniâtre, d'une autorité ferme, d'une foi sincère. Sachant que les efforts humains pour ne pas être inutiles ont besoin du secours de Dieu, il eut soin, le dimanche 25 septembre, qu'une messe militaire fût célébrée pour ses hommes.

« Mes enfants, avait dit M. Lecomte à ses Mobiles, je vais faire dire demain une messe à notre intention commune. Je ne force personne à y assister. Cependant vous me ferez plaisir si vous répondez à mon appel. N'oubliez pas, mes amis, Celui qui ne nous oubliera pas [1] ».

Le lendemain une compagnie, commandée par le capitaine marquis d'Argent, assistait à l'office divin et le curé doyen de la ville, remplaçant l'Aumônier encore absent, y adressait au bataillon une allocution patriotique fort bien pensée et bien dite.

Mais ces troupes isolées, abandonnées en quelque sorte à elles-mêmes, ne pouvaient rapidement arriver à un résultat sérieux. Aucun officier supérieur n'était là avec droit de mettre partout l'émulation nécessaire, de presser l'instruction des compagnies, de relier entre eux les différents corps de Mobiles qui occupaient ces contrées.

« Nous sommes dans l'Orne à peu près 10.000, écrit le capitaine de Possesse; qui nous commande? Je ne sais. Aucune cohésion n'existe, je crois, entre ces différents régiments; je ne sais même pas si on compte prochainement nous former en corps d'armée. On dispose un rideau de Mobiles de Nogent-le-Rotrou à Falaise. Ce sera bon tout au plus à repousser quelques éclaireurs malheureux. »

Il y eut bientôt un revirement complet dans la conduite des opérations militaires. A l'exemple et sous l'inspiration du gouvernement de Tours, le Préfet d'Eure-et-Loir, M. Labiche, imposa sa direction aux généraux et aux commandants. Il voulait protéger la Beauce, encourageait partout et à tous prix les défenses locales, ordonnait le retour des Mobiles, afin que notre pays n'eût pas la douleur d'être conquis, comme l'avaient été nos départements depuis Sédan jusqu'en Eure-et-Loir, par un escadron de uhlans [2].

Aussi, dès le 24 septembre, notre 4e bataillon était appelé de Nogent-le-Rotrou. Il y laissait comme dépôt quelques hommes de chaque compagnie, ceux qui étaient le plus en

---

[1] *Voix de Notre-Dame*, 1871, p. 66.

[2] *La Guerre à Dreux*, 1870-1871, par le commandant de Coynart, p. 199.

retard pour l'exercice, et, prenant le chemin de fer, arrivait à Chartres à 8 heures et demie du soir.

Le lendemain et le surlendemain, il était envoyé par petits détachements, à Maintenon, Epernon, Gallardon, Auneau pour arrêter les éclaireurs ennemis déjà signalés en grand nombre.

Tandis que les paysans faisaient à nos Mobiles l'accueil le plus cordial, quelques vieilles femmes pleuraient sur le seuil des maisons ou des granges en leur disant : « Ah ! mes pauvres enfants, vous arrivez trop tard ! Les Prussiens sont déjà partout par ici ! »

Le 27 au soir, on enjoignit à beaucoup d'entre eux de se replier sur Maintenon, parce que Rambouillet était occupé par des forces supérieures. Le 28 à midi, on les renvoyait à Epernon, d'où le 30, à deux heures du matin, on les faisait brusquement revenir à Chartres, par le chemin de fer depuis Maintenon. Comme 25 uhlans les avaient suivis assez près de la ville, nos Mobiles allèrent leur donner la chasse et s'établir en postes avancés à Lèves, à Champhol et à Saint-Prest. Le 1er octobre, à 6 heures du soir, ils partaient de nouveau pour Epernon, d'où un ordre donné le lendemain, mais aussitôt rapporté, faillit les faire revenir à Maintenon.

Cependant nos trois autres bataillons étaient également rappelés, le 25 septembre au soir [1], du département de l'Orne. Le 1er et le 3e bataillons s'arrêtèrent à Chartres pour en garder les alentours. Le 2e, avant de revenir, envoya sa 5e compagnie, capitaine Legrand, à Alençon pour y former son dépôt, et se mit en route pour notre ville. Mais à peine le convoi qui l'amenait de Nogent, entrait-il dans notre gare, le 1er octobre à la nuit, que le commandant de gendarmerie Pérottin parut à la portière et enjoignit au commandant Lecomte de laisser les hommes coucher dans le train. Ils devaient repartir le lendemain à 5 heures afin de rejoindre à Epernon le lieutenant-colonel et le 4e bataillon chargés de

---

[1] Dans ses numéros du 4 et du 25 septembre 1870, le *Journal de Chartres* proposait une souscription pour offrir un drapeau aux Mobiles de l'arrondissement de Chartres. Notre premier bataillon, qui s'est toujours si vaillamment conduit, en aurait été digne à tous égards.

protéger cette limite de notre département contre la garnison ennemie de Rambouillet.

Le lieutenant-colonel de la Mobile d'Eure-et-Loir, M. Marais, écrit le commandant de Coynart [1], était un ancien capitaine ayant fait la guerre et réunissant à une instruction solide les connaissances pratiques les plus complètes ; il était aussi compétent que possible sous tous rapports.

Or M. Marais avait nettement fait connaître sa pensée à Chartres ; ses hommes à peine formés ne pouvaient lutter contre les troupes allemandes, entraînées de longue date, pourvues de cavalerie et d'artillerie, alors que lui-même n'avait ni un canon ni un cavalier. Malgré cette déclaration si motivée, il avait reçu l'ordre de se rendre à Epernon et de le défendre.

Déjà les Prussiens avaient apparu plusieurs fois dans cette ville, leurs hardis éclaireurs avaient déjà pillé la contrée. Ainsi quand le 2 octobre au petit jour, dit le lieutenant Silvy, les Mobiles de Nogent revinrent pour s'y établir et résister énergiquement, ils aperçurent, à travers les brouillards de la vallée, des uhlans qui rôdaient autour d'Epernon.

La 7ᵉ compagnie de ce bataillon, ajoute-t-il, s'empressa d'occuper la butte des Marmousets d'où l'on domine le pays. Or, sur le plateau opposé, cette grand'garde distinguait très nettement des cavaliers qui, par petits groupes, cernaient les hameaux ou les maisons isolées, et emmenaient des vaches et des moutons ; mais les nôtres, à cet endroit, étaient beaucoup trop éloignés pour tirer sur les voleurs.

Nos francs-tireurs et nos Mobiles furent souvent plus heureux et réussirent dans de fréquentes escarmouches à repousser les maraudeurs qui terrorisaient les populations. Le soir de ce même jour, en effet, le hardi capitaine Bréqueville, à la tête de sa compagnie, poursuivit quelques uhlans jusqu'à une petite distance de Rambouillet et tua un de leurs hommes.

Mais les pillages exercés par les Prussiens avaient pour but d'approvisionner l'armée qui investissait Paris ; ils se

---

[1] *La Guerre à Dreux*, p. 202.

continueraient systématiquement de village en village. On savait donc à l'avance que les envahisseurs, pour se ravitailler, seraient forcés d'élargir le cercle de leurs opérations, de se répandre dans les grandes et riches plaines de la Beauce et qu'Epernon serait bientôt l'objet d'une attaque en règle.

Dans une lettre datée d'Epernon, le capitaine Maurice de Possesse, nous dépeint quelle était la situation le 3 octobre, veille de la bataille. « Nous sommes ici deux bataillons, environ 1600 hommes, d'une complète innocence au point de vue militaire, en face d'une colonne prussienne que l'on dit assez forte et qui possède plusieurs pièces de canon. Le lieutenant-colonel Marais, notre chef, est malade gravement et ne peut monter à cheval. Notre commandant Lecomte ne reculera pas, mais il ne saura diriger ses hommes; il sent, du reste, la grave responsabilité qui lui incombe.

« Les alertes sont continuelles, les populations tremblantes, les uhlans perpétuellement en vue pour reconnaître nos positions, et nous n'avons pas le plus petit éclaireur. »

Ainsi, nos compatriotes ne se faisaient pas illusion sur l'issue probable de cette lutte que tous savaient proche et inévitable.

Il était grand temps que des Aumôniers volontaires, puisqu'il n'y en avait pas d'officiels, vinssent apporter leur divin ministère à nos Mobiles, pour les encourager à bien combattre, en les disposant à bien mourir.

Dès le commencement de nos malheurs, Monseigneur Regnault, évêque de Chartres, s'était ému de compassion pour ces soldats improvisés, qu'une fatale invasion arrachait si brusquement à leurs foyers. Parmi les prêtres de son diocèse qui avaient aussitôt sollicité l'honneur d'aller, à leurs frais, sans subvention aucune, partager les périls et les fatigues de nos compatriotes, il en avait choisi plusieurs qui attendaient, dans la prière, le moment du départ pour exercer leur mission de charité et de zèle.

Dès qu'on apprit à Chartres l'imminence d'une lutte sérieuse, MM. Robé et Paty, le premier, vicaire de la cathédrale, le second professeur à la Maîtrise, s'empressèrent de rejoindre notre jeune milice. Ils partirent n'emportant sur eux que leur bréviaire, un crucifix et l'huile sainte des mourants ; ce fut là tout le bagage, et, si je puis m'exprimer ainsi, tout le matériel de campagne des deux Aumôniers. Je me trompe ; ils n'avaient pas dû mépriser les conseils de la plus vulgaire prudence, et, membres de la Société chartraine de secours aux blessés, ils s'étaient munis, au départ, d'un brassard d'ambulance, simple morceau d'étoffe blanche marqué d'une croix rouge, que les belligérants, en vertu de la Convention de Genève [1], s'étaient promis de reconnaître et de respecter comme un signe de neutralité, la neutralité de la charité et du dévouement. Ils étaient enfin porteurs d'un laisser-passer signé de M. Delacroix, maire de Chartres, et d'une lettre épiscopale qui les accréditait, en qualité d'Aumôniers, auprès des chefs de corps et des principaux officiers de la garde mobile.

Sur la route qui les conduisait à Épernon, nos deux piétons rencontrèrent beaucoup de fuyards, femmes, enfants, vieillards emmenant leurs troupeaux et leurs bagages, qui cherchaient à les dissuader d'aller plus loin, tant le péril était menaçant. Mais ces paroles ne faisaient qu'exciter leur ardeur. Aussi furent-il assez heureux pour atteindre de jour le but de leur voyage, obtenir des commandants de nos troupes la reconnaissance de leur mission, faire une première visite aux avant-postes, et rentrer à la nuit dans une école abandonnée, préparée pour servir d'ambulance, auprès de la mairie. C'est là qu'ils élurent domicile, là qu'ils commencèrent, après la récitation de leur bréviaire, la rédaction de leurs notes quotidiennes sur les événements dont ils avaient été les témoins.

---

[1] Le 26 octobre 1863, sur l'initiative d'un Français, M. Dunant, une première assemblée de délégués de presque toutes les puissances de l'Europe se tint à Genève, et adopta diverses résolutions, qui se résumèrent dans un traité appelé Convention de Genève, signé le 22 août 1864.

Les principales dispositions du traité sont : Neutralité des ambulances et hôpitaux militaires, et de tout le personnel, même après l'occupation par l'ennemi. Respect aux habitants portant secours aux blessés, etc.

11

ÉPERNON

SOMMAIRE : Combat d'Épernon. — Mort du commandant Lecomte. — Retraite — Secours tardifs. — M. le Curé d'Épernon. — Étrange rumeur. — Nos pertes. — Les gardes nationaux de Droue. — Nos Aumôniers. — Captivité de M. l'abbé Paty. — L'ambulance. — Tentatives de délivrance. — Le cercueil du commandant Lecomte et la caisse du 4ᵉ bataillon. — Un obstacle.

C'est le mardi 4 octobre que les Prussiens résolurent de s'emparer d'Épernon. La veille, ils avaient quitté Rambouillet, s'étaient avancés à mi-chemin avec des canons et avaient passé la nuit dans les bois de la Têtée. Le matin, ayant vu deux compagnies du 4ᵉ bataillon, sous la conduite du capitaine adjudant-major Marchandon, faire une reconnaissance près de la ferme de Fosseuil, ils pointèrent leur artillerie sur elles, les suivirent dans leur retraite et commencèrent ainsi le combat.

Les forces ennemies composées dès le début d'infanterie bavaroise, de hussards, de cuirassiers, d'artilleurs et de sept canons s'augmentèrent encore de nombreux renforts de cavalerie ; le lieutenant Silvy les estime en tout à 3.000 hommes.

Le colonel d'Alvensleben qui les commandait forma deux colonnes d'attaque et les dirigea, à droite et à gauche de la route nationale, vers les deux collines qui dominent Épernon : la butte des Marmousets et le plateau de la Diane.

A ce moment il était environ dix heures ; le soleil avait dissipé l'épais brouillard du matin, la journée s'annonçait très belle et très chaude.

Les nôtres qui se savaient menacés, avaient arrêté la veille, chez le lieutenant-colonel Marais, le plan à suivre pour repousser l'ennemi. Le 4e bataillon occuperait le plateau de la Diane où s'élevait anciennement le château ; le 2e garderait la butte des Marmousets, la gare et la barricade qui coupait la route de Rambouillet ; enfin les gardes nationaux surveilleraient les abords du côté de Nogent-le-Roi et de Gallardon. C'était tirer tout le parti possible d'une mauvaise position que les officiers présents n'étaient pas libres de changer.

Malheureusement les troupes cantonnées à Épernon n'étaient pas assez nombreuses pour occuper tant de points si éloignés. Il arriva de plus que le lieutenant-colonel, malade, ne put veiller lui-même à l'exécution de son plan, et qu'aucun des secours demandés soit à Gallardon où se trouvait un bataillon des Mobiles de Lot-et-Garonne soit à Chartres où restaient encore nos 1er et 3e bataillons d'Eure-et-Loir, ne lui parvint en temps utile.

Enfin une erreur qui devait bientôt donner un avantage marqué à l'ennemi, se produisit dès le commencement de l'action générale, vers dix heures et demie. Nos Mobiles se portèrent de préférence sur le plateau de la Diane et la côte du cimetière, tandis que la butte des Marmousets, position si importante, protégée, disait-on, par quatre compagnies, n'était occupée que par douze hommes et une poignée de gardes nationaux.

Le capitaine Rey qui s'en aperçut lorsque déjà les cavaliers allemands parcouraient cette butte, fut assez heureux pour la reprendre à la tête de 70 hommes.

« En face de nous, à moins d'un kilomètre, écrit-il, se déployait, au centre du plateau, une section d'artillerie appuyée par une réserve d'infanterie de trois cents hommes environ ; sur la gauche l'escadron de hussards bleus qui se reformait ; le tout couvert par un rideau de tirailleurs. A ma droite, vers le Mousseau, la ferme incendiée, ne se trouvait aucune compagnie de soutien ; seulement en arrière de moi, de l'autre côté de la Droue, était la 2ᵉ compagnie sur laquelle arrivaient alors en plein les projectiles de la section d'artillerie dont je viens de parler¹. »

Pendant plus de deux heures, le capitaine Rey repoussa les assaillants quatre ou cinq fois plus nombreux, secondés par des canons et des cavaliers. Mais quand, ne recevant pas les secours demandés, ne voyant non plus rien venir de Gallardon; il fut obligé de se replier, la demi-batterie allemande domina le plateau de la Diane et jeta la confusion dans les rangs des Mobiles qui s'y battaient courageusement.

Car si plusieurs des nôtres, pris de panique au bruit du canon, lâchèrent pied dès la première heure; si d'autres, à cause de leur maladresse, reçurent l'ordre de ne plus tirer pour ne pas continuer à blesser leurs camarades, beaucoup, comme la compagnie du capitaine Bréqueville par exemple, se conduisirent admirablement et ne cédèrent que lorsque toute résistance fut devenue impossible.

C'est surtout, avons-nous dit, vers le plateau de la Diane que nos troupes s'étaient portées en plus grand nombre. Entraînées par l'exemple de chefs intrépides, les de Castillon, les Roche, les de Pontoi-Pontcarré, elles y défendirent le terrain contre un fort détachement d'infanterie bavaroise et une demi-batterie, sinon avec l'expérience nécessaire, au moins avec une ténacité digne de tout éloge. Le capitaine marquis d'Argent, dont la bravoure électrisait ses hommes qui se retirèrent les derniers du champ de bataille, y mérita d'être proposé pour la croix d'honneur.

Vers 2 heures, le commandant Lecomte, repoussé de la vallée et réfugié avec ce qui lui restait de monde sur ce même plateau, vint prendre au capitaine d'Argent le sous-lieutenant Quinton et 10 Mobiles pour rétablir une ligne de tirailleurs du 4ᵉ bataillon qui faiblissait.

Le capitaine accompagna le commandant, fit avec lui, sous la mitraille, le tour des vignes attenantes au bois de la Diane et revint à sa compagnie pour la soutenir et la diriger².

---

¹ Voir, dans le *Journal de Chartres*, une lettre du capitaine Rey en date du 25 juillet 1872.

² Consulter dans le *Journal de Chartres* une lettre du capitaine marquis d'Argent en date du 23 juin 1872.

HIPPOLYTE LECOMTE
Commandant du 2e bataillon de la Garde Mobile d'Eure-et-Loir

Quelques minutes plus tard, le commandant Lecomte qui continuait d'encourager ses hommes, recevait plusieurs balles en pleine poitrine. Se sentant défaillir, il s'appuya contre un arbre. C'est là qu'un garde national et trois Mobiles [1] vinrent le prendre pour l'emporter sur deux fusils à l'ambulance, où il mourut moins de deux heures après.

Déjà sa mort avait été vengée par un de nos Mobiles de Cloyes, Larue, qui tua le chef des assaillants, tandis que les nôtres redoublaient d'ardeur pour arrêter l'ennemi.

Mais l'abandon de la butte des Marmousets finit par rendre la position intenable pour nos compatriotes; l'artillerie attaquait de face et de flanc, fouillant tous les abris derrière lesquels nos tirailleurs se cachaient; elle ne tarderait pas à les écraser. Après une ou deux tentatives pour faire reprendre l'offensive, le colonel Marais comprit qu'il ne fallait pas faire tuer inutilement la meilleure partie de ses hommes; et vers trois heures et demie il donna l'ordre de se replier sur Chartres, où les derniers se trouvaient avant minuit.

Ainsi, il est bon de le remarquer, nos troupes improvisées auraient résisté avec succès à l'infanterie et à la cavalerie allemandes; c'est l'artillerie seule qui, après en avoir effrayé quelques-uns au début, a fini par ébranler la masse et contraint les plus intrépides à la retraite.

Tous les secours demandés arrivèrent trop tard. La compagnie de Possesse, envoyée dès quatre heures du matin en grand'garde à la Garenne des Fresnes, pour assurer les communications avec Gallardon, était restée fidèle à sa consigne qui ne fut pas changée. Elle y attendit en vain et avec anxiété tout le jour le bataillon des Mobiles de Lot-et-Garonne que l'on avait averti plusieurs fois de venir prendre part à la lutte. Il était plus de 5 heures du soir quand ces méridionaux parurent.

Les Gascons se rencontrèrent avec un détachement de

---

[1] Voici les noms de ceux qui transportèrent à l'ambulance le commandant Lecomte : M. Bouchereau, greffier de la justice de paix et garde national de Maintenon, le sergent Adolphe Pescheteau, du 2ᵉ bataillon, et deux Mobiles, Gallou et Lesourd, de la 4ᵉ compagnie du 4ᵉ bataillon.

notre 1er bataillon d'Eure-et-Loir qui, parti de Chartres en chemin de fer par le premier convoi, arrivait en ce moment à pied de Maintenon. Les Prussiens ayant aperçu ces deux petites troupes sur la hauteur du côté de Gallardon, les arrêtèrent avec des obus et brûlèrent sous leurs yeux la ferme du Loreau. Aussi trop peu exercés pour prendre l'offensive en plaine découverte, ces hommes durent se retirer tandis que l'incendie, au milieu des ténèbres, empourprait l'horizon de ses lueurs sinistres.

Notre 1er bataillon s'arrêta à Maintenon que le capitaine Bréqueville et sa compagnie, après s'être vaillamment battus à Épernon, n'avaient pas voulu dépasser dans leur retraite.

C'est après avoir incendié la ferme du Loreau et une maison à l'extrémité du faubourg du Prieuré que les Bavarois, quittant le plateau de la Diane, pénétrèrent dans Épernon.

A cette heure, la plupart des habitants avaient fui, emportant ce qu'ils jugeaient nécessaire. Il ne restait dans la ville que trois conseillers municipaux, MM. Guerrier, Thirouin et Fauveau. Ce dernier fut d'abord traité brutalement et les premières paroles des envahisseurs firent redouter une terrible vengeance.

Heureusement que M. l'abbé Sureau, curé de la paroisse, se présenta à l'état-major ennemi au moment où il descendait du château. Grâce soit à son âge, soit à son caractère et à son habit de prêtre, on eut pour lui tous les égards.

Dans la crainte du pillage que réclamaient les officiers et les soldats comme récompense après la bataille, le Curé et les trois conseillers municipaux allèrent trouver le général d'Alvensleben, installé à l'hôtel de la Grâce de Dieu, et implorèrent sa bienveillance.

M. le Curé lui offrit son presbytère pour logement, et lui donna quelques indications pour soigner une blessure qu'il avait reçue dans le combat. Le général, adouci par ces procédés charitables, promit d'empêcher le pillage ; mais auparavant il exigea de M. le Curé, sous sa responsabilité personnelle, l'engagement qu'aucun coup de feu ne serait tiré sur ces hommes, et, en outre, que la ville pourvoirait à la nourriture des hommes et des chevaux, cette nuit du 4 et le lendemain.

Le général fit alors accompagner M. le Curé par un officier supérieur dans l'intérieur de la ville. Le pillage commencé dans quelques maisons fut aussitôt arrêté, l'ordre se rétablit partout et les habitants se sentirent enfin rassurés [1].

Les pertes de l'ennemi dans la journée du 4 octobre ont dû être considérables. Bien qu'il soit difficile d'en donner le chiffre exact en raison de la précaution prise par les Prussiens d'emporter toujours loin du champ de bataille leurs tués et leurs blessés, on était d'accord à Épernon et Rambouillet pour les fixer à 242 hommes mis hors de combat.

De notre côté heureusement les pertes furent moins nombreuses. Nos compatriotes en se défendant s'abritaient le plus possible, tandis que les assaillants étaient obligés de se découvrir.

Le principal deuil de notre Mobile d'Eure-et-Loir était la mort du commandant du 2e bataillon, et une étrange rumeur circulait à son sujet, à Maintenon comme à Chartres : nos Mobiles racontaient, avec quelques variantes, que M. Lecomte avait été tué par trahison.

Il aurait vu, disait-on, un groupe ennemi lever la crosse en l'air et aurait crié à ses hommes : Ne tirez pas, nous allons les prendre. Mais au moment où il s'avançait pour recevoir la soumission des Bavarois, il serait tombé, frappé de trois balles par ses lâches agresseurs.

M. Maurice de Possesse et M. André Vivien qui n'ont point pris part à la bataille, rapportent ce fait comme l'ayant entendu raconter. Mais ni le commandant de Castillon, ni les capitaines Marchandon et d'Argent, ni le lieutenant Silvy, ni le sergent-major Couronnet qui combattaient sur le

---

[1] Rapport de M. l'abbé Surcau, curé d'Épernon en 1870. — M. l'abbé Surcau, par la force des circonstances, fut plus d'une fois, dans les jours qui suivirent, obligé de s'interposer afin d'empêcher quelques Mobiles imprudents et surtout les francs-tireurs de prendre Épernon pour théâtre d'une escarmouche contre les Prussiens. Il le fit, à la satisfaction des habitants, malgré les menaces du dehors, et parvint à préserver sa paroisse du sort qui attendait Ablis et tant d'autres villes.

plateau de la Diane, n'ont émis ce soupçon dans leurs récits.

Quelle est l'origine de cette erreur? Des soldats ennemis n'ayant plus de cartouches auraient-ils réellement imploré la pitié? Nous ne le croyons pas et nous pensons que nos Mobiles inexpérimentés ont été victimes de quelque illusion.

Signalons cependant l'aveu du capitaine bavarois qui, à l'attaque d'Epernon, commandait le détachement d'infanterie :

« Un moment, disait-il, je me suis bien cru perdu ; j'ai cru moi et mes hommes perdus : on était allé trois fois au caisson renouveler les provisions, nous étions dans un bois, trop peu nombreux, en ligne trop étendue, trop loin les uns des autres ; presque plus de cartouches, tant les hommes avaient tiré ; j'allais de l'un à l'autre, très inquiet tant le feu était vif, puis tout d'un coup plus rien... les Mobiles se retiraient [1] ! »

Après avoir cité ces paroles qu'il a entendues, M. de Coynart ajoute: C'est vers cet instant sans doute qu'il faut placer la fin glorieuse du commandant Lecomte : il se trouvait sur le plateau non loin des bois de la Diane ; il tomba frappé de deux balles au moment où il criait à ses Mobiles: Allons! mes enfants, en avant, nous les tenons!...

Nous ne pouvions passer sous silence cette rumeur qui fait du commandant Lecomte la victime d'un infâme guet-apens, parce que plusieurs écrivains l'ont propagée [2] et que le P. Delaporte, jésuite, l'a poétisée, dans ses *Récits et Légendes*, par son petit drame intitulé : Le cimetière d'Epernon [3].

---

[1] *La Guerre à Dreux*, p. 209.

[2] Voir Blandeau, *Patriotisme du Clergé*, Lecoffre, p. 332.

[3] Empruntons-lui ces quelques vers où il peint nos compatriotes pendant cette douloureuse campagne.

J'étais soldat depuis deux mois : pauvre Mobile,
Presque brave déjà, mais beaucoup moins habile ;
. . . .
Mais nous avions du cœur pourtant et bon vouloir
Nous, conscrits de deux mois et Moblots d'Eure-et-Loir.
Malgré le vent sifflant dans nos minces vareuses,
Souvent malgré la faim glaçant nos mains fiévreuses,
Malgré l'ennui passant dans la moelle des os,
Nos vieux fusils chantaient comme de bons oiseaux.

Mais revenons à l'énumération de nos pertes dans le combat du 4 octobre.

Nos deux bataillons d'Eure-et-Loir, en comprenant le commandant Lecomte, comptaient dix-sept hommes tués[1] et vingt-trois blessés.

Dix gardes nationaux sédentaires étaient morts et trois avaient été blessés en défendant leurs foyers.

Pour honorer la mémoire de ces courageux auxiliaires de nos Mobiles, rappelons le douloureux épisode qui signala le commencement de la bataille en avant de la butte des Marmousets.

Les pompiers et gardes nationaux de Droue, au nombre de seize, s'étant placés non loin de la ferme du Mousseau, accueillirent par une vive fusillade les premiers éclaireurs prussiens et en tuèrent plusieurs. Chargés bientôt par le détachement tout entier et n'ayant pour se défendre que des fusils vieux système, ils furent obligés de se replier.

Une partie put gagner les carrières de grès ; mais six d'entre eux, parmi lesquels était l'instituteur, M. Ringuenoir, pénétrèrent par une brèche du mur dans le jardin de la ferme. Ils y furent cernés et tués sans pitié. Seul le

> Marcher toutes les nuits et tous les jours se battre
> De front, de flanc, partout à peine un contre quatre,
> Ce fut là notre lot à nous, conscrits d'hier ;
> Ce n'était pas très gai, mais c'était assez fier.
> On fit ce que l'on dut, cela vaut de la gloire.. ..

Récits et Légendes, deuxième série, p. 23.

Dans cette légende. le commandant Lecomte est appelé M. de la Molère, du nom de sa mère qui était une demoiselle de la Molère.

[1] Noms des Mobiles tués au combat d'Epernon :

Lecomte Hippolyte, commandant, du château de la Perrine, à Saint-Christophe.
Manceau Barthélemy, sergent, de Bouville.
Leroy Eugène, de Méréglise.
Bois Célestin, de Montigny-le-Gannelon.
Chasles Louis, caporal.
Lutton Louis.
Rousseau Denis.
Jousset Joseph.
Guédon Baptiste.
Templier Louis.
Couvé Louis.
Baillou Frédéric.
Leroux Raoul.
Lucas Charles.
Salle Cyrille.
Martin Pierre.
Manger Louis, d'Ozoir-le-Breuil, mort des suites de sa blessure en février 1871.

MONUMENT ÉLEVÉ SUR LE PLATEAU DE LA DIANE, A LA MÉMOIRE DES VICTIMES DU COMBAT D'ÉPERNON [1].

[1] Voir en appendice, note E, la bénédiction et l'inauguration du monument d'Epernon.

malheureux instituteur, criblé de blessures, fut sur le point d'échapper. Déjà il avait atteint le bord de la côte, quand il fut rejoint par les hussards bleus et, malgré ses supplications, haché à coups de sabre [1].

En même temps les cavaliers prussiens mettaient de leurs mains le feu à la ferme du Mousseau, et formaient un cordon autour du foyer de l'incendie.

L'inhumation des victimes eut lieu le lendemain dans le cimetière de Droue, et fut un spectacle émouvant. Les soldats ennemis entouraient l'unique fosse où les six cadavres furent jetés, et repoussaient brutalement, devant la population consternée, les pauvres femmes en pleurs qui voulaient s'approcher du corps mutilé de leur infortuné mari pour l'embrasser une dernière fois.

Qu'étaient devenus pendant cette pénible journée les deux Aumôniers militaires, MM. Robé et Paty, que nous avons vus arriver, la veille du combat, à Epernon?

Le lendemain dès l'aube ils avaient célébré la sainte Messe et s'étaient rendus ensuite sur les plateaux où nos Mobiles étaient de grand'garde. Le danger approchait, les esprits étaient impressionnés ; tous accueillirent respectueusement ces deux prêtres qui venaient avec eux et pour eux affronter les hasards de la lutte.

Ils étaient redescendus dans la ville quand, un peu après dix heures, on signala sur les hauteurs l'apparition de l'ennemi. Il se passa alors un incident touchant dans les rues d'Epernon. Le capitaine Bréqueville, à la tête de sa compagnie, s'avance vers nos deux Aumôniers et se jette à genoux, en demandant pour lui et ses hommes une absolution générale. Au même instant un jeune sous-officier, M. de la Brunetière, se tourne vers ses camarades et avec l'accent d'une

---

[1] Noms des six gardes nationaux de Droue, massacrés par les Prussiens :
    Martin, cultivateur, capitaine.
    Ringuenoir, instituteur.
    Roger, journalier.
    Lehongre, cultivateur.
    Ravet, cultivateur.
    Lacour, dit Charlier, carrier.

foi vive : « A genoux, mes amis, s'écrie-t-il ; l'heure du danger a sonné, le bon Dieu va nous pardonner nos péchés ». Et, sur tous ces fronts inclinés, les prêtres prononcent les paroles sacramentelles.

Une seconde, puis une troisième et une quatrième compagnies, au milieu desquelles se trouvait le commandant Lecomte, défilent ainsi devant eux et demandent l'absolution. Quel spectacle admirable, et pour les Aumôniers quel consolant début !

Aussitôt que l'action fut engagée, nos deux prêtres s'approchèrent des blessés et les relevèrent au milieu des balles. Lorsque le brave commandant Lecomte tombait à la tête de ses hommes, M. Robé était auprès de lui pour lui donner une dernière absolution et aider les Mobiles qui le transportaient à l'ambulance.

Triste ambulance, où le zélé docteur Poidevin, médecin d'Epernon, seul en ce moment, s'efforçait, sans y parvenir, de suffire à tout, où, en l'absence d'infirmiers, les Aumôniers étaient obligés de faire les premiers pansements.

Mais ce qu'ils avaient le plus à cœur, c'était de réconcilier avec Dieu l'âme de ces pauvres jeunes gens, dont plusieurs étaient sur le point de mourir. Dans l'intervalle de ses courses au champ de bataille, M. Robé les confessa presque tous, tandis que l'infatigable abbé Paty s'en allait de son côté à la recherche d'autres victimes.

A ces charitables excursions se rattache un épisode plein d'un dramatique intérêt, et qui doit trouver place dans ce récit ; je veux parler de l'arrestation et de la captivité de M. Paty. Il a écrit « Ses Prisons » et retracé avec tous ses détails l'histoire de sa détention, dans un rapport lu en assemblée générale du Comité de secours aux blessés d'Eure-et-Loir. C'est donc au héros qu'il appartient de se faire ici narrateur. En le citant à peu près textuellement, j'aurai la tâche facile de faire connaître les divers incidents qui précédèrent ou suivirent cet acte violent et arbitraire.

« ..... On avait donné le signal de la retraite, et il ne restait déjà plus de Mobiles à Epernon. Nous résolûmes, mon Confrère et moi, de demeurer avec nos blessés et nos mourants, fidèles au poste que les circonstances nous assignaient. Ma première pensée fut alors de m'informer des résolutions prises par la municipalité, en vue de sauver les habitations du pillage et de l'incendie. Je cours à l'Hôtel de Ville ; il était désert : maire, adjoint, secrétaire, tous avaient disparu. Je rentrais à notre ambulance, lorsqu'un marchand de bois d'Epernon, M. Desfriches, conseiller municipal, y amenait sur sa voiture un malheureux garde national, grièvement blessé dans ses chantiers. J'aide à installer le blessé dans une salle basse de l'école ; puis, ce pieux devoir rempli, je dis à notre courageux citoyen : « Eh bien ! où allez-vous maintenant ? — Chercher d'autres blessés, me répond-il. — A quel endroit ? — Du côté de la Diane ». Je m'offre à l'accompagner, et nous partons immédiatement.

» Il était environ quatre heures du soir ; la ville semblait déserte, la fusillade avait cessé, cependant l'ennemi ne se montrait pas encore. A l'extrémité de la rue, on avait élevé une barricade qu'il nous fallut franchir. Nous prenons ensuite sur notre gauche pour gagner les hauteurs, et nous trouvons épars sur le sol, ici un sabre prussien, là une capote de Mobile, plus loin un sac abandonné. En même temps, nous apercevons sur la route de Rambouillet deux cavaliers ennemis, qui s'avançaient à pas lents sur Epernon. Sans nous en préoccuper, nous continuons nos recherches, à travers bois, quand en nous retournant, surprise peu agréable, nous voyons les deux Allemands sur nos talons, fumant leur cigare, avec le flegme particulier à leur race. Au bout de quelques minutes, nouvel étonnement, autre scène. Nous nous trouvons, au sortir d'un taillis, en face d'un groupe de Bavarois, qui entouraient un des leurs, grièvement blessé. Je m'approche de ce malheureux, et essaie de lui donner quelques marques d'intérêt et de compassion. L'affectueuse sympathie avec laquelle il me serre la main, me fait assez comprendre qu'il est catholique. Nous lui proposons de l'emmener à notre ambulance d'Epernon ; mais il n'y veut pas consentir, et demande à être transporté à Rambouillet. Cependant ses camarades me font signe qu'ils ont ailleurs, dans un endroit qu'ils m'indiquent, d'autres blessés, et me prient d'aller aussi les voir. Nous nous remettons en route ;

et, conduits par deux soldats, nous arrivons bientôt à un village, où une quarantaine de Bavarois se montraient fort empressés autour de cinq ou six charrettes, chargées de blessés. Ces blessés étaient catholiques. Plusieurs me demandent, par interprète, une absolution suprême que je m'empresse de leur donner. Mais il y avait là aussi, dans une de ces voitures, un de nos pauvres Mobiles horriblement mutilé. Après l'avoir confessé, je lui promets en l'embrassant de faire parvenir de ses nouvelles à sa famille. Il s'appelle Chasles et est d'Alluyes.

» Cela fait, je sollicite la permission de rentrer à Epernon. Un docteur allemand qui était là, me répond, après quelques instants de réflexion, que je suis en effet libre de me retirer. Je monte donc en voiture avec mon compagnon, et nous reprenons, sans courir, le chemin de la ville. Une chose pourtant nous causait quelque inquiétude : un soldat nous escortait. Pourquoi cet importun ? Que nous voulait-il ? Nous eûmes trop tôt, hélas ! la solution de cette énigme. Nous n'étions plus qu'à une très petite distance des maisons, quand notre surveillant me fit mettre pied à terre. M. Desfriches, s'apprêtait déjà à m'imiter : « Non, pas descendre, dit le fantassin, avec son accent tudesque, vous, revenir avec moi ». Nous protestons, nous supplions, tout est inutile ; notre entêté d'Allemand reste inexorable. « Mais, Monsieur l'abbé, s'écrie alors mon compagnon justement alarmé, m'abandonnerez-vous aux mains de ces gens-là ? » — « Soyez tranquille, lui dis-je, j'irai parlementer en votre faveur ; l'affaire s'arrangera ». Nous remontons donc une fois encore en voiture et l'étranger y prend place à nos côtés. Arrivés à ce village de Saint-Antoine que nous venions de quitter, j'entre aussitôt en pourparler avec les officiers qui, tout à l'heure, m'avaient paru des plus bienveillants à notre égard. Mais, à toutes mes questions comme à toutes mes prières, ils ne font qu'une réponse invariable : « Vous êtes libre..... Monsieur n'a pas de laisser-passer ; il faut qu'il aille en chercher un à Rambouillet ». N'obtenant rien, de guerre lasse, nous partons pour Rambouillet, toujours escorté de l'inséparable Bavarois.

» Je ne puis dire ce qu'il m'en coûtait de perdre un temps si précieux, et que j'eusse si utilement employé à soigner, avec M. l'abbé Robé, nos pauvres blessés d'Epernon. Mais je crus qu'il y aurait lâcheté à ne pas défendre un honnête homme, dans des circonstances si périlleuses, et je me résolus à poursuivre mes démarches pour le délivrer. A peu de distance, sur la route, nous rencontrons l'artillerie ennemie, et nous nous croisons ensuite, presque continuellement, avec de nombreux cavaliers qui se dirigeaient vers Epernon. Nous allions arriver à Rambouillet, lorsque, portant machinalement la main à ma poche, je m'aperçois que j'y avais imprudemment déposé plusieurs paquets de munitions, ramassés au moment du combat. Il s'agissait de trouver le moyen de faire disparaître, au plus vite, des objets si compromettants. Quoique gardé à vue, je suis assez heureux pour tromper la vigilance du soldat, et me débarrasser des malencontreuses cartouches, en les jetant, une à une, dans le fossé de la route, sans qu'on soupçonne rien de ce petit manège.

» Nous parvenons enfin au château, et sommes immédiatement introduits dans le cabinet du commandant. C'était un homme d'un abord sévère, aux traits rudes, à la voix impérieuse ; un grand nombre de décorations constellaient sa poitrine. Il écoute attentivement le rapport du soldat ; après quoi, il se met à m'interroger. Il voulait surtout connaître le motif qui m'avait amené à Epernon. Je tenais à la main mon bréviaire, il me l'arrache et examine plusieurs papiers insignifiants qui s'y trouvaient. Il considère ensuite mon brassard avec une sorte de curiosité méprisante : « Nous savons, dit-il, l'usage indigne que vous faites de cela ». Enfin il passe la main sur mes cheveux, comme pour y chercher la tonsure. Désormais tout doute était impossible, je compris avec douleur qu'on me prenait pour un espion. Le commandant, après avoir dicté ses ordres, promène encore sur moi, pendant quelques minutes, un regard silencieux et froid ; mais, fort de mon innocence et de la justice de ma cause, je ne sourcillai pas, et le farouche Teuton perdit son temps et sa peine à vouloir surprendre, sur mes traits, la plus légère trace d'émotion.

» Le maire et l'adjoint de la ville, appelés à la commandature, s'étaient présentés. Quelle n'est pas leur surprise de rencontrer M. Desfriches, qu'ils connaissaient bien, dans un tel lieu, en un tel moment ! « M. le Maire, dit aussitôt le commandant, ces deux Messieurs sont mes prisonniers ; vous m'en répondez sur votre tête ». L'honorable magistrat municipal ayant voulu hasarder un mot en notre faveur : « Pas d'observation, reprit l'Allemand en colère ; je vous prie d'exécuter mes ordres ». Cinq hommes armés viennent alors s'emparer de nous, et nous mènent à la prison de Rambouillet. Là, pour débuter, une perquisition minutieuse et humiliante nous attendait. On nous fait quitter nos habits, lesquels sont visités et examinés jusqu'à la dernière couture. On se saisit de tout ce que nous possédons. Puis nous sommes enfermés dans des cellules séparées, et les soldats, avant de se retirer, ont la précaution de s'assurer de la solidité des verrous.

» J'étais brisé de fatigue autant que d'émotion, et je n'avais rien mangé depuis six heures du matin. Pour tout dîner, on nous servit un pain de munition avec une cruche d'eau. A la suite de cet anachorétique repas, je m'étendis sur une mauvaise paillasse où j'appelai inutilement le sommeil ; il ne vint point. Je repassais, malgré moi, une à une, toutes les scènes de cette triste journée ; je songeais surtout à mes pauvres blessés d'Epernon et à mon confrère M. Robé. Quel sort nos vainqueurs leur avaient-ils fait ? Puis je cherchai longtemps une combinaison qui me permît, le lendemain, de célébrer le saint Sacrifice, ou du moins de communier.

» De très grand matin, j'appelle le gardien et le prie de vouloir bien prévenir M. l'Aumônier de la prison que j'ai à lui parler. Il vient ; je lui exprime mon désir, et concerte avec lui le plan destiné à en assurer l'exécution. Une petite chapelle se trouvait là, à quelques pas seulement de ma cellule ; il est convenu que j'y dirai la sainte Messe. Mais j'avais compté sans mon geôlier. Après plusieurs refus catégoriques, cédant pourtant à la fin à mes instances, il me permet de réaliser le plus ardent désir de mon âme.

» Ma Messe peut, heureusement, s'achever sans encombre, et, fortifié par la visite du Dieu Sauveur, je rentre dans ma cellule. C'est alors que faisant apporter les objets nécessaires pour écrire, j'adresse au commandant de place la lettre suivante :

« Monsieur le Major,

» Au nom du ministère de charité que j'exerce, j'ai l'honneur de vous prier de vouloir bien m'accorder un congé de trois ou quatre jours, afin que je puisse porter mes soins aux pauvres blessés que j'ai quittés. Je vous donne ma parole d'honnête homme et de prêtre catholique que je reviendrai, ce délai expiré, me constituer prisonnier.

» Veuillez agréer, Monsieur le Major, etc. »

» Le gardien eut la complaisance de porter cette lettre au destinataire, et de me remettre la réponse. Le commandant m'informait qu'il n'était pas en son pouvoir de m'accorder ce que je demandais ; mais qu'il me ferait conduire, dans la journée, au quartier général du Mesnil-Saint-Denis. Ce qui eut lieu.

» Vers une heure de l'après-midi, quatre cuirassiers blancs, le pistolet au poing, viennent nous prendre à la prison et nous conduisent d'abord au château, où leur sont remis, scellés, les divers objets saisis sur nous. Nous partons ensuite sous bonne escorte. Deux de nos cuirassiers marchent aux côtés de la voiture, un troisième la précède et le quatrième est derrière, l'arme au poing. Souvent, pendant le trajet, nous courons au galop des chevaux ; mais se rencontre-t-il un village ou le moindre hameau, nous ne marchons plus qu'au petit pas, depuis la première maison jusqu'à la dernière. Evidemment on fait montre d'une si belle capture. Peut-être aussi veut-on par là nous intimider ; mais notre contenance est si digne que personne, sans doute, ne s'avise de nous prendre pour de grands criminels.

» Parvenus au château où le duc de Mecklembourg avait établi son quartier général, nous attendons une heure dans la cour. Là, valets et soldats se mettent à nous examiner avec une curiosité pleine de malveillance. Notre escorte, qui ignorait les motifs de notre arrestation, débite sur notre compte les choses les plus désavantageuses. Nous sommes des espions, des Mobiles déguisés : nous avons tiré sur leurs troupes ; que n'avons-nous pas encore fait ? On commence donc à nous accabler d'injures, et déjà on nous indique aimablement l'endroit où nous serions fusillés le lendemain.

» Enfin, me voici pourtant introduit dans une salle du château. Un officier vient ouvrir le paquet scellé qui contenait les objets saisis sur moi, et me fait à leur sujet une kyrielle de questions. Pourquoi ces deux porte-monnaie? Pourquoi ces médailles et ces scapulaires? « C'est avec de tels objets, dit-il, que vous fanatisez vos troupes ». Je ne lui réponds rien ; il est au paroxysme de la colère.

» Deux juges et un interprète se présentent alors, et m'adressent plusieurs questions presque convenables cette fois. Néanmoins ils me renvoient aussitôt, en disant qu'il était trop tard ce soir-là pour examiner mon affaire. M. Desfriches entre à son tour ; mais à peine daigne-t-on l'interroger.

» Cependant deux soldats m'avaient conduit au poste. J'y étais à peine arrivé, que l'officier qui venait de me malmener si fort un peu auparavant, y pénètre à son tour. Sous je ne sais quel prétexte, il m'oblige à me dépouiller de mes habits, et, comme je refusais d'ôter le dernier, il m'assène plusieurs coups vigoureux qui me furent bien moins sensibles que l'humiliation de paraître dans un état de nudité presque complète devant une vingtaine d'hommes. Enfin mon bourreau jette mes vêtements dans un coin, où je vais les reprendre à la hâte, tandis qu'on fait souffrir à mon compagnon une partie des mêmes traitements.

» A peine ai-je terminé ma toilette, qu'un soldat entre, tenant une grosse corde, avec laquelle il m'attache étroitement les mains derrière le dos. Puis il me fait asseoir sur une méchante chaise, dans un coin de la salle, le visage tourné contre la muraille ; et chacun de venir à l'envi m'insulter ou me frapper. Au bout d'une demi-heure ils me délient les mains ; mais ce n'est que pour les attacher de nouveau, fortement appliquées sur les côtés, avec la même corde, qu'ils me passent ensuite autour du cou. C'est alors que, durant quatre heures consécutives, plus de cent cinquante soldats ou valets, vinrent, à tour de rôle, me jeter à la face tout ce qu'ils surent trouver d'injures. Le sang me bouillonnait dans les veines. Un instant, par un suprême effort, je me lève, et traînant à l'aide de mes pieds ma chaise contre le mur, je regarde en face mes lâches agresseurs. J'en suis immédiatement puni par plusieurs coups de poing en pleine poitrine et sur la tête.

» A la fin, un peu de répit me fut donné, et le reste de la nuit se passa dans un calme au moins relatif. Seulement j'étouffais au milieu de cette atmosphère, imprégnée des odeurs de tabac et de vieux cuir, qu'on respire dans un corps-de-garde allemand. Je n'en fus tiré que le lendemain, à huit heures et demie, moment auquel on vint me délier pour me faire subir un interrogatoire. Je fis alors devant mes juges, simplement mais avec fermeté, une déposition conforme à la plus exacte vérité, et qui les toucha. Ils commencent à me témoigner une sympathie à laquelle je n'étais plus accoutumé. J'ai su depuis qu'ils n'avaient pas eu connaissance des mauvais traitements qu'une soldatesque insolente m'avait infligés pendant la nuit. Voyant ces bonnes dispositions, je me hasarde à demander quand et comment finira cette affaire. « Impossible, me répondent-ils, de la conclure ici ; mais vous allez être conduit aujourd'hui même à Versailles, où elle recevra une prompte solution. »

» A une heure de l'après-midi, quatre uhlans vinrent en effet nous prendre de nouveau, et nous conduisirent à Versailles. Notre entrée dans cette ville y produisit la plus vive sensation. On prenait M. Desfriches pour le maire d'Epernon ; je passais pour être le curé. On se ferait difficilement une idée des marques de sympathie que la population tout entière se plut à nous prodiguer, dans les innombrables circuits où notre escorte nous entraîna, à travers les rues, les places, les boulevards. Nous y répondîmes de notre mieux, par des salutations empressées.

» Après nous avoir promenés, de la commandature au palais du prince royal, du palais du prince royal à la préfecture, et de la préfecture encore à la commandature, on nous enferma dans une caserne de cavalerie, située à l'extrémité de la rue de l'Orangerie. Quels tristes jours il nous fallut passer là ! Notre nourriture était affreuse. Heureusement que les bons habitants de Versailles s'intéressèrent à notre sort et nous envoyèrent des vivres en abondance. Réunis à quelques autres personnes détenues ainsi que nous, nous eûmes pour demeure, du jeudi au samedi, une salle de corps-de-garde. Le samedi, notre nombre s'étant accru de cinq de nos Mobiles faits prisonniers au combat d'Epernon, nous fûmes transférés dans un magasin à avoine de la même caserne ; mais notre sort n'en fut guère meilleur.

» Le lendemain, on nous conduisit, M. Desfriches et moi, à l'hôtel de la Prévôté, afin d'y subir un nouvel interrogatoire. Le corps d'armée qui nous avait faits prisonniers étant venu à passer sous le commandement du prince royal, toute la procédure était à recommencer.

» Sur ces entrefaites, le duc de Mecklembourg cédant aux vives instances d'une excellente dame qui avait pris en considération l'état où j'étais réduit, m'envoya son aide de camp pour m'offrir une chambre particulière. Je ne voulus point l'accepter ; mais j'écrivis au grand seigneur pour le remercier de cette attention. « Il est vrai, lui dis-je, nous sommes ici très mal, nous souffrons beaucoup ; mais je ne veux pas être mieux traité que les autres. Que M. le duc de Mecklembourg daigne examiner sérieusement ma cause, ainsi que celle de mon compagnon, M. Desfriches, et il n'aura aucune peine à reconnaître que notre conduite fut loin de mériter les traitements qu'on nous inflige ». Mon célèbre correspondant me fit savoir alors que notre affaire ne dépendait pas de lui.

» Toutefois, quelques heures plus tard, nous quittions notre hideux cachot, et on nous conduisait, escortés d'une quarantaine de soldats, à la prison cellulaire de Saint-Pierre. C'est là que nous sommes restés jusqu'au samedi quinze octobre. Dans l'après-midi de ce jour, le commandant vint en personne nous annoncer l'heureuse nouvelle de notre élargissement: « Vous êtes libres, nous dit-il, mais prenez-y garde, c'est à la condition que votre sortie ne sera marquée d'aucune manifestation. »

» Le soir même, vers huit heures, M. Paty rentrait à la Maîtrise, au milieu des siens.

» Professeurs et élèves le reçurent avec des transports de joie difficiles à décrire. Sa figure exténuée, ses vêtements en désordre disaient ce qu'il avait souffert ; mais il n'était pas abattu, car on le vit bientôt aborder d'autres luttes et y rendre des services signalés.

» Quelques jours après, le 19 octobre, le Bulletin départemental d'Eure-et-Loir, organe de notre Préfecture, imprimait en gros caractères les lignes suivantes :

» Nous sommes heureux de pouvoir annoncer la mise en liberté de M. Desfriches, conseiller municipal d'Epernon, et de M. l'abbé Paty, de Voise.

» Ces honorables citoyens avaient été faits prisonniers au moment où ils donnaient l'exemple du dévouement et du courage, en allant recueillir les blessés sur le champ de bataille d'Epernon. »

Puis la note ajoutait que notre Aumônier militaire avait vu à Versailles cinq de nos Mobiles et un garde national prisonniers comme lui[1], que ces jeunes gens avaient été dirigés sur Corbeil, mais qu'avant leur départ ils avaient reçu, par les soins de M. l'abbé Paty, des secours de route suffisants.

Cette histoire a un épilogue, et la *Voix de Notre-Dame* nous le donne, au mois de mai 1871, dans une note ainsi conçue :

» Sept *(sic)* des Mobiles d'Eure-et-Loir faits prisonniers au combat d'Epernon et emmenés ensemble à Versailles, où un prêtre de Chartres a partagé leur captivité, ont été transportés, ensemble encore, à Posen en Allemagne. Là chaque jour ils priaient Notre-Dame de Chartres ; cette prière soutenait leur espérance à la vue de leurs compagnons d'exil qui périssaient par centaine ; ils ont déclaré que deux mille environ sur dix mille étaient morts par suite d'épuisement.

» Or leur prière commune leur a valu une commune protection ; le 23 avril ils étaient de retour à Chartres tous les sept, et assistaient heureux, à la Crypte, à la messe de M. l'abbé Paty qui, il y a six mois, souffrait avec eux à

---

[1] Voici, d'après le Bulletin départemental, les noms de ces prisonniers :

Cinq Gardes Mobiles : Maupu, de Coulommiers, commune d'Alluyes ; Lauriot Eugène, de Saint-Germain-les-Alluyes ; Besnard, d'Alluyes ; Oscar Barrault, de Bercis, commune de Sancheville ; Pinceloup François, de Montigny-le-Chartif ; Isaac Bailleau, à la Bouverie, commune de Brunelles.

Un garde national sédentaire : M. X., cordonnier à Chartainvilliers.

M. Silvy dans son *Album de la Garde Mobile*, 1er fascicule, p. 30, parle d'un caporal du 2e bataillon qui fut conduit par les hussards à Rambouillet.

Versailles ; nous sommes leur interprète pour leurs remerciements publics à Notre-Dame de Chartres [1]. »

Ainsi se termine le récit complet de la captivité de M. l'abbé Paty.

Ajoutons que cette arrestation avait causé à Chartres, dans toutes les classes de la société, une émotion d'autant plus profonde qu'elle avait été faite au mépris des lois de l'humanité et des dispositions spéciales de la Convention de Genève.

Le lecteur l'aura remarqué, c'est sous un futile prétexte, une vague accusation d'espionnage, que deux hommes se dévouant pour emporter les blessés d'un champ de bataille, ayant droit par cela même à la protection de tous, furent arrêtés et soumis à d'indignes traitements.

L'un des moyens auxiliaires les plus puissants que nos ennemis aient employés avant et pendant la guerre, fut un système d'espionnage rayonnant sur toute la France, et renseignant parfois sur les moindres détails. D'ailleurs il est constaté qu'il existe à Berlin un ministère spécial agissant avec un immense personnel sur les quatre parties du monde. A l'époque de l'invasion, espions et éclaireurs prussiens précédaient leurs armées, avec une sagacité et une ruse bien opposées à l'esprit français. Aussi tandis que chez nous, on négligeait souvent les précautions les plus simples, eux n'étaient que très rarement surpris. Bien plus, dans la crainte qu'on n'imitât leur tactique, ils étaient méthodiquement défiants, et affectaient de voir dans tout homme non soldat, un espion ou un franc-tireur. M. l'abbé Paty fut une des victimes de ces soupçons calculés et injurieux.

Reprenons maintenant la suite de notre récit interrompu par le touchant épisode de la captivité de M. Paty, et revenons au soir du mardi 4 octobre, jour où s'était livré le combat d'Épernon.

---

[1] *Voix de Notre-Dame*, 1871, p. 69.

M. l'abbé Robé ayant de son côté parcouru la campagne et ramené des blessés, était rentré à l'école de l'institutrice.

Plus de trente morts et blessés furent apportés du champ de bataille dans cette maison ; les classes, les dortoirs, les chambres, tout était plein. Trouver la literie suffisante, le linge et les médicaments nécessaires dans une petite ville privée de la moitié de ses habitants n'était pas chose facile. Cependant, grâce à la charité des personnes qui restaient, les secours s'organisèrent assez promptement.

M. Robé, en compagnie de M. l'abbé Bouthemard, curé de Saint-Martin-de-Nigelles, venu pour porter secours, aidait le médecin à panser les plaies, ou préparait les mourants à paraître devant Dieu, lorsque les Bavarois envahirent la mairie. Presque aussitôt l'aide de camp du général d'Alvensleben vint parcourir l'ambulance qui fut dès lors respectée par l'ennemi.

Cependant la nuit s'était faite sans qu'on revît M. Paty, et M. Robé, qui l'attendait à chaque instant, s'inquiétait de son absence prolongée : « Que signifie, pensait-il, ce retard inexplicable ? Contrairement à ce qui est convenu entre nous, serait-il parti sans m'avertir ? S'est-il égaré au sein de quelque carrière dans ce pays inconnu ? Ou plutôt ne lui serait-il pas arrivé malheur ? » Les personnes qui apparurent à l'ambulance, ne purent donner aucune réponse à ces questions, dont la dernière surtout torturait cruellement le cœur de notre Aumônier.

Entre neuf et dix heures du soir, le docteur Salmon, accouru de Chartres et le docteur Perret [1] venu de Maintenon, qui depuis la fin du combat se consacraient au soulagement des blessés, voulurent retourner chez eux pour être à la disposition de leurs malades. Mais avant de partir, ils eurent soin de montrer à M. Robé la manière d'arrêter l'hémorragie d'un Mobile, Edmond Douin, de Luplanté, horriblement défiguré par un éclat d'obus. Alors l'Aumônier

---

[1] Vers le 16 octobre, M. le docteur Perret, de Maintenon, fut commissionné comme médecin-major de 2ᵉ classe, pour remplir l'emploi de médecin en chef de l'ambulance active, et chargé, à partir du 17 octobre, du service médical des troupes casernées, logées chez l'habitant ou cantonnées à Chartres.

resta seul au milieu des morts, des mourants et des blessés, allant de l'un à l'autre pour resserrer un bandage, arrêter le sang qui coulait d'un membre fracturé, consoler une plainte trop vive, donner le pardon à une âme en peine, ou, près d'une couche funèbre, réciter une dernière prière. La nuit s'acheva dans ces saintes fonctions; car, malgré la fatigue, il n'y avait pas de place pour le sommeil.

Quelques voitures d'ambulance, portant le drapeau de la Convention de Genève, étaient arrivées dès la veille à Épernon.

Nommons celle des Frères du Pensionnat de Dreux qui reçurent et soignèrent chez eux 348 malades ou blessés pendant la guerre, et celle de Nogent-le-Roi que conduisait M. Jeanrenaud, ancien officier de marine retraité.

Le lendemain 5 octobre, on choisit onze blessés transportables que l'on emmena, trois à Nogent-le-Roi et huit à Dreux, afin de faciliter le service et de hâter la guérison de tous. Ceux qui devaient rester étaient aussi certains d'être de la part de M. Sureau, curé d'Épernon, du docteur Poidevin et de femmes dévouées, telles que Mesdames Lepicard, Thiverny, Chédeville, l'objet des soins les plus empressés.

On était toujours sans nouvelle de M. Paty. M. Robé, très anxieux à ce sujet, résolut de rejoindre nos Mobiles à Maintenon, où il espérait retrouver son confrère. Quand il parla de son projet au commandant du poste bavarois, à la mairie, la permission lui fut nettement refusée. Il se retira sans rien dire, pour ne pas attirer l'attention sur lui; mais il partit peu de temps après, avec le convoi de blessés qui se dirigeait sur Nogent-le-Roi. C'est de là, qu'ayant loué fort cher une voiture, il se fit conduire le soir même à Chartres.

Le jeudi 6 octobre M. Robé s'empressait de regagner Maintenon, où il constatait avec douleur que nul n'avait entendu parler de M. Paty. Sa résolution est vite prise; il ira à la recherche de son confrère. Le brouillard qui pendant la matinée fermait l'horizon, et rendait la marche périlleuse au milieu d'un pays infesté de coureurs ennemis, s'était enfin dissipé sous les rayons d'un beau soleil d'automne; de triste la journée était devenue splendide. Le voyageur eut vite dépassé nos avant-postes, placés sur la route, au bois Prévost, près de la ferme des Fourches, et il put sans encombre arriver à Epernon, que les Prussiens avaient momentanément abandonné.

Quand il franchit le seuil de l'ambulance, les blessés l'accueillirent avec joie et lui demandèrent des nouvelles. On en était si avide alors ! Bientôt il s'informe à son tour, et il apprend enfin que M. Paty a été emmené, avec M. Desfriches, à Rambouillet ; mais on ne sait aucun détail ni sur l'arrestation ni sur l'emprisonnement. La pensée lui vient de continuer sa course afin d'éclaircir ce mystère ; son cœur le pousse en avant ; toutefois la réflexion lui fait comprendre que n'ayant présentement sur lui aucune pièce officielle pour appuyer une telle démarche, il s'expose en vain s'il poursuit immédiatement sa téméraire entreprise. Il lui faut donc revenir sur ses pas, et prendre quelques dispositions propres à en favoriser le succès

D'ailleurs une affaire pressante réclame le concours de l'Aumônier militaire. Le commandant Lecomte était tombé noblement, nous l'avons dit, sur le champ de bataille. Son corps reposait à l'ambulance, dans une des chambres de la maison d'école des filles. Mme Demimuid, tante du si regretté commandant, était venue en toute hâte pour réclamer sa dépouille mortelle, l'emporter au château de la Perrine, commune de Saint-Christophe, près Châteaudun, et la déposer pieusement avec les siens, dans le cimetière de la paroisse. M. Robé admire la Providence qui semble l'avoir amené à dessein, afin de veiller aux préparatifs du départ, accompagner sur la route le convoi mortuaire, et, représentant attristé du deuxième bataillon de Mobiles d'Eure-et-Loir, honorer aux yeux de tous l'héroïque soldat que la patrie avait perdu.

Un autre service lui était en même temps demandé. Deux jours auparavant, dans la retraite précipitée qui avait terminé le combat, on avait oublié d'emporter, outre tous les effets de nos Mobiles, la caisse du quatrième bataillon. Elle était là, contenant six mille francs, et, comme butin de guerre, pouvant à la moindre indiscrétion tomber aux mains des Prussiens, qui chaque jour visitaient la ville.

Un Mobile des Autels-Villevillon, le nommé Huard, était revenu exprès de Chartres pour rechercher et emporter l'argent. A son arrivée, Epernon était occupé par une soixantaine de cavaliers ennemis. Notre compatriote attend leur départ, court à la maison du percepteur et a la joie de retrouver la caisse au fond d'un placard [1].

Mais le maire et l'adjoint, pensant avec raison que la somme aurait plus de chance d'échapper aux Allemands, prient M. Robé de vouloir bien se charger de ce dangereux dépôt. C'était en effet s'exposer à être fusillé, si des rôdeurs ennemis rencontrant le cortège funèbre s'emparaient de l'argent et découvraient sa provenance. Cependant l'Aumônier n'hésite pas, il cherche un instant quel stratagème aura plus de chance d'échapper aux investigations; puis, l'ayant trouvé, il fait mettre le trésor dans le cercueil, aux pieds du commandant Lecomte. De sorte que, le vendredi 7 octobre, lorsqu'il eut franchi, en compagnie du glorieux défunt, sans être inquiété, la distance qui sépare Epernon de Chartres, M. Robé fut heureux de se présenter, avec le Mobile Huard, au commandant Castillon de Saint-Victor, et de lui remettre la caisse de son bataillon.

Mme Demimuid poursuivit son douloureux voyage, et le lendemain samedi, après une imposante cérémonie où des personnages distingués, une foule de fidèles de tout rang et de tout âge, de nombreux ecclésiastiques avaient offert leur tribut de prières et d'hommages pour le repos de l'âme du généreux défenseur de notre France, M. l'abbé Brière inscrivait sur les registres de Saint-Christophe cette page mémorable :

« L'an 1870, le 8 octobre, Nous, Curé de cette paroisse, soussigné, avons inhumé le corps de M. François-Hippolyte Lecomte, conseiller général de la Sarthe, commandant du deuxième bataillon de la Garde Mobile d'Eure-et-Loir, mort au champ d'honneur, à Epernon, le 4 octobre dernier, âgé de 36 ans et 4 mois. Avant la bataille, ce brave et digne commandant ayant reçu l'absolution du prêtre, avait témoigné

[1] *Journal de Chartres*, 1871, 16 avril.

par plusieurs actes de piété chrétienne que la foi vivait dans son cœur, et qu'il se souvenait des enseignements de sa sainte mère, la respectable Mme Lecomte, dont la perte est encore pleurée par tous les pauvres, par tous les gens de bien. Puisse une fin si belle et si digne d'un héros chrétien apporter quelques adoucissements à l'immense douleur d'un père vénérable, d'un frère si tendrement aimé, d'une tante qui fut pour le défunt une seconde mère, de tous ses nombreux parents et amis, dont il faisait la légitime admiration, et qui trouvaient en lui, avec les dons d'une haute intelligence, les plus nobles qualités du cœur ! »

Cependant M. Robé était resté à Chartres pour travailler, s'il était possible, à la délivrance de M. Paty. Quand l'Aumônier des Mobiles vint annoncer à Mgr Regnault que son confrère était prisonnier à Rambouillet, notre pieux Évêque fut vivement ému. Mais aussitôt il se redresse, et approuve la résolution de tenter une démarche en faveur du bien aimé captif. Alors il trace à la hâte quelques lignes, dans lesquelles il supplie l'autorité prussienne qui commande à Rambouillet, d'épargner un innocent en lui rendant un prêtre dévoué, revêt la lettre du sceau épiscopal, et bénit le courageux porteur.

De son côté, le Comité de secours aux Victimes de la guerre, péniblement surpris qu'on ait osé arrêter un Aumônier militaire exerçant ses fonctions près des blessés, réclame sa mise en liberté au nom de la Convention de Genève, et offre spontanément de contribuer aux frais que peut occasionner sa recherche en pays occupé par l'ennemi.

Le samedi 8 octobre, dès le matin, M. Robé quittait Chartres de nouveau, avec l'espérance d'atteindre avant la nuit le but de son voyage. Mais à Maintenon un obstacle imprévu et infranchissable se dressa tout à coup devant lui. On s'attendait à une attaque imminente ; le bruit s'en était subitement répandu. Aussi la plus grande agitation régnait dans la ville et aux alentours ; on prenait des dispositions de défense.

Le chef d'escadron de gendarmerie Pérottin, commandant des troupes réunies à Maintenon, se crut obligé de protéger la vie du prêtre contre ses propres imprudences. En vain donc le brave Aumônier expose l'objet de sa mission, et demande en grâce un laisser-passer. « C'est impossible, repartit l'officier. Vous n'iriez pas loin, si je consentais à votre départ. Il est vrai que les troupes régulières et les Mobiles respecteraient mes ordres, mais je me défie des francs-tireurs très mécontents depuis deux jours. Ils sont plus à craindre pour vous que les Prussiens ; en vous voyant aller au-devant de l'ennemi, ils seraient capables de se venger et de vous fusiller sans pitié. »

Il fallait se soumettre et renoncer à une démarche qui, nous le savons maintenant, eût été pour le digne prisonnier une bien douce consolation, mais sans résultat probable pour sa délivrance immédiate. M. Robé, tout contristé de ce refus, dut se résigner à rester à Maintenon, où il s'empressa de reprendre auprès des Mobiles le fructueux ministère qu'il y avait exercé au commencement de cette laborieuse semaine.

III

MAINTENON

SOMMAIRE.— Un départ de Chartres. — Le 4ᵉ bataillon. — Le camp de Maintenon. — Retraite du lieutenant-colonel Marais. — Nominations. — Escarmouches. — Les francs-tireurs imprudents. — Incendies d'Ablis et de Cherisy. — En route pour Dreux. — Les reconnaissances. — Nos trois Aumôniers. — La cour martiale. — Incendie de Châteaudun. — Un projet du colonel Du Temple. — Rappel.

Une satisfaction cependant était réservée à M. Robé ; c'était de trouver deux nouveaux Aumôniers militaires installés depuis quelques jours à Maintenon, et déjà très aimés de tous les soldats cantonnés dans les environs.

Le 4 octobre, en effet, tandis que deux bataillons de nos Mobiles combattaient à Epernon contre un ennemi supérieur en nombre, en armement et en tactique, le préfet de notre département, M. Labiche, averti par le télégraphe dès le commencement de l'action, avait fait partir dans l'après-midi des renforts qui tous, malheureusement, devaient arriver trop tard. Deux jeunes prêtres, MM. Hervé et Piau, l'un professeur à l'Institution Notre-Dame, l'autre vicaire de Saint-Aignan, accompagnaient ces troupes, et espéraient, en rejoignant dans la soirée leurs deux confrères partis la veille, prendre part encore aux fatigues et aux périls de la lutte.

Tandis que les deux autres bataillons de nos Mobiles, le premier et le troisième, celui de Chartres et de Dreux, arrivaient successivement dans la cour de l'embarcadère, nos deux Aumôniers s'étaient approchés des groupes. A leur brassard blanc, marqué d'une croix rouge, les Mobiles les reconnurent aussitôt comme des leurs. On les regarda quelques minutes sans trop oser leur parler; puis on les accueillit avec une joie visible. A l'heure du danger, le soldat et le prêtre deviennent amis. Hélas ! cette heure ne venait-elle pas de sonner pour eux ?

Mais les trains ne s'organisaient que lentement et chacun d'eux n'emmenait qu'une partie des bataillons.

La longue attente que nos Aumôniers durent faire à la gare leur permit de préparer et même de commencer leur divin ministère. « Le Mobile que je rencontre tout d'abord, écrivait dans la suite M. Hervé, m'inspire une telle confiance que je ne fais pas difficulté de l'entretenir de ses intérêts spirituels : bientôt nous nous comprenons ; il est heureux de trouver l'occasion de se réconcilier avec Dieu, et moi plus heureux de la lui procurer. Consolant début, qui doublait mes forces et mes espérances. »

« Il était nuit close quand le chemin de fer nous débarqua à Jouy, raconte M. Piau. Où allions-nous ? Nous l'ignorions. Nous cheminions à pied et en silence dans la direction de Maintenon. Ce défilé nocturne avait quelque chose d'imposant et de lugubre. Nous savions que l'ennemi était près de nous; notre imagination le rapprochait encore, et il nous semblait à chaque instant voir apparaître la silhouette d'un prussien, sur les hauteurs qui bordent la route. »

Pendant ce voyage M. Hervé trouvait moyen d'obliger un Mobile, d'aspect assez chétif, qu'il avait remarqué au sortir de la gare. Ses pieds malades lui rendaient la marche difficile ; son bagage lui paraissait bien lourd ; il allait rester en arrière. L'Aumônier prend allègrement le fusil du pauvre traînard, l'encourage de quelques bonnes paroles et parvient à lui faire suivre la colonne. Ce petit acte de charité lui attache définitivement ces hommes, dont le souvenir lui est resté à la fois si cher et si douloureux.

Vers minuit, on entrait à Maintenon. Tandis que les Mobiles se pressaient dans l'ancienne chapelle du château, dans les remises et les granges, nos deux prêtres allaient frapper à la porte du presbytère, où M. l'abbé Houlle, qui les connaissait, les reçut avec la plus franche cordialité.

Cependant la défaite d'Épernon attristait profondément nos compatriotes. La préfecture d'Eure-et-Loir, comme on le voit dans le Bulletin départemental de l'époque, blâmait vertement certaines défaillances, et des murmures de découragement, dont MM. de Coynart et Silvy se sont faits les échos dans leurs publications, s'élevaient des rangs de nos Mobiles.

Aussi pour redonner confiance à ces jeunes gens et ne plus éparpiller nos forces, on résolut de garder moins de troupes à Chartres et d'en réunir le plus possible à Maintenon. C'était le moyen de tenir en échec, assez longtemps encore, la garnison prussienne de Rambouillet.

Notre 4e bataillon, celui de Nogent-le-Rotrou, fut désigné pour rester à Chartres. Ses diverses compagnies furent tour à tour de grand'garde sur les points avancés, ou envoyèrent des reconnaissances vers Coltainville, le Moulin-Rouge et Nogent-le-Phaye pour éloigner les éclaireurs prussiens. Plus d'une fois nos Mobiles eurent occasion d'y blesser et même d'y tuer quelques hardis uhlans qui couraient la plaine.

Mais du 10 au 15, beaucoup de nos jeunes gens furent laissés, comme malades, en repos à la caserne. Les fatigues excessives de ces premières semaines de campagne, où il leur avait fallu coucher en plein air sans aucun effet de campement, les avaient épuisés. On leur distribua des limousines en guise de couvertures, des sacs de toile et des chaussures [1].

A cette époque la subdivision militaire de Chartres fut confiée successivement à plusieurs officiers qui ne firent que passer. Après le lieutenant-colonel Brunet de la Charie et le général d'artillerie Fiéreck, arriva, le 14, le capitaine de vaisseau Duval qui se fixa à Chartres pour commander le département.

---

[1] A dater du 13 octobre, écrit le sergent-major Couronnel du 4e bataillon, nous avons été mis au régime du soldat en campagne; outre les vivres, le garde mobile touchait 0 fr. 25, le caporal 0 fr. 40, le sergent 0 fr. 70, le sergent-major 1 fr. 08 par jour.

On avait décidé, avons-nous dit, de concentrer à Maintenon des troupes assez nombreuses qui devaient former comme l'avant-garde de l'armée de l'Ouest, sous le titre de Corps d'observation d'Eure-et-Loir. Aussi y vit-on arriver successivement les trois premiers bataillons de nos Mobiles d'Eure-et-Loir, trois bataillons de Lot-et-Garonne avec leurs deux Aumôniers, quelques troupes de passage et plusieurs compagnies de francs-tireurs, notamment les francs-tireurs de la Sarthe, commandés par le comte de Foudras[1], très mêlé à cette époque aux événements de notre contrée, et les francs-tireurs de Senonches, commandés par M. Benet, receveur de l'enregistrement, officier capable et plein de bravoure. Maintenon reçut aussi plus tard deux compagnies de fusiliers marins et quelques artilleurs avec trois pièces de canon, une demi-batterie de quatre. Ce faible secours donna à nos Mobiles l'illusion d'un appui sérieux et la confiance en eux-mêmes perdue depuis Epernon.

Le commandement des troupes réunies à Maintenon fut successivement exercé par le commandant de gendarmerie Pérottin, le lieutenant-colonel de la Charie, des Mobiles de la Mayenne, le lieutenant-colonel de la Marlier, des Mobiles d'Eure-et-Loir, et le capitaine de frégate Du Temple[2].

Ce dernier était un breton, de petite taille, mais énergique, qui donna une vive impulsion à l'organisation de la défense.

Des mutations importantes avaient lieu en même temps dans nos trois premiers bataillons d'Eure-et-Loir.

On a vu que le lieutenant-colonel Marais n'avait pu en personne diriger ses troupes au combat d'Epernon. De glorieuses blessures le faisaient souffrir horriblement surtout à cheval.

---

[1] M. le comte de Foudras, d'abord auxiliaire dévoué, puis adversaire déclaré de M. Labiche, préfet d'Eure-et-Loir, a écrit d'une plume alerte et élégante le récit de sa campagne dans un livre intitulé : Les Francs-tireurs de la Sarthe, en vente à Chartres, chez Pétrot-Garnier. Il nous a fourni quelques renseignements utiles pour l'histoire de notre Mobile d'Eure-et-Loir.

[2] Le commandement a dû être exercé par : M. Pérottin, du 4 au 9 octobre ; par M. de la Charie, du 9 au 14 ; par M. de la Marlier, du 14 au 15 ; par M. du Temple du 15 au 21.
Voir Silvy II, p. 18 et 27 ; un télégramme de la préfecture en date du 9 ; et une lettre du colonel Duval, commandant le département d'Eure-et-Loir en état de siège, à M. le lieutenant-colonel de la Marlier, en date du 14 octobre 1870.

Aussi, dès le 5 octobre, il était forcé de prendre un repos qui devait, il l'espérait du moins, n'être que temporaire. Il emportait dans sa retraite les vifs regrets du bataillon de Dreux qui avait en lui une confiance bien placée, et les sympathies de tous nos compatriotes qui l'aimaient déjà.

Avant de se retirer, il confiait par lettre à M. de la Marlier le commandement provisoire du 63ᵉ régiment, et le priait de remettre son bataillon au plus ancien de ses capitaines.

De son côté, le capitaine Etasse, ancien adjudant de gendarmerie, recevait le commandement du 3ᵉ bataillon qu'il exerça pour le bien de tous.

« Malgré les dangers d'une tâche si périlleuse, disait un jour le capitaine Revel Saint-Ange, M. Etasse veillait avec sollicitude sur ses soldats. Il savait allier aux exigences du service, à la fermeté du commandement, une douceur, une aménité dont il ne s'est jamais départi[1]. »

Enfin le commandant Lecomte, tué à Épernon, eut, le 13 octobre, pour successeur à la tête du 2ᵉ bataillon, le capitaine Bréqueville, ancien capitaine de dragons en retraite à Bonneval lors de la déclaration de guerre.

La vie militaire avait été assez douce jusque-là pour nos Mobiles. Leur séjour à Maintenon les initia aux privations et aux fatigues d'une armée en campagne.

La saison devenait plus froide, le temps était presque toujours pluvieux, et le pain sec lui-même parfois assez rare. Nos compatriotes passaient souvent les nuits en grand'garde, enveloppés d'une couverture et couchés sur la bruyère, ou tout au plus abrités sous une hutte de branchages, garnie d'un peu de paille, qui les protégeait faiblement contre les brouillards et la bise. Ajoutons que les longues expéditions à travers les villages voisins et les alertes fréquentes tenaient presque continuellement ces jeunes gens en éveil. Aussi l'on ne s'étonnera pas que les santés aient commencé à fléchir.

Donnons quelques extraits d'une lettre écrite à son commandant, le vendredi 7 octobre en grand'garde, par le capitaine Bastide du 1ᵉʳ bataillon.

[1] Voir le *Réveil National de Dreux*, 7 mai 1890.

« Veuillez, je vous prie, me faire relever ce matin ; s'il en était autrement, je resterais à peu près seul dans deux ou trois heures.

» Depuis cinq jours voici quatre grand'gardes montées par mes hommes et un piquet, et sans autre nourriture *que du pain* depuis mardi.

» J'ai plusieurs hommes indisposés par l'humidité des nuits, et moi-même je suis très fatigué et un peu souffrant, n'ayant aussi rien que du pain depuis mon départ de Chartres. »

Dans la nuit du 4 au 5 octobre qui suivit le combat d'Epernon, les officiers présents à Maintenon avaient tenu un conseil à la Mairie et placé de nombreux postes dans les bois environnants, surtout en avant de la ville, pour arrêter la marche de l'ennemi.

« Or dès le 5 octobre au matin, raconte le sergent André Vivien dans ses *Souvenirs*, nous allions relever les compagnies de grand'garde et nous arrivions, avec le premier crépuscule, au bois Prévost, sur la route de Maintenon à Epernon.

« Notre compagnie fut désignée d'avant-poste comme ayant dans M. Lavater un capitaine expérimenté.

« Nous avions à peine franchi le fossé qui borde la route pour nous installer dans le taillis, qu'un bruit d'armes et de chevaux se fit entendre. En même temps quelques ombres paraissent confusément dans le brouillard. »

Le capitaine sait modérer l'ardeur de ses hommes impatients de tirer, et les hussards bleus, car c'était eux, s'avancent au nombre de sept, en prenant à travers champs pour s'écarter un peu du bois.

Dix de nos Mobiles, guidés par leur capitaine, parviennent à tourner les éclaireurs ennemis, à s'approcher d'eux et à tirer. Deux Prussiens tombent aussitôt, et les cinq autres, faisant un grand détour, s'enfuient de toute la vitesse de leurs chevaux. Mais le sergent Vivien qui les poursuit a la joie, après avoir tiré plusieurs fois, d'en voir tomber encore deux autres.

Nos Mobiles cependant ne s'emparèrent que d'un seul prisonnier, atteint à l'épaule ; les trois autres blessés parvinrent à remonter à cheval ou à se perdre dans le brouillard, et à s'échapper.

A partir de ce moment les escarmouches furent fréquentes. Nos jeunes gens s'enhardirent dans cette espèce de chasse à l'homme, et il ne se passa plus de jour, sans que l'une ou l'autre des compagnies ne blessât, ne prît ou ne tuât quelque hussard prussien.

Mais que de fois les pièges ainsi tendus furent éventés par l'ennemi, parce que nos jeunes gens, dans les postes avancés, ne savaient encore ni garder le silence pendant de longues heures, ni rester cachés et en repos malgré le froid ! Que de fois au lieu d'attendre le moment favorable pour tirer à propos, ils brûlaient inutilement leurs cartouches contre des cavaliers hors de leur portée ! Selon le mot d'un Mobile, le coup partait et les uhlans aussi.

Par une circulaire en date du 8 octobre, le Ministre de la Guerre à Tours se plaignit vivement de ce gaspillage de munitions, dont l'inexpérience et le manque de sang-froid des jeunes gens étaient seuls responsables. Mais les Prussiens profitaient de ces fautes diverses et disparaissaient au galop de leurs coursiers, en traitant nos Mobiles d'enfants : « Reproche qui nous désespérait, écrit le sergent Vivien, et que nous méritions pourtant si bien. »

Les francs-tireurs se montraient encore plus imprévoyants, plus irréfléchis que les Mobiles. Nous en trouvons la preuve dans un accident qui a péniblement impressionné tous nos compatriotes.

Pendant la nuit du 6 octobre, la 8ᵉ compagnie du 3ᵉ bataillon, conduite alors par le capitaine Alexis de Castillon et le lieutenant Vidière, occupait le bois des Fourches, au-dessus de Maintenon, à gauche de la route nationale d'Epernon ; la 1ʳᵉ compagnie du même bataillon, capitaine Desjardins, était à droite de cette route, dans l'autre partie des bois de M. le duc de Noailles.

A dix heures du soir, les Moblots reposaient sous leurs cabanes de construction si primitive ; de nombreuses sentinelles dispersées en avant s'abritaient derrière les pommiers et protégeaient les dormeurs.

Le capitaine de la 8ᵉ se tenait éveillé, afin d'assurer le service des rondes que les officiers de chaque compagnie faisaient souvent, et à tour de rôle, pour inspecter les sentinelles ou répondre au premier appel en cas d'alarme.

Tout à coup, à quelques pas de lui, retentit une vive fusillade et plusieurs balles viennent traverser la hutte des officiers de la 8ᵉ compagnie. Heureusement que le capitaine était à demi-couché et ses hommes endormis, car autrement il y aurait eu de grands malheurs à déplorer.

« Nous nous élançons au dehors, sur la lisière du bois, écrit le lieutenant Vidière, et nous apprîmes bientôt ce qui venait de se passer.

« Huit francs-tireurs, arrivés dans la soirée à Maintenon, décident entre eux, après dîner, d'aller, sans ordre, s'embusquer dans les bois où nous étions précisément.

« En arrivant au bois ils aperçoivent nos sentinelles. (Nous croyons qu'à ce moment ils tirèrent sur l'une d'elles). Au bruit du coup de fusil, les Mobiles de la 1ʳᵉ compagnie, qui étaient à droite de la route, sortirent du bois. Les francs-tireurs, les prenant pour des Prussiens, firent un feu d'ensemble dans le taillis; les Mobiles, prenant à leur tour les francs-tireurs pour des ennemis, répondirent en tirant sur le bois où se trouvait la 8ᵉ compagnie.

« Les francs-tireurs battirent vite en retraite, en traversant la 8ᵉ compagnie et en déchargeant leurs armes sur nos sentinelles. Nous en arrêtons un et lui crions : Où allez-vous ? Il répond : Malheureux, les Prussiens occupent tous ces bois, vous êtes pris.

« Nous comprîmes immédiatement la vérité, car nous nous savions bien gardés.

« Voici probablement la cause de leur méprise. Presque tous nos hommes portaient un bonnet de coton dans leur étui musette; aussi était-ce un curieux spectacle que de les voir avancer la tête sur toute la lisière du bois. Les francs-tireurs auront pris ces bonnets blancs (ou à peu près) pour des casques prussiens.

« Un franc-tireur reçut une balle dans la tête et fut tué raide, derrière la cabane des officiers de la 8ᵉ compagnie; les autres se réfugièrent dans les vignes. Ils auraient été tous tués, qu'il n'y aurait pas eu de reproche à faire à nos Mobiles qui se trouvaient en cas de légitime défense.

« Ce fut une bonne leçon pour ces francs-tireurs qui croyaient avoir le droit d'agir individuellement, sans ordre, s'avançant au milieu des grand'gardes et engageant des feux de peloton avec des Français.

« Il n'y eut heureusement pas d'autres accidents à déplorer ; mais si, malheureusement, nos hommes avaient été debout, la 1re compagnie fusillait une partie de la 8e [1]. »

Les francs-tireurs étaient furieux de l'aventure, et c'est la raison pour laquelle deux jours plus tard, par crainte d'une vengeance, le commandant Pérottin refusait à M. l'abbé Robé, comme on l'a vu, la permission de se rendre de Maintenon à Epernon.

A cette même date, 8 octobre, avons-nous dit, nos troupes de Maintenon, ayant su que les Allemands se disposaient à les assaillir, se préparaient à les repousser victorieusement.

Mais un incident vint détourner l'attaque, en attirant d'un autre côté l'attention de l'ennemi. Ce même jour, au matin, 150 francs-tireurs surprirent un poste de Prussiens dans la petite ville d'Ablis ; ils en tuèrent plusieurs et emmenèrent un certain nombre de prisonniers.

Les représailles ne se firent pas attendre et elles furent terribles ; vers 3 heures de l'après-midi, Ablis fut en partie brûlé et saccagé [2]. Aussi nos Mobiles connurent dès le soir pourquoi ils n'avaient pas été inquiétés, quand ils virent le ciel illuminé au loin par les lueurs d'un immense incendie.

Le 16 octobre, un autre incendie dévorait le village de

---

[1] Journal manuscrit de M. Vidière et *Réveil National* de Dreux, 7 mai 1890.

[2] Nous lisons dans le *Journal de Chartres* du 14 novembre 1872 :

« Le jour de l'incendie d'Ablis, M. de Maleyssie revenait d'une reconnaissance
» dans un cabriolet avec M Bourgeois. Des hussards prussiens tirèrent des
» coups de feu sur la voiture et la capote fut trouée par une balle qui passa
» entre M. de Maleyssie et M. Bourgeois, heureusement sans les atteindre. C'est
» alors que les pompiers de Roinville-sous-Auneau, en observation le long de
» la route de Roinville à Auneau, déchargèrent leurs fusils sur les cavaliers en-
» nemis qui tournèrent bride au grand galop. Sans cette intervention, ces deux
» Messieurs auraient été tués ou du moins faits prisonniers. »

Cherisy, ainsi que les hameaux de Brissard et de la Mésengère. La ville de Dreux elle-même était menacée de subir le même sort le lendemain. Nos Mobiles qui avaient entendu l'après-midi le canon gronder dans cette direction, qui en se couchant percevaient encore un bruit lointain de tambours et de clairons, ne furent nullement surpris, raconte le sergent André Vivien, du 1er bataillon, lorsque vers minuit les cris : Debout ! Aux armes ! retentirent à leurs oreilles.

Quelques minutes plus tard, un détachement de 1,200 hommes environ, formé de compagnies empruntées aux différents bataillons d'Eure-et-Loir, partait sous la conduite du capitaine Bréqueville. Quelques gendarmes, chargés d'éclairer la marche, précédaient la petite troupe. On s'arrêtait à Pierres, pour relever quelques grand'gardes et prendre des renseignements, on traversait Nogent-le-Roi encore au milieu des ténèbres, on était à Chaudon aux premières clartés du jour.

Nos Mobiles poursuivirent leur route et bientôt ils rencontrèrent des paysans qui, peu rassurés par la présence de nos soldats, emmenaient des voitures chargées d'un maigre butin pour les soustraire à l'incendie et au pillage. De vieilles femmes éplorées criaient à nos compatriotes de ne pas aller à la bataille.

Arrivé, vers 7 heures, à trois kilomètres de Dreux, le capitaine Bréqueville envoie un exprès aux informations, et on lui rapporte cette réponse : La ville est sur le point d'être occupée par les Prussiens et ne demande pas à être défendue ; les troupes françaises se sont repliées sur Brezolles ; les Mobiles qui sont trop peu nombreux et n'ont pas de canons doivent retourner sur leurs pas.

Il est difficile d'exprimer le mécontentement de nos compatriotes quand on leur annonça cette nouvelle. Mais on commanda demi-tour, et après une halte à Nogent-le-Roi, ils rentrèrent à Maintenon exténués de fatigue, à 7 heures du soir [1].

---

[1] Consulter également sur cette marche de nos Mobiles : *La Guerre à Dreux*, par le commandant de Coynart, pp. 71, 75, 79, 85 et 89.
A la page 75, l'auteur parlant d'une dépêche adressée de Chartres, le 10 octobre au soir, à M. Sirven, sous-préfet de Dreux, s'exprime ainsi :
« Le préfet lui disait qu'il n'y avait pas d'artillerie dans le département,

Les marches de jour et de nuit étaient fréquentes pour nos Mobiles. C'était tantôt pour répondre aux alertes qui faisaient voir l'ennemi à Saint-Piat ou ailleurs ; tantôt pour surveiller des étrangers, aux démarches suspectes, pouvant renseigner les Prussiens, comme à Berchères-la-Maingot par exemple ; tantôt pour remplacer la cavalerie qui leur manquait complètement et exécuter des reconnaissances.

Chaque jour on voyait partir de petits détachements qui parcouraient le pays dans tous les sens, avec mission de surveiller l'ennemi, d'attaquer les uhlans ou du moins de les éloigner.

C'est ainsi que dans la nuit du 15 au 16 octobre, à 2 heures du matin, le capitaine Lavater, du 1er bataillon, quittait la grand'garde de la ferme des Fourches, avec une centaine d'hommes de bonne volonté, Mobiles, engagés, francs-tireurs et soldats. Un épais brouillard voilait la clarté de la lune et les nôtres marchaient avec mille précautions pour n'être ni entendus ni surpris.

On traverse Gas où tout était silencieux ; on visite la ferme du Loreau que les Prussiens avaient incendiée sous les yeux de nos compatriotes, le 4 octobre ; puis, vers cinq heures et demie, on se met en embuscade dans un bois voisin. Comme les uhlans, au lever du soleil, ne paraissaient point dans la plaine, on résolut d'aller les attendre au village de Gas et de prendre toutes les mesures pour n'en laisser échapper aucun.

Par malheur l'ennemi ne vint point ce jour-là. Mais nos volontaires avaient fait leur devoir. Aussi quand le soir ils regagnèrent la ferme des Fourches, puis Maintenon, le pain

---

qu'en conséquence il ne pourrait lui en envoyer et l'engageait à en demander au Mans ! qu'il donnait l'ordre à deux bataillons de Mobiles d'Eure-et-Loir de se porter sur Dreux. »

Voici la note de la page 89 : Pour la colonne venant de Maintenon, on l'avait dirigée sur Dreux, au lieu de Faverolles, comme je l'avais indiqué à M. Sirven, et cependant ce mouvement paraissait si naturel et si rationnel que les Mobiles avaient été sur le point de l'exécuter d'eux-mêmes ; ils étaient venus jusqu'à Villemeux ; l'avant-garde avait même atteint le Luat. Là, le contre-ordre leur était parvenu et ils étaient retournés sur leurs pas très mécontents d'avoir fait une marche de nuit pour rien. »

qu'on leur distribua, assez tard, fut mangé avec appétit, et la paille sur laquelle ils couchèrent fut trouvée douce [1].

Les reconnaissances étaient parfois plus heureuses. Citons-en pour preuve celle qui partit de Maintenon le 20 octobre à une heure et demie du matin. Le petit détachement, composé d'une trentaine d'hommes, commandés par le capitaine Baye et le lieutenant de Saint-Laumer, du 1er bataillon, poussa jusqu'à Épernon. Là il rencontra des hussards rouges sur lesquels il fit feu et emmena prisonnier un sous-officier blessé qui vint mourir à l'hôpital de Chartres [2].

Telles étaient les opérations diverses des troupes au milieu desquelles vivaient les trois Aumôniers militaires attachés à nos compatriotes d'Eure-et-Loir.

C'est pendant leur séjour de deux semaines à Maintenon que fut définitivement organisé le service de l'Aumônerie. Chacun d'eux dans l'occasion accueillait avec bienveillance tout soldat qui se présentait ; mais M. Robé était spécialement affecté au 1er et au 3e bataillons, M. Hervé au 2e et M. Piau au 4e.

La majeure partie de leur temps se passait à visiter les troupes, et surtout nos Mobiles dans les différents postes. Ordinairement ils partaient le matin, chacun de leur côté, pour ne rentrer qu'à la nuit. Causer familièrement avec ces jeunes gens pour arriver à les connaître, s'efforcer de gagner leur confiance, leur dire un mot du bon Dieu, donner parfois une dernière absolution à l'un d'eux, telle était leur principale occupation.

A leur retour à Maintenon, ils allaient se prosterner devant le Saint-Sacrement. Or ils eurent bientôt remarqué que l'église était souvent visitée par les soldats ; et ils tâchaient de s'y trouver à leurs heures.

« Une fois, raconte M. l'abbé Hervé, j'en vis deux qui priaient plus longtemps que les autres ; je m'approche de l'un en lui disant combien j'étais édifié de le voir ainsi prier.

---

[1] André Vivien, *Souvenirs*.

[2] Silvy, II, p. 32.

Mais, ajoutai-je, cela ne suffit pas ; dans ces moments de danger, il faut être en grâce avec le bon Dieu ; n'auriez-vous pas besoin de vous confesser ? — Ah ! Monsieur, si seulement j'étais seul ! mais mon camarade ! — Votre camarade ! il fera comme vous. Aussitôt je l'aborde : Votre ami va se confesser, lui dis-je ; vous aussi n'est-ce pas ? — Le camarade surpris : Vraiment ? Monsieur. — Oui, je vous l'assure. — Tous les deux se regardent en souriant, et viennent avec joie recevoir le pardon que Dieu leur offrait en récompense de leur bonne volonté [1]. »

En se retrouvant le soir au foyer hospitalier du presbytère, auprès du vénéré Curé, les Aumôniers aimaient à se communiquer leurs impressions et à compter le gain de leur journée.

Est-il ministère plus apostolique et temps mieux employé ? Il y avait pourtant à cette règle des exceptions réclamées par les circonstances, ou commandées par les exigences du service. Une fois, par exemple, M. Hervé sortit après le dîner pris en commun, et ne revint que le lendemain. Pour encourager les jeunes recrues, s'accoutumer lui-même aux intempéries, et mieux connaître les fatigues de la vie militaire, il était resté avec les Mobiles de Dreux qui formaient la grand'garde. Cette nuit-là un épais brouillard, pénétrant peu à peu les vêtements de son humidité glacée, semblait vouloir éteindre dans les veines toute chaleur et toute énergie. Aussi notre Aumônier sut, dès ce moment et par expérience, combien il est nécessaire d'être soutenu par une pensée chrétienne et patriotique pour supporter sans se plaindre cette inaction énervante, ces longues factions silencieuses au milieu des ténèbres et des bois.

« Une autre fois, raconte M. l'abbé Hervé, on entend retentir dans les rues de Maintenon, au milieu de la nuit, ce cri sinistre : aux armes, aux armes ! En quelques instants nous sommes dehors, où déjà les soldats sont sur pied. Plusieurs ne se sentant pas prêts pour le combat, cherchent l'Aumônier et le trouvent occupé lui-même à chercher les soldats. Aussi avec quelle joie il accueille ceux qui se présentent, et comme

[1] *Voix de Notre-Dame*, 1871, p. 80.

c'est de bon cœur qu'il leur donne le pardon désiré : « Allez, maintenant, chers amis ; leur dit-il, vous n'avez plus rien à craindre. » — « C'est vrai, Monsieur, me répond l'un d'eux, je me sens plus brave ; et puis, que ma mère sera contente de me savoir réconcilié avec le bon Dieu ! » Bientôt l'Aumônier, suivant ses Mobiles dans la marche, est avec eux au fond des bois, où la pluie tombe avec une opiniâtreté désespérante. Là on assigne à chacun son poste, et nos hommes se trouvant un peu dispersés, j'en profite pour aller de l'un à l'autre leur suggérer la pensée de Dieu et de l'éternité. Le soldat, à la vue de son Aumônier, élargit sa couverture et lui fait partager son unique abri. Tous deux s'entretiennent ensemble, et, après quelques moments se séparent en se serrant la main. Qu'ont dit ces amis ? C'est le secret du Ciel. Mais toujours est-il que l'Aumônier remercie Dieu de lui avoir donné une si bonne nuit [1].

« Dans la dernière semaine de notre séjour à Maintenon, écrit M. l'abbé Piau dans son Rapport, la variole commençait à faire quelques ravages dans les rangs de nos soldats ; la visite de l'hôpital s'imposait au nombre de nos devoirs, et nous allions au milieu de la contagion comme sur un champ de bataille. J'ai administré pour ma part les derniers sacrements à de pauvres varioleux, dont les excellentes dispositions me réjouirent grandement. Je crois que ce sont les premiers Mobiles que j'eus l'occasion d'envoyer au ciel.

« Vers la même époque, le 18 octobre, M. l'abbé Robé remplissait une autre mission encore plus pénible et non moins nécessaire : il accompagnait à la mort un artilleur coupable d'insultes envers un sous-officier, et un paysan convaincu de trahison. La cour martiale [2], assemblée au

---

[1] *Voix de Notre-Dame*, 1871, p. 80.

[2] Dès le 2 octobre les membres de la délégation du Gouvernement de la Défense nationale installés à Tours avaient rendu un décret prescrivant la création, dans les divisions actives et dans les corps de troupes détachés, de la force d'un bataillon au moins, marchant isolément, de cours martiales destinées à remplacer momentanément les conseils de guerre institués par le Code de justice militaire.

En conséquence de ce décret, la subdivision militaire rendit un ordre ainsi conçu :

Une cour martiale est établie à Chartres.

château, les avait condamnés à être fusillés. Mon crucifix d'Aumônier reçut leur dernier embrassement. Depuis lors que de moribonds, que de pauvres victimes y collèrent leurs lèvres expirantes ! ».

Tandis que nos compatriotes, Mobiles et Aumôniers, se dévouaient ainsi à Maintenon et que cette contrée jouissait d'un calme relatif, les Prussiens envahissaient notre département et menaçaient Chartres d'un autre côté.

Le 13 octobre, ils avaient bombardé et occupé Orléans ; puis, remontant vers nous, ils avaient, le 18, attaqué et brûlé Châteaudun.

Les malheureux habitants de cette ville, fuyant dans toutes les directions et emportant les quelques effets arrachés à l'incendie, propagèrent rapidement la nouvelle du désastre, que vinrent confirmer, à la nuit, les sinistres lueurs projetées au-dessus de deux cent soixante-trois maisons enflammées par l'obus ou par le pétrole.

C'est sans doute pour essayer de détourner le coup qui menaçait Chartres, que le colonel Du Temple, commandant les troupes de Maintenon, résolut de marcher en avant.

Le 20 dans l'après-midi, il ordonna à M. de la Marlier, lieutenant-colonel de nos Mobiles, de se préparer à partir de nuit pour aller attaquer Rambouillet. On avait eu la précaution d'entourer de paille les roues de nos canons.

Elle se compose de :

Président, 1° M. de Castillon, commandant du 4° bataillon de la garde nationale mobile d'Eure-et-Loir ;

Assesseurs
2° M. Roche, capitaine à la 2ᵉ compagnie du 4° bataillon d'Eure-et-Loir ;
3° M. Servan, lieutenant de vaisseau, commandant la 5° compagnie de fusiliers marins.
4° M. Delaporte, lieutenant à la 6° compagnie du 4° bataillon d'Eure-et-Loir;

Greffier 5° M. Deschamps, sergent-major à la 1ʳᵉ compagnie du 4° bataillon.

La cour martiale, ainsi composée, restera en fonctions pendant quinze jours. M. de Castillon veillera à ce que la cour martiale soit convoquée et fonctionne en observant les formalités prescrites dans le décret gouvernemental du 2 octobre 1870.

Chartres, le 16 octobre 1870.

Le capitaine de vaisseau, colonel commandant la subdivision d'Eure-et-Loir,

Signé : Duval.

Mais au moment où les soldats prenaient les armes pour tenter ce hardi coup de main qui les eût réjouis, un ordre supérieur enjoignait au colonel Du Temple de quitter Maintenon et de se replier aussitôt sur Chartres avec toutes ses troupes.

IV

CHARTRES

OMMAIRE. — Au secours de Chartres. — Les préparatifs de défense et l'investissement de la ville. — Dispositions pacifiques. — M. le Curé de Morancez au camp prussien. — Quel malheur de bombarder un aussi beau dôme ! — La préfecture et le presbytère. — MM. Labiche et Delacroix. — La convention militaire. — Une réponse à M. de Foudras. — Nos Aumôniers. — Les Mobiles de Lot-et-Garonne. — Joseph de Gironde et le testament. — Les gardes nationaux de Jouy et de Saint-Prest. — M. le Curé du Boullay-Thierry. — Oh ! ces Chartrains ! — Une mauvaise rencontre. — Le camp prussien de Coltainville. — « Vous serez fusillé pendant une heure ». — Un trésor dans un jardin. — Délivrance et retour.

Les préparatifs du départ demandèrent quelque temps, car il fallait rappeler les grand'gardes et ne rien laisser en arrière. Enfin, on se mit en marche.

Le temps était froid ; le ciel sombre distillait une pluie fine qui pénétrait jusqu'aux os ; et nos Mobiles n'avançaient que lentement. Déjà pourtant ils approchaient du but et ils étaient sur la grand'route, en face de Saint-Prest, quand de nouveaux ordres adressés au colonel du Temple, firent dévier leur direction sur Poisvilliers et sur l'Ouest. De sorte qu'après une nuit entière de voyage très pénible, ils se trouvaient au point du jour, presque aussi loin du chef-lieu de notre département que la veille avant leur départ. Beaucoup de nos soldats avaient déjà dépassé Bailleau-l'Evêque. Là, ils stationnent quelque temps, sans pouvoir cependant ni se réchauffer, ni se reposer, ni se nourrir, car le pain manquait. Puis, revenant sur leurs pas, ils prennent la route de Chartres, laissent dans de petits bois, près du faubourg Saint-Jean, le 2º bataillon d'Eure-et-Loir, avec mission de protéger la retraite, et n'entrent dans la ville que vers onze heures.

Le mystère de cette étrange contre-marche ne sera probablement jamais éclairci. Mais il est facile de comprendre que nos soldats venant de Maintenon à Chartres par Bailleau-l'Evêque, se trouvant sur pied depuis quatorze ou quinze heures, étaient complètement harassés et incapables de se battre.

Toutefois, c'est une justice que tous les récits aiment à leur rendre, après un repas sommaire, ils parurent oublier leurs fatigues et se préparèrent au combat. Des Aumôniers parcouraient le Marché-aux-Chevaux, la place des Epars et le boulevard Chasles, où les compagnies s'étaient groupées ; tous faisaient bon accueil aux paroles réconfortantes et aux médailles de Notre-Dame de Chartres apportées par le prêtre ; on partait alors plus alerte pour Lucé, Luisant ou le Coudray.

Quelles étaient, ce vendredi 21 octobre, la situation et la force des armées en présence ; quels événements allaient se dérouler ? Nul ne le savait au juste.

La subdivision militaire d'Eure-et-Loir était commandée par un capitaine de vaisseau, le colonel Duval. Le maire et le conseil municipal de notre cité, inquiets, il est vrai, pour la sûreté des habitants, mais ne voulant entraver en rien la défense générale du pays, avaient laissé à cet officier supérieur le soin de décider si Chartres, ville ouverte, de facile accès, pouvait et devait être exposée aux conséquences d'une bataille livrée sous ses murs et même dans ses murs. La veille au soir, le colonel averti par ses éclaireurs que les Prussiens s'avançaient rapidement sur les routes de Bonneval et d'Orléans, avait rappelé nos Mobiles de Maintenon. Dès le matin de ce jour, il avait posté aux abords de la ville, au-delà de Lucé, de Luisant, du Coudray et de Saint-Cheron, les deux ou trois bataillons de Mobiles, les quelques compagnies de francs-tireurs et de marins qui se trouvaient près de lui à cette heure ; il avait de plus mis sur pied les gardes nationales de Chartres et des communes voisines, et préparé la résistance, malgré le peu de monde dont il disposait.

Ces quelques milliers d'hommes, dispersés sur un vaste périmètre, n'avaient pu, avec leur fusillade sans importance, empêcher l'ennemi de s'approcher de la ville et de prendre les meilleures positions. A Luisant toutefois, les nôtres ne s'étaient pas retirés sans une assez vive escarmouche ; de nobles victimes y donnèrent leur sang et leur vie ; mais ils avaient dû céder devant le nombre des assaillants et le feu de leur artillerie. Entre onze heures et midi, les Prussiens avaient complété le mouvement de leurs troupes comptant plus de vingt mille hommes, placé leurs cavaliers aux endroits choisis, installé leurs puissantes batteries, au moins cinquante canons à tir rapide, sur les hauteurs d'où l'on découvre Chartres ; aussi le bombardement et l'assaut de la ville pouvaient avoir lieu au premier signal.

De notre côté, nous avions environ dix mille défenseurs, presque tous très peu exercés, sans cavalerie aucune, sans autre artillerie que trois pauvres petites pièces ; et le plus grand nombre de nos soldats, les Mobiles arrivant de Maintenon, exténués de fatigue, ne pouvaient entrer en ligne que vers une heure.

Mais les Prussiens ne cherchaient pas à combattre. Préférant se rendre maîtres de la place sans coup férir, ils avaient retardé leur attaque et commencé des négociations. Arrivé près de Morancez avant dix heures du matin, le commandant en chef, Von Wittich, avait envoyé un colonel bleu escorté de quinze hussards proposer à M. l'abbé Lavanne, curé de cette paroisse, de venir s'entendre avec lui afin de sauver son pays.

A ces mots, le prêtre avait suivi le colonel Heiduck au haut de la côte.

« Derrière un pli de terrain qui le cachait, écrivait-il dans son Rapport, se trouvait le général prussien à la tête d'un état-major assez nombreux, qu'entouraient encore 300 cavaliers environ. Plusieurs pièces d'artillerie, la bouche tournée vers l'entrée du village, semblaient flairer déjà la dévastation et la mort. Les masses compactes de l'infanterie prussienne formaient le fond du tableau.

« Le colonel bleu présenta M. le Curé au général qui, accusant une armée de 50.000 hommes, lui dit qu'au premier coup de fusil il brûlerait Morancez, le Coudray et Chartres, comme il avait brûlé Châteaudun ; que le seul moyen de retarder, et peut-être d'empêcher le bombardement, était d'aller à Chartres et de ramener M. le préfet aux avant-postes allemands. »

Tandis qu'il s'exprimait ainsi, le général fixait l'antique cathédrale que l'on voit se dresser majestueuse de l'endroit où il était, et c'est en la regardant que son geste expressif soulignait ces mots : « Quel malheur il y aurait à bombarder Chartres comme Châteaudun ! »

D'autres officiers survenus plus tard précisèrent la pensée du général en disant, avec cette inflexion mélancolique si facile au langage allemand : « Quel malheur de bombarder un aussi beau dôme ! (*sic*). »

Ainsi, soit sentiment chrétien, soit respect de l'art, c'est l'admiration que la vue de notre cathédrale éveilla chez nos ennemis qui les rendit patients et cléments envers notre ville. Une fois de plus, la Vierge de Chartres se montrait la protectrice de la cité.

A ce moment, en effet, quelques coups de fusil tirés près de l'église du Coudray faillirent décider les Prussiens à engager le combat. M. le Curé eut beaucoup de peine à les détourner de mettre le feu à leurs pièces.

A la fin on le laissa partir pour Chartres, en lui accordant trois heures de délai, jusqu'à une heure de l'après-midi. Il était porteur de quelques mots écrits au crayon, sur un bout de carton, par le colonel Heiduck, pour le commandant militaire à Chartres. Arrêté à nos avant-postes par les Mobiles de notre 4ᵉ bataillon qui occupaient les bois du Coudray depuis deux jours, il leur dit qu'il se rendait en parlementaire à la préfecture, et les pria d'éviter tout engagement au moins jusqu'à son retour.

C'est pendant ce répit que les Prussiens avaient pris toutes leurs dispositions pour l'attaque, si elle eût dû avoir lieu.

M. Labiche, préfet d'Eure-et-Loir, et M. Delacroix, maire de Chartres, avec M. le Curé arrivèrent vers une heure au presbytère de Morancez où se tint la conférence.

Dans son livre : *Les Prussiens à Chartres* [1], M. Caillot nous montre avec quelle insolence furent reçus les parlementaires, au milieu de quelles difficultés la discussion se poursuivit. MM. Labiche et Delacroix se levèrent deux fois, prêts à quitter la salle ; mais le désir de sauver Chartres d'une destruction inévitable, le dévouement à la cause commune inspirèrent aux représentants de la ville le courage de dévorer les humiliations qu'on leur faisait subir. Aussi, finirent-ils par obtenir une convention très douce, sauvegardant l'honneur de notre armée comme les intérêts et l'honneur de la ville de Chartres [2].

De retour à la Préfecture, ces deux Messieurs rencontrèrent le colonel Duval qui revenait de Luisant où il avait vu un bataillon d'Ille-et-Vilaine se replier au premier coup de canon. Cette circonstance le disposait à comprendre l'impossibilité de résister, et, sur l'avis du commandant Pérottin et du capitaine Allemand, il signa la capitulation.

MM. Labiche et Delacroix se rendirent à nouveau auprès de l'état-major prussien qu'ils rencontrèrent sur la route, non loin de Gourdez. Le colonel Heiduck, le porte-parole du général si dur jusque-là, fut beaucoup plus convenable. Les parlementaires obtinrent que notre petite garnison aurait jusqu'à quatre heures et demie pour évacuer la ville avec armes et bagages. De plus, le terrible colonel désirant voir les Mobiles défiler devant les troupes prussiennes, M. Labiche

---

[1] *Les Prussiens à Chartres*, p. 14 et suivantes.

[2] Voici les principales dispositions de cette convention, telles qu'on les lit dans le Bulletin départemental d'Eure-et-Loir du samedi 22 octobre 1870 :

« Les troupes mobiles régulières et irrégulières pourront évacuer Chartres librement.

L'armée prussienne n'occupera la ville qu'à quatre heures et demie.

La ville de Chartres ne sera soumise à aucune contribution de guerre en argent.

Toutes les réquisitions nécessaires à l'armée allemande auront lieu par l'intervention de la municipalité.

Les propriétés privées et les personnes seront respectées.

L'autorité municipale continuera à fonctionner librement. »

fut assez heureux pour soustraire à cette honte nos compatriotes, que la vue de la discipline ennemie aurait pu décourager pour la lutte ultérieure.

Plusieurs ont blâmé la conduite, pourtant si patriotique, du Préfet d'Eure-et-Loir et du Maire de Chartres dans cette circonstance.

En réponse à M. le comte de Foudras, commandant des francs-tireurs de la Sarthe, qui accusait la préfecture et la municipalité de Chartres d'avoir livré la ville sans combat, M. Labiche écrivit ses *Renseignements sur les faits qui ont précédé l'occupation de Chartres*. Écoutons-le réfuter son contradicteur [1] :

« La dépêche suivante que j'adressais au gouvernement au moment où j'étais appelé au quartier général ennemi, dit-il, exprime la préoccupation de ne pas compromettre la défense générale : sacrifier s'il le faut la ville de Chartres à une question d'intérêt général.

« Chartres est investi par Châteaudun. Le général prussien demande à parlementer. Je vais au camp ennemi, à sa prière. Avez-vous succès sur la Loire qui donne intérêt à couper où à retarder le passage de la colonne ennemie ? Je gagne du temps en parlementant. Réponse urgente. »

Le télégraphe fut coupé avant l'arrivée de la réponse ; mais il était sage de céder.

M. Labiche le démontre en donnant les détails suivants sur les troupes qui protégeaient ou attaquaient la ville le vendredi 21 octobre :

« Il n'y a jamais eu à Chartres ni aux environs « les douze « mille hommes de troupes régulières » dont on parle.

» En fait de troupes régulières, Chartres n'a jamais eu que 300 fusiliers marins et quelques artilleurs ; le nombre total de nos forces n'a guère dépassé la moitié de celui qu'on énonce.

» Nous avions pris nos dispositions pour être en mesure de repousser un corps de 6 à 7 mille Prussiens ; mais jamais nous n'avions espéré pouvoir défendre utilement, avec les

---

[1] Voir les pages 3, 4, 5 et 6.

forces dont nous disposions, l'accès d'une ville ouverte contre une armée de plus de 20,000 hommes de troupes régulières, et de plus de 50 pièces de canon, armée suivie de nombreux renforts ainsi que l'événement l'a prouvé. »

Abordant ensuite la question de la convention militaire conclue au presbytère de Morancez, M. Labiche fait cette remarque si juste :

« Peut-on citer un seul exemple, depuis le commencement de la guerre, d'une ville ou d'un corps de troupes obtenant des conditions plus honorables que celles assurées par la convention du 21 octobre ? »

Enfin la réponse termine par ces lignes :

« Qu'aurait-on gagné à sacrifier sept bataillons de Mobiles
» enfermés dans une ville investie, et plusieurs milliers de
» femmes, de vieillards et d'enfants qui seraient ensevelis
» maintenant sous les ruines de Chartres ? »

Cela est vrai, et nous prouve que le préfet d'Eure-et-Loir et le maire de Chartres furent inspirés par la raison et le patriotisme en acceptant l'invitation du général prussien et en supportant courageusement les insolences du colonel Heiduck, pour le salut de la ville de Chartres.

Avant qu'il ne fût question de ces pourparlers, M. Robé, voulant savoir ce que ses Confrères et lui devaient faire pendant le combat annoncé, s'était dirigé vers la préfecture ; il venait demander aux officiers supérieurs d'assigner aux Aumôniers le poste où leur présence serait le plus utile. A ce moment-là même, MM. Labiche et Delacroix partaient en voiture pour le presbytère de Morancez. Ces Messieurs lui firent part de la démarche qu'ils tentaient et le prièrent d'en avertir Monseigneur, qui apprit bientôt l'issue des négociations, et le peu de temps accordé à l'armée pour évacuer la ville.

« Il n'y avait pas une minute à perdre pour les Aumôniers, écrit M. l'abbé Piau. Nous courons tous trois au palais épiscopal pour obtenir de Notre Évêque la continuation de nos pouvoirs et lui demander sa bénédiction. Il nous reçoit aussitôt, nous accorde la liberté désirée, et nous dit avec émotion : « Allez, Messieurs ; votre ministère est bien utile ; vous ne pouvez pas abandonner de pauvres gens exposés à tant de dangers ». Et il nous bénit. Nous partons alors, mais si précipitamment que nous n'avons ni le temps ni la pensée de prendre des vêtements qui nous eussent été si nécessaires pour affronter les rigueurs d'une saison déjà menaçante. Nous n'avions qu'une simple soutane avec une mince houppelande d'été ; nous étions donc bien mal armés contre le froid. Après tout, c'était là un trait de similitude de plus avec nos Mobiles, qui eux-mêmes étaient loin d'être chaudement vêtus. »

Mais avant d'accompagner nos soldats dans leur pénible retraite, qu'il soit permis au narrateur de s'arrêter un instant, et de saluer de ses respectueux hommages ceux qui ce jour-là versèrent leur sang pour la défense de notre ville. Nous les trouvons soit sur les côteaux de Jouy, où la garde nationale s'illustra par sa résistance héroïque, soit dans la cavée de Luisant où, pour la première fois, nous rencontrons auprès des blessés un futur Aumônier de nos Mobiles d'Eure-et-Loir.

Au moment où de Chartres on entendait le canon gronder dans cette dernière direction, vers onze heures, M. l'abbé Piauger, vicaire de Saint-Pierre, était parti en voiture d'ambulance, de la place des Épars, en compagnie de M. de Sainte-Beuve, secrétaire des hospices, porter à nos soldats les encouragements et les secours de son ministère. A leur arrivée le feu avait déjà cessé ; mais quatre morts et vingt-trois blessés, quelques-uns bien grièvement, réclamaient des soins immédiats et leur transport à l'Hôtel-Dieu [1].

---

[1] Voici la liste de toutes les victimes du combat de Luisant.

1º Militaires tués le jour du combat :
Ducondut Gabriel, Lafontan Siméon, deux inconnus, Mobiles de Lot-et-Garonne.

2º Militaires morts à l'Hôtel-Dieu des suites de leurs blessures :
Mariot Henri, Pauliac Bernard, Bru Jean, Mayor, Goëmetou, Fougat Jean, Vidon Michel, de Gironde Joseph, Mobiles de Lot-et-Garonne.

3º Militaires blessés et guéris :
Laporte Ernest, Bru Pierre, Brugère Jean, Danez Jérôme, Vigne Jean, Bouty Jean, Mobiles de Lot-et-Garonne. Leheuger Alexandre, Renouard Jean, Mobiles

Parmi ces pauvres mutilés, gisait un jeune homme du Midi dont nous devons garder pieusement la mémoire. Ses compatriotes qui, dans cette année terrible, ont si longtemps souffert à côté des nôtres, étaient parfois trop fanfarons, mais comptaient pourtant de beaux caractères. Il est juste que l'historien, forcé de noter les défauts, ait soin de signaler et les vertus et les mérites.

Joseph de Gironde, de Saint-Arcisse, sergent au 1er bataillon de Mobiles de Lot-et-Garonne, était de passage à Chartres le 30 septembre 1870. Un secret pressentiment l'avertissait qu'il serait une des victimes de cette guerre désastreuse et que sans doute il mourrait dans nos murs. L'heure des dangers approchait, car il faudrait se battre sous peu de jours. Mais acceptant sans murmurer le sacrifice de sa vie, et ne pensant qu'à la douleur future de ses parents, le brave sergent résolut, sous l'inspiration de son amour filial, de les consoler dans une lettre posthume. Il écrivit alors, de notre ville, en forme de testament, ces lignes où, vu la précipitation, la phrase n'est point méditée, mais où l'affection parle un langage que tous les cœurs comprendront. C'est le seul cadeau qu'il laisse, dit-il, le suprême souvenir de sa vive reconnaissance. Elles indiquent le moyen choisi par lui pour les faire arriver à destination et sont adressées à la plus tendre des mères et au plus chéri des pères.

†

Au nom du Père, du Fils et du Saint-Esprit; ainsi soit-il!

« MES TRÈS CHERS ET BIEN AIMÉS PARENTS,

» Aujourd'hui, à la veille d'une rencontre sérieuse avec l'ennemi, je viens vous faire mes derniers adieux. Cette lettre que j'écris à la hâte, a été confiée à un de mes plus grands amis, avec mission de ne vous la remettre que si je mourais au champ d'honneur. Vous la lirez peut-être, chers et bons

---

d'Ille-et-Vilaine. Friche Auguste, Verdin Isidore, Delpeu Jules, Scholer Jean, francs-tireurs.
　Saliou René, Bastagna Antoine, Renaudin Alfred, marins.
　Ce dernier, à peine âgé de 16 ans, avait été très grièvement blessé à l'épaule par un éclat d'obus.

Parents, mais alors votre fils bien aimé, celui à qui vous avez prodigué vos tendres caresses n'existera plus. Il ne sera plus là pour vous récompenser par ses soins affectueux de toutes les peines, de tous les soins que vous vous êtes donnés pour lui ; il ne sera plus là pour vous aimer, vous honorer ; il ne sera plus là pour vous aider à supporter le lourd fardeau de la vieillesse, et vous prodiguer dans la limite de votre existence terrestre les soins qui vous sont dus, en fils affectueux et reconnaissant.

» Je ne serai plus là, non, mes bons Parents ; je le vois, je n'existerai que dans votre souvenir. Telle était ma destinée ! Mon Dieu, que votre volonté soit faite et que votre saint nom soit béni !

» Pardonnez, mes chers Parents, toutes les fautes dont j'ai pu me rendre coupable envers vous, je vous en supplie à deux genoux ; je demande pardon à toutes les personnes que j'ai pu offenser et les prie de m'excuser.

» Que votre douleur ne soit pas longue, mes chers Parents, résignez-vous ; il faut toujours supporter avec patience les peines et les afflictions que le bon Dieu nous envoie, et, dans notre malheur, nous devons redoubler d'amour pour celu qui nous a créés.

. . . .

» Mon Dieu ! je me mets en votre sainte garde et protection, ayez pitié de votre pauvre créature. Ainsi soit-il.

» Je meurs content, mes Parents chéris ; la vie de ce monde est un bien lourd fardeau ; le bon Dieu m'en délivre presque à mon entrée. Que son saint nom soit mille fois béni !

» Courage, priez tous les jours : la prière est la plus douce consolation que votre cœur puisse trouver. Priez et vous irez au ciel ; là, j'ai l'espoir de vous revoir. Ah ! si le Seigneur prend pitié de moi, s'il oublie toutes les fautes que j'ai commises et qu'il me reçoive au nombre de ses élus, je veillerai sur vous, mes Parents bien-aimés.

. . . .

» Mes chers et bien aimés Parents, adieu, adieu ; je vous embrasse..... Ma pauvre Grand'mère, je vous couvre de baisers ; mes parents, mes amis, je vous serre la main. Pensez à celui qui meurt pour sa patrie et ne l'oubliez pas dans vos prières. »

» J. DE GIRONDE. »

Après avoir cherché à adoucir, autant qu'il était en lui, le deuil inconsolable des siens, le jeune Mobile ne songea plus qu'à faire bravement son devoir. Blessé le 21 octobre au combat de Luisant, transporté à l'Hôtel-Dieu, confié aux soins maternels des Filles de Saint-Vincent de Paul, Joseph de Gironde, bien qu'il se sentît perdu, garda pourtant son doux sourire. Il subit l'amputation d'une jambe, endura ses longues souffrances avec une admirable résignation, et mourut comme un saint le 7 du mois de novembre. Mais cette belle âme avait été remarquée. Aussi près de la tombe qui renfermait sa dépouille terrestre, M. Collier-Bordier, Président du Comité de secours aux victimes de la Guerre, voulut, dans un touchant adieu, rendre hommage à son dévouement et payer en sa personne un tribut de reconnaissance à ses compagnons tombés avec lui, pour la défense de notre sol et l'amour de notre patrie [1].

Après avoir honoré les morts de Luisant de nos regrets émus, songeons aux nobles victimes de Jouy et de Saint-Prest.

Nous avons dit que le colonel Duval avait dès le matin du 21 octobre, enjoint aux gardes nationaux des communes suburbaines de concourir à la défense de Chartres.

Or, vers une heure et demie de l'après-midi, quelques gardes nationaux de Jouy placés en embuscade, près du chemin de fer sur la route du côté de Soulaires, virent arriver une compagnie de hussards bleus. C'était l'avant-garde d'une nombreuse cavalerie venant de Rambouillet prêter main-forte aux colonnes prussiennes qui attaquaient Chartres ; ses escadrons, qui comptaient au moins 5.000 hommes, couvraient déjà toute la plaine de Soulaires et de Coltainville.

Nos gardes nationaux de Jouy, non avertis malheureusement et du nombre de leurs ennemis et des négociations commen-

---

[1] Voir en appendice la note G.

cées à Chartres, engagèrent bravement la lutte qui s'étendit bientôt sur une longueur de deux kilomètres, jusqu'au moulin de la Roche. Ils auraient tous été infailliblement écrasés sans le secours que leur apportèrent les gardes nationaux de Saint-Prest et de Gasville qui leur permit de se retirer.

Ils avaient perdu trois seulement des leurs : M. Glin, sous-lieutenant, tué par un officier prussien auquel il avait rendu son épée, et MM. Hamon et Lochon, atrocement massacrés.

Les pertes du côté des Prussiens étaient plus considérables ; il y avait vingt-trois blessés et neuf morts, parmi lesquels un chef d'escadron.

Mais cette défense héroïque de quelques paysans contre une armée allemande était d'autant plus impardonnable qu'elle avait duré quatre heures, et empêché le général Schmitz de rejoindre Chartres comme il en avait l'ordre.

« Plus de résistance ici que dans une grande ville ! » répétaient les Prussiens. Aussi résolurent-ils de se venger comme des barbares.

Ils entrèrent à Jouy au nombre de 1.500 et fusillèrent sept hommes [1], Peu satisfaits de ces représailles sanglantes, ils pillèrent les maisons, exigèrent des contributions de guerre et maltraitèrent des femmes ; enfin ils emmenèrent comme otages le maire et seize habitants qu'ils menacèrent et insultèrent à leur gré, pendant trois jours, au camp de Coltainville.

---

[1] Voici les noms des sept nouvelles victimes :

Tancret Abel, 59 ans, fusillé dans son jardin ; Bainville Hippolyte, 33 ans, pris chez lui, conduit dans son jardin et fusillé ; Hoyau-Pelletier, 28 ans, pris chez lui, fusillé (on pense que le vol de sa montre fut le motif de son assassinat) ; Fortin-Lochon, 46 ans, revenant de voyage, fusillé à l'entrée de Jouy ; Hogréau Firmin, 20 ans, maître-adjoint, breveté, sortant de l'école normale, blessé d'abord parmi les gardes nationaux, puis fusillé sur la voie du chemin de fer ; Barbereau, facteur des postes, à Chartres, fusillé sur la commune de Soulaires ; Bidart Clément, 28 ans, de Coltainville, pris pour guide par les Prussiens pour les conduire à Jouy, et fusillé sur cette commune.

En outre, deux hommes ont été grièvement blessés, ce sont : Beaufils Etienne et Garrier père.

Plusieurs furent maltraités et battus.

Voir en appendice, à la note H, la cérémonie du 20 octobre 1895, en mémoire des victimes du combat de Jouy.

Le lendemain, ce fut le tour de Saint-Prest; mais là, du moins, le sang ne coula pas.

En quelques minutes, les Allemands inondent le village; ils menacent, insultent, lèvent d'énormes contributions, emmènent comme otages, au camp de Coltainville, le maire et plusieurs habitants qui ne rentrèrent chez eux que noirs de coups et abreuvés d'outrages [1].

Le récit qui va suivre, en nous donnant incidemment quelques nouveaux détails sur la journée du 21 octobre à Chartres, nous dira les souffrances des prisonniers enlevés de Saint-Prest et nous fera connaître un compagnon de leur douloureuse captivité.

M. l'abbé Sémen, curé du Boullay-Thierry, se trouvait à Chartres, chez ses parents, au moment où les Prussiens menaçaient de bombarder la ville. Désireux de se dévouer, il voit des Mobiles de Lot-et-Garonne aller, sans qu'un prêtre soit avec eux, au-devant de l'ennemi, et il marche aussitôt à leurs côtés.

Laissons-le nous raconter lui-même, simplement, comme il a souffert, les faits dont il a été le témoin et les phases de son long martyre.

« A peine hors du Grand-Faubourg, écrit-il [2], nous aperçûmes l'armée allemande qui cernait la ville. Mes Mobiles se glissent le long du fossé et, protégés par le talus qui domine la route, ils attendent les événements. De leur côté, les Prussiens restaient sur leurs positions. De temps à autre, j'entendais, sans en connaître la cause, un sifflement aigu dans les airs; c'étaient, je ne tardai pas à m'en rendre compte, des obus qui venaient éclater à quelque distance de nous.

» Ne sachant ce qui pouvait arriver, et voulant être prêt à mourir, s'il le fallait, un lieutenant s'approche de moi et me demande l'absolution.

» Nous étions là depuis quelques instants quand le colonel Du Temple arrive au galop de son cheval et dit aux Mobiles :

---

[1] Invasion prussienne dans Eure-et-Loir, Rapports des Maires, pp. 35, 38 et 44.

[2] *Soixante-douze heures de captivité au camp prussien de Coltainville*, manuscrit, par un prêtre du diocèse de Chartres.

« Allons, les enfants, vous avez de bons fusils ; si vous
» envoyiez une décharge à ces cavaliers là-bas, vous en
» descendriez bien quelques-uns. Ça va-t-il ?... »

— « Mon colonel, répondit un des Mobiles, ce matin nous
» étions dans les bois : on nous commanda de tirer, nous
» avons tiré, et une pluie d'obus s'est abattue sur nous ; quel-
» ques-uns des nôtres furent blessés et il nous fallut battre
» en retraite ; ce serait encore de même : nous ne tirerons
» pas ! »

» Triste époque où les chefs n'osent plus commander, où les soldats refusent d'obéir.

» Mais les négociations pour la reddition de la ville étant terminées, il fut bientôt enjoint à nos troupes de commencer leur retraite. Dans les dispositions qu'ils venaient de montrer, cet ordre aurait dû réjouir ces pauvres enfants des bords de la Garonne. Eh bien, non ! Du moins, s'ils furent contents, il n'y parut guère, car en rentrant dans le Faubourg, ces mêmes hommes qui avaient refusé de tirer, criaient maintenant : « Oh ! Ces Chartrains ! Ces Chartrains ! On
» nous fait venir du fond du Midi pour les défendre et ils
» capitulent ! »

» Quand on n'est pas brave, on devrait bien n'être pas fanfaron.

» Le soir, une quinzaine d'Allemands envahissaient la maison de mon père, s'y installaient en vainqueurs et dormaient tranquillement dans une chambre voisine des nôtres. Je ne me doutais guère que vingt-quatre heures plus tard je serais à mon tour dans un corps-de-garde prussien, couché sur la paille, après avoir été roué de coups.

» Le samedi, en effet, ne pouvant obtenir de laisser-passer, je me crus obligé de faire une tentative pour aller, le dimanche, dire la messe dans ma paroisse. Ma famille m'engageait à me rendre auprès de Monseigneur Regnault pour lui exposer ma situation : « Soyez sans inquiétude, dis-je à mes parents, je veux faire cette démarche pour l'acquit de ma conscience ; mais au premier soldat qui me crie : on ne passe pas, je rentre à Chartres et je vais trouver Monseigneur. »

» M'écartant de la grand'route que je savais interdite, je

cheminai par la vallée, sans encombre jusqu'à Saint-Prest. Là, voyant un hussard en faction, je m'arrêtai pour demander à un passant si la circulation était libre. Il me fut répondu que depuis une heure, le village était occupé par des troupes en réquisition ; mais qu'on laissait tout le monde aller et venir. Des soldats, que je croisais une minute après, me firent la même réponse. Le hussard placé au milieu du chemin, ne faisait du reste aucune attention à moi. Je me félicitais déjà du parti que j'avais pris. Il n'était qu'une heure, et bien que je fusse loin de chez moi, je me flattais de gagner mon presbytère avant la nuit. C'était chanter victoire trop tôt : mes espérances ne devaient pas se réaliser.

» A l'entrée de Saint-Prest, la route de Chartres côtoie une prairie qu'encombrait en ce moment l'escadron entier des hussards. A ma vue le commandant franchit le fossé et me dit à brûle-pourpoint : « Monsieur le Curé, vous êtes
» cause du malheur de vos enfants. Vous parlez de choses
» pas bonnes ; vous engagez vos enfants à tirer sur nous,
» vous êtes un mauvais père. »

» Cela me fit penser qu'il était arrivé à Saint-Prest quelque événement de nature à provoquer ce langage.

» J'appris, en effet, dans la suite qu'un officier prussien avait été tué par un garde national et que, pour punir la contrée, sept habitants inoffensifs, se trouvant comme moi dans le pays, avaient été massacrés. Si je l'eusse su, j'aurais éprouvé dès lors une inquiétude qui ne devait naître que plus tard.

» Ignorant ce qui s'était passé, je crus me tirer d'affaire en disant que je n'étais pas le curé de la paroisse, que je passais seulement, me rendant chez moi. — « Vous n'êtes pas
» curé de ce pays ! « Mais alors, êtes-vous curé ? » et se reculant brusquement, il ajouta : « A trois pas de moi ! Tou-
» jours à trois pas ! Vous avez un visage de voleur de grands
» chemins : vous êtes un franc-tireur dans les bois, vous
» sortez des bois, c'est bien cela ! » Puis, me montrant du doigt à ses soldats qui rient de moi et m'insultent, il leur dit quelques mots et s'éloigne.

» J'étais gardé à vue. Ma réponse n'avait pas été heureuse ; je ne sais, du reste, s'il en était une capable de satisfaire mon interlocuteur. A partir de ce moment, je m'aperçus qu'il avait un parti pris de me vexer. Un curé lui était tombé sous la main : il n'était pas disposé à lâcher sa proie !

» J'étais là depuis vingt minutes environ, quand un hussard s'avance, et du geste m'invite à le suivre. Arrivé à un moulin, je trouve le commandant en conversation avec le meunier. De sa voix rude et stridente, il me crie : « C'est » extraordinaire, personne ne vous connaît ici ! » — « Mon-» sieur le Curé de Saint-Prest me connaît et peut fournir des » renseignements sur mon compte ». — « Je ne crois pas un » mot de ce que disent les curés. Vous êtes sans influence : vos » paysans rient de vous voir arrêté ! Il n'en n'est pas de même » chez nous ». Des Français sont-ils capables de rire, sous les yeux de l'ennemi, de la détresse d'un compatriote ? Pour l'honneur de la France, je veux croire que cet Allemand les calomniait.

» Une demi-heure après, la trompette sonne, les hussards courent à leurs chevaux, montent en selle ; le commandant passe et, d'un signe impérieux, me fait signe d'avancer. Je marche à sa suite, et tout l'escadron s'ébranle derrière nous. De distance en distance, l'officier se retourne et je l'entends murmurer : « Franc-tireur ! Franc-tireur ! »

» Puis, s'apercevant que les habitants nous regardent, il juge à propos d'entamer une autre gamme ; car j'étais, au gré de cet homme, tantôt curé, tantôt franc-tireur. Cela dépendait des circonstances et des besoins de la cause. Or, à cette heure, et devant tous ces regards fixés sur nous, le franc-tireur n'eût pas été à sa place ; il s'agissait de bafouer le curé. Il crie donc à haute voix : « Vous, curés, vous êtes » cause du malheur des campagnes. Votre pays ne doit pas » être content de vous. Je vous parle là comme un curé, » moi. Votre conscience doit vous reprocher les malheurs et » la ruine dont vous êtes cause... J'ai ordre de tuer tous » ceux que je rencontre sur les chemins ; je vous tue dans » un quart d'heure. Priez votre Dieu !!... » Je le suivais impassible et je n'avais pas grand mérite à cela, car il me semblait que cet homme jouait la comédie.

» Voyant sans doute que je n'avais pas l'air très ému de

ses menaces, il reprend avec courroux : « Comprenez-vous cela ? » Et comme je ne répondais pas, il tire son épée du fourreau, et faisant cabrer son cheval aussi près que possible de moi, il ajoute avec une fureur indicible : « Entendez-vous ? Comprenez-vous ? Allez-vous ouvrir votre bouche ? »
— « Oui, je comprends », lui dis-je. « Plus haut que cela ».
— « Oui, je comprends », lui dis-je sur un ton plus élevé.

A ce moment arrive une voiture où se trouvait déjà le maire de Saint-Prest. Sur l'ordre qui m'en est donné, je monte auprès de lui, et nous cheminons vers Coltainville. Le maire m'apprend qu'il est arrêté sous prétexte d'avoir refusé 3.000 fr. de réquisition qu'on lui demandait. Il me montre un reçu de 2.000 fr., me dit qu'il a fourni, en outre, 1.400 fr. d'avoine, du pain, de la viande, et me fait remarquer que les 3.000 fr. sont bien dépassés.

» Pendant qu'il me donne ces détails, un cheval au galop ramène à nos côtés le farouche commandant. Comment raconter la scène indescriptible qui va suivre ?

« Me toisant avec arrogance et dédain, il m'interpelle en ces termes : « Franc-tireur, on prend tous les costumes, mais » nous ne sommes pas stupides..... Tirez votre chapeau » quand je vous parle : c'est la coutume chez nous ». Je me découvre, et mon compagnon d'infortune, croyant bien faire, tire aussi sa casquette. Le commandant, furieux, arrive sur le maire et lui crie avec rage : « Que faites-vous ?... Voulez-» vous ?... Est-ce que je vous parle à vous ? » Et le pauvre maire ne sachant plus s'il doit remettre sa casquette ou rester découvert, le barbare Teuton tire son sabre et, du plat de la lame le frappant à coups redoublés, il continue sa mercuriale : « Regardez-moi les yeux dans les yeux. Nous » regardons, nous, de face. Vous regardez toujours à vos » pieds, vous avez toujours les yeux en bas, vous n'avez pas » de nerfs. Vous êtes une nation tout à fait, tout à fait, (le » mot lui manquait) tout à fait tombée. Vous êtes un peuple » de polichinelles. Ha ! ha ! hi ! hi ! ho ! ho ! fait-il en gesti-» culant sur son cheval. Rochefort !... Jules Favre ! gouver-» nement de polichinelles !... » Puis donnant de l'éperon à son cheval, il disparaît.

» Quand nous fûmes au château de Coltainville, le commandant fait sortir quatre ou cinq officiers auxquels il s'adresse en allemand. Un sourire contenu effleure leurs lèvres : « A droite, à droite », me dit-il, et me faisant tourner sur moi-même, il montre ma tonsure à ces hommes qui éclatent de rire.

» Vous serez fusillé pendant une heure *(sic)* et, vous, » maire, vous serez aussi fusillé pendant une heure. »

» On nous conduit à une ferme où nous trouvons un officier que nous mettons, en deux mots, au courant de notre situation. « Mais vous n'êtes pas arrêtés, nous dit-il, vous ne » pouvez pas être arrêtés ; je ne comprends pas pourquoi. » Il faut attendre le général. »

» Cependant les heures s'écoulaient, et nous restions là, désolés tous deux, le maire, de ne pouvoir rassurer sa famille, et moi, de ne pouvoir gagner ma paroisse. La nuit était venue, les officiers rentraient.

» Vers 8 heures, les soldats, sur l'ordre d'un chef, se lèvent, prennent leur carabine et, sous nos yeux, mettent la cartouche au canon. Je connaissais alors le massacre de sept habitants fusillés sur la route. Une véritable frayeur, cette fois, s'empare de moi. Je me demande si, à ces premières victimes, on ne va pas en ajouter d'autres. Un hussard de taille giganteste me frappe du pied et me montre la porte. Nous sommes rejoints dans la cour par trois autres prisonniers qui étaient attachés à des roues de voiture. On nous met en ligne ; les soldats, l'arme au bras, nous entourent ; sur le seuil de la porte, un coup de plat de sabre vigoureusement asséné me fait chanceler et me jette presque à terre. Sept ou huit coups tombent encore sur mes épaules : c'était mon tour de souffrir pour mon pays et probablement aussi pour ma foi : car aucun motif n'existait de me frapper, moi, de préférence aux autres, et c'est sans doute l'habit dont j'étais revêtu qui me valait cet honneur.

» La nuit était noire ; nous marchions en silence au milieu des ténèbres. A la grille du château, deux cuirassiers de garde parlent au chef de l'escorte ; on nous fait faire volte-face, parcourir de nouveau le village jusqu'à un carrefour où le mot sinistre « Halte ! » nous arrête court. Prisonniers sans motif, frappés sans motif, ne pourrions-nous pas être tués sans motif ? J'entendais trembler mes pauvres compagnons, et l'un d'eux s'écrier en sanglotant : Oh ! mes pauvres enfants ! ma pauvre femme ! » Je croyais, moi aussi, que notre dernière heure avait sonné. « Mes amis, dis-je, du courage ! Il faut nous résigner à la volonté de Dieu. Demandez-lui pardon de vos fautes ; je vous donne l'absolution. » — « Oui, monsieur le curé, répond celui qui était à mes côtés, et je fis moi-même de mon mieux mon acte de contrition. Au mot « pardon » que j'avais prononcé, un hussard croyant que nous demandions grâce me dit, en avançant sur ma poitrine son arme chargée : « Nicht ! Nicht ! pardon. » Et un autre, soulevant la blouse de mon voisin, lui touche le cœur en disant : « Là ! Là ! » Ils relèvent pourtant leurs armes : l'ordre n'était pas donné.

» Mes yeux s'étaient faits à l'obscurité. Je distinguais l'endroit où nous étions. Une rue était à deux pas : la pensée me vint de bousculer les soldats les plus proches et de chercher à m'échapper : c'était courir gros jeu. Je ne connaissais pas le pays ; la rue que j'apercevais pouvait n'être qu'une impasse. Je sentais bien qu'en mettant mon projet à exécution, j'avais infiniment peu de chance d'échapper à la mort : mais, mourir pour mourir, j'étais bien décidé à tenter l'aventure, si je venais à perdre toute espérance. Malgré l'angoisse qui m'étreignait le cœur, une lueur d'espoir me restait encore. Nous aurions plus sûrement réussi, si j'avais pu communiquer avec mes compagnons, et si, tous les cinq ensemble, en donnant une bourrade aux hussards, nous avions pris la fuite en même temps ; mais il n'y avait aucun moyen de leur faire partager mon idée, car nous étions serrés de près par les soldats, et il suffisait qu'un seul comprît le français pour nous perdre.

» J'attendis, et je fis bien ; car peu après, nous reprenions le chemin déjà parcouru et comparaissions devant le général. Il finissait de dîner, et c'était pour lui laisser achever son repas qu'on nous avait imposé cette halte mortelle.

» Près du général, un officier comptait l'or et les billets, fruit des réquisitions de la journée. « Où avez-vous été pris, me demande le général ? — « A Saint-Prest. » — Vous devez
» savoir qu'on ne va pas par les chemins, quand l'ennemi

» occupe le pays. » Je lui fais observer que j'ai quitté mon domicile avant l'arrivée de leurs troupes. « Je sais, je sais ! » Puis, passant aux paysans : « Vous avez tiré sur nous dans les
» bois ; on tire, on jette son fusil, et les mains dans les poches :
» nous sommes innocents..... Innocents ? Canailles, on garde
» son fusil, lâches ! lâches Français ! » Alors se tournant vers le maire : « Voleur ! Canaille, 1000 francs manquent : si de-
» main les 1000 francs ne sont pas ici, vous serez fusillé. »

» Il se détourne. Nous partons, non sans recevoir force coups de pied dans les jambes. On nous mène au corps-de-garde où m'attendait une nouvelle volée de coups de plat de sabre, aussi violente, mais bien plus prolongée que la première. Tout meurtri, je suis jeté dans un coin avec mes compagnons et sept autres prisonniers arrivés là avant nous.

» La nuit se passe au milieu des larmes de ces malheureux, auxquels j'essaie de redonner quelque courage en leur disant que je ne croyais plus notre vie en danger; que si nous avions dû mourir, cela serait fait depuis longtemps.

» Peu rassuré, l'un d'eux me prend à part et me dit :
» Monsieur le curé, j'ai caché une somme d'argent dans notre
» jardin, au pied de tel arbre, et ma femme l'ignore. S'il
» m'arrive malheur et si l'on vous relâche, voudriez-vous
» bien le lui faire savoir ? » — « Mon ami, il n'y a pas d'appa-
» rence que je sorte d'ici avant vous ; mais, le cas échéant,
» soyez tranquille, votre commission sera faite. » Je ne me trompais pas ; je ne devais sortir que le dernier.

» Le dimanche vers une heure, le général entre au corps de garde, renouvelle ses menaces au maire, traite encore de lâches, de canailles les Français qui, sans courir les risques de la bataille, tirent sur l'ennemi et se cachent ensuite. « Si
» un coup de feu, dit-il, un seul, est tiré, quarante habitants
» fusillés ! Et un second coup de feu, tous les habitants fusil-
» lés, toutes les maisons, le village, brûlés. Comprenez-
» vous ? toutes les maisons brûlées..... Dans une heure vous
» serez libres...

« Ensuite, s'adressant à moi : « Vous, restez ! Avez insulté
» chef d'escadron. Prisonnier, voilà la cause. Si est curé, est
» fusillé (sic). » — « Moi, j'ai insulté un officier ? » — « Oui. » J'avais conscience de n'avoir insulté personne, mais je me

dis que si le commandant m'en avait accusé, mes protestations ne me serviraient à rien, et je me tus.

» Mes compagnons devant être bientôt libérés, je les priai seulement de faire connaître ma situation à leur curé, afin qu'il en informât Mʳ Regnault, espérant qu'il pourrait peut-être quelque chose pour moi. J'appris dans la suite que Monseigneur intervint en effet, et que le commandant de place répondit au vicaire général, M. Barrrier. « Si cet ecclésias-
» tique a été pris les armes à la main, il n'y a plus rien à
» faire ; autrement je vais donner des ordres [1]. »

» Resté seul, ma tristesse s'accrut. Certes, mes compagnons d'infortune n'allégeaient pas mon sort, mais c'étaient des compatriotes, et c'est quelque chose pour un prisonnier de n'être pas isolé. Être privé de sa liberté et n'avoir devant soi que des visages hostiles, c'est double peine.

» Je me couchai sur la paille, le visage contre terre, ne pouvant m'étendre autrement tant j'étais endolori par suite des coups que j'avais reçus. La Fontaine a dit des enfants qu'ils sont sans pitié! Hélas ! les hommes faits le sont-ils moins ? Plusieurs des soldats qui m'entourent loin d'avoir compassion de moi, me jettent sur la tête de la paille, des képis, des livres. L'un d'eux fait résonner sa carabine sur le pavé; il fait le simulacre de l'armer, se penche à droite et à gauche, comme pour chercher un endroit où me frapper. Cette amère

---

[1] M. le Curé du Boullay-Thierry, rendu à la liberté, s'empressa de remercier Mᵍʳ Regnault d'avoir employé sa haute influence pour le tirer de l'horrible situation où il se trouvait. « J'ai affreusement souffert, moralement et physiquement, écrit-il ; trois fois j'ai cru mourir. »

Notons dans sa lettre une remarque concernant ses bourreaux : « Ce n'était qu'un jeu, qu'une cruelle plaisanterie ; ils voulaient profiter de l'occasion qui se présentait de torturer un prêtre catholique, car tout en feignant de me considérer comme franc-tireur, ils savaient fort bien que j'étais prêtre, puisqu'ils m'ont laissé mon bréviaire et deux petites brochures que j'avais sur moi sans les feuilleter. Ils ne m'ont pas fouillé et n'ont pris aucune des précautions qu'aurait nécessitées la supposition contraire.

« Ce défaut de surveillance et d'autres indices que je saisissais au passage me portaient à croire à certains moments que tout cela n'était pas sérieux ; mais le mot de *Pastor* qui retentissait de temps en temps dans ce corps-de-garde, ces soldats qui, après m'avoir tourmenté la première journée, venaient ensuite me considérer avec compassion en disant : malheur! oh, malheur! cette menace calme du général : *Si est curé, est fusillé*, me jetaient dans de nouvelles angoisses. » Lettre du 28 octobre 1870.

dérision me navrait, non que je crusse à cette heure à un danger quelconque, mais la cruauté de cette soldatesque grossière dans un pareil moment me tirait les larmes des yeux.

» Je restais immobile, plongé dans de pénibles réflexions quand la porte s'ouvre avec fracas. C'était une nouvelle escouade de paysans, prisonniers depuis deux jours. Ils étaient seize. Parmi eux un vieillard de 82 ans et un enfant de 13 ans. Deux heures après, le général entrait et les mettait en liberté. Il parlait toujours aux hommes avec le même ton sévère, mais il était bienveillant pour le vieillard et l'enfant. Mettant bientôt la main sur la tête de ce pauvre garçon qu'effrayaient ses menaces et que les larmes gagnaient : « Mon » petit, pas peur, lui dit-il, pas de mal aux petits enfants, jamais ! »

» Je me trouvai seul de nouveau. On m'apporta en ce moment un morceau de pain bis : un soldat compatissant y joignit un morceau de viande, Il y avait vingt-quatre heures que je n'avais rien pris et la seconde nuit de ma captivité commençait. Les soldats, tout autres maintenant, me regardaient avec commisération.

» Le lundi matin, au réveil, une certaine animation dans le corps-de-garde et le bruit du dehors me firent croire un instant que mes geôliers quittaient Coltainville ; il n'en était rien, et je dus me résigner à passer encore une journée avec eux.

» Toute vexation, du reste, avait cessé. Les soldats étaient alors aussi prévenants qu'ils avaient été grossiers la veille. Ils m'offraient de partager leur nourriture : vin, eau-de-vie, lorsqu'ils en avaient. Ils me passaient les livres de l'école, m'éclairaient pour que je pusse lire. Le silence est une force et l'on obtient souvent davantage par la patience et la résignation que par des récriminations et des murmures.

» Sur le soir, un lieutenant à la figure sympathique entra et me dit : « Vous avez triste nourriture ? » Sur ma réponse affirmative, il m'envoya une aile de poulet, et c'est encore à lui que je dus le lendemain matin une tasse de café. Il prévoyait sans doute que j'en aurais besoin.

» Je touchais au terme de ma captivité. Le mardi, dès la

pointe du jour, le bruit déjà entendu la veille se renouvelle. Le pas des chevaux, le bruit des armes, les cris des chefs annoncent le départ. Le corps-de-garde se vide : je suis seul. Quel bonheur, si l'on pouvait m'oublier ! Non, des cuirassiers entrent et me font signe de sortir. Le général, à cheval, était sur la porte. Il me considère longuement sans m'adresser la parole, regarde en arrière vers ses hommes, dit quelques mots, tourne bride et me laisse ignorer mon sort.

» Quatre cuirassiers à cheval, le pistolet au poing, me placent au milieu d'eux, me regardent en disant : « Dreux, Dreux » et me montrent le chemin. Aller vers Dreux ! c'était me rapprocher de chez moi, et je voulais me persuader qu'on me laisserait en passant dans ma paroisse. Quand nous fûmes en face de Poisvilliers, un cavalier vient à notre rencontre, s'arrête auprès de moi et me dit : « Vous êtes prêtre, là-bas ! vous êtes libre. » Puis, après avoir échangé quelques mots avec mes gardiens, tous ensemble piquent des deux et me laissent seul dans la plaine.

» J'étais libre, mais tourmenté par la crainte de retomber aux mains d'autres ennemis ; car il me restait quatre lieues à faire, et j'entendais défiler sur la route de Chartres à Dreux l'armée prussienne tout entière, à un ou deux kilomètres de moi. Il fallait pourtant avancer. J'allai donc côtoyant les Allemands, m'arrêtant de temps à autre pour explorer les environs. De village en village, de Poisvilliers à Berchères, de Berchères à Trémemont, je parvins enfin, sans avoir fait de mauvaise rencontre, à Minières, un hameau de ma paroisse.

» Les habitants savaient qu'il n'y avait pas eu de messe le dimanche et me croyaient perdu. Ils sortent de leurs maisons, m'entourent, m'interrogent. Je ne pouvais tout dire ; mais ma barbe longue, mes traits tirés, mes yeux pleins de fièvre, mon cou meurtri et portant la trace du sabre qui m'avait frappé, disaient plus éloquemment que mes paroles ce que j'avais souffert pendant ces trois jours de captivité.

» Obligeamment, quelques hommes s'offrent à m'accompagner jusqu'au mur du parc. L'un d'eux même se munit d'une échelle pour m'en faciliter l'accès, et je puis enfin respirer à l'aise dans cette enceinte protectrice.

» En arrivant chez moi, je bénis Dieu d'avoir échappé aux dangers que j'avais courus, et mon pauvre presbytère, parfois bien triste pourtant, me fit à cette heure l'effet du paradis sur la terre. »

V

PERCHE ET NORMANDIE

SOMMAIRE. — Attaque d'un convoi. — Mauvaise foi prussienne. — La forêt de Bailleau-l'Evêque. — Le camp de Châteauneuf. — Un aumônier malade. — Senonches. — L'aurore boréale. — La Loupe. — Au château de la Ferté. — Pauvres Mobiles! — Les pantalons. — Les godillots. — Epidémie de variole. — On demande des médecins. — Le marin. — Tristesses et espérances. — En route.

Revenons auprès de nos Mobiles, forcés de quitter Chartres en toute hâte dans l'après-midi du 21 octobre, et suivons-les vers ces contrées boisées du Perche et de la Normandie, qu'après l'investissement de Paris ils avaient d'abord eu l'ordre d'habiter et de défendre.

Tandis que les négociations pour la reddition de la ville étaient engagées, le colonel Duval, sachant que bientôt il devrait quitter Chartres, avait eu soin de faire partir en avant ce qui pouvait retarder la retraite.

Mais les éclaireurs prussiens, déjà maîtres de la plaine dans toutes les directions, faillirent enlever les bagages.

Le convoi qui se composait d'une trentaine de voitures de vivres, d'habillements et de munitions était escorté par une section de 40 hommes du 3ᵉ bataillon, sous la conduite du lieutenant Jules Revel Saint-Ange. Déjà ils approchaient de Bailleau-l'Évêque, lorsqu'un peloton de uhlans voulut s'emparer du convoi. Mais nos Mobiles, aussitôt disposés en tirailleurs dans le fossé de la route, tuent deux chevaux, blessent plusieurs cavaliers et finissent par mettre en fuite les agresseurs. Le convoi put alors continuer sa route et gagner Châteauneuf sans autre incident.

Nos bataillons en se retirant durent à leur tour assurer leur sécurité contre la mauvaise foi allemande.

L'acte de capitulation stipulait que les Prussiens entreraient dans la place à 4 heures et demie. Il importait qu'à ce moment notre petite armée fût déjà assez loin. Les postes dispersés s'étant donc rassemblés à la hâte, la colonne composée de dix mille hommes environ, opérait précipitamment sa retraite par la route de Châteauneuf. Un instant on eût pu croire que les envahisseurs, au mépris des conventions faites, allaient attaquer les nôtres en rase campagne. A peine ont-ils laissé derrière eux les maisons du faubourg Saint-Jean, qu'ils aperçoivent des uhlans rôdant sur leur gauche et semblant vouloir les tourner, ou sabrer les traînards. Mais nos soldats s'arrêtent, prennent leurs dispositions de combat, et leurs balles font disparaître au plus vite les cavaliers ennemis.

On continue alors le voyage, non sans se retourner parfois pour contempler encore les clochers de notre cathédrale qui dominent si majestueusement la plaine, ni sans envoyer un pressant « au revoir » à l'auguste Vierge, patronne de notre cité.

Cependant à mesure que l'on s'éloignait de Chartres la troupe perdait son allure martiale. Un soleil splendide illuminait la campagne ; mais les fronts étaient sombres et les corps alanguis. Les fatigues endurées depuis la veille, le manque de nourriture, la tritesse des événements, tout contribuait à briser les volontés les plus énergiques. C'est dans ces circonstances que M. l'abbé Piau, souffrant déjà du mal qui devait l'arrêter le surlendemain, sentit, au bout de quelques kilomètres, ses forces l'abandonner et le trahir. Il s'assit au bord du fossé de la route, regardant d'un œil désolé les différentes armes, les compagnies variées défiler devant lui. Presque tous les soldats le saluaient au passage, car ils aimaient ces prêtres qui partageaient leurs peines et leurs dangers. Bientôt un officier s'approche, et lui dit avec une bonté, une cordialité dont il garda précieusement le souvenir : « Vous êtes fatigué, Monsieur l'Aumônier ; je vais au village voisin louer une voiture, et je reviendrai vous prendre ici ». Grâce à ce secours, il put gagner Châteauneuf, tandis que ses confrères, moins éprouvés que lui, poursuivaient avec les troupes, c'est-à-dire à pied, cette course légendaire de vingt-quatre heures presque sans désemparer.

Un certain nombre de nos soldats, surtout ceux qui ne venaient pas du camp de Maintenon, poussèrent le soir même jusqu'à Châteauneuf, où ils n'arrivèrent qu'assez tard ; beaucoup d'autres, ne pouvant aller plus loin et se croyant d'ailleurs momentanément en sûreté, s'arrêtèrent dans la forêt de Bailleau. Bien peu de ces derniers dormirent tranquilles, car ils se savaient trop près des Prussiens. Aussi le samedi, dès trois heures du matin, les hommes un peu reposés se remettaient en marche, sous la conduite du lieutenant-colonel de la Marlier, pour rejoindre au plus tôt l'avant-garde.

Le colonel Duval incertain des projets de l'ennemi, et sans ordre de la part de ses chefs, hésitait sur le parti qu'il fallait adopter, ou défendre cette position, ou se retirer sur un terrain plus favorable. Mais il voulait, avant toute décision, donner à ses troupes, dans une halte bien méritée, le temps de se reformer et de reprendre des forces.

La petite ville de Châteauneuf regorgeait de soldats. Outre les bataillons venus de Chartres, il en était arrivé de Dreux ; de sorte que tout ce monde, qu'il eût été impossible de loger, dut refluer vers la plaine. La bienveillance des habitants sut du moins se dédommager en accueillant avec sympathie ces compatriotes malheureux, et en leur fournissant ce dont elle pouvait disposer.

Le camp, établi hors de la ville, auprès de la forêt, offrait un coup d'œil à la fois pittoresque et navrant. Des tentes se dressaient çà et là pour les marins et les bataillons de Lot-et-Garonne ; mais nos compatriotes d'Eure-et-Loir ne possédaient point un équipement de campagne. Les jeunes gens qui ne voulaient pas rester en plein air, avaient dû se construire des huttes de branchages et de paille, dont une ou deux couvertures formaient souvent le toit. Néanmoins nos Mobiles ne se plaignaient pas : une distribution de vivres, dont ils avaient si grand besoin, et quelques moments de liberté, suffisaient pour leur redonner de l'entrain.

Lorsque les Aumôniers vinrent faire leur visite au camp, ils y furent accueillis avec un empressement particulier. La grâce leur avait ouvert le chemin des consciences, et leur ministère y produisit des fruits tellement abondants qu'ils ne se souviennent pas, dans toute la durée de la guerre, où cependant ils admirèrent souvent les sentiments chrétiens de ces hommes de vingt ans, d'avoir rencontré des dispositions meilleures.

Ecoutons M. l'abbé Hervé rappeler avec enthousiasme ces heures bénies, qui le dédommageaient de toutes les fatigues et de tous les dangers. « Les voyez-vous, s'écrie-t-il, ces soldats qui se promènent en causant intimement avec chacun des Aumôniers ? Si vous y faites attention, vous remarquerez que de temps en temps la main du prêtre se lève ; c'est le pardon, c'est la grâce de Dieu qui descend dans ces jeunes cœurs. Aussi comme ils s'en vont joyeux vers leurs camarades, qui viennent à leur tour prendre place au bras de l'Aumônier. Eloquent spectacle pour ceux qui n'osent pas encore les imiter ; et il se prolongea bien avant dans la soirée, quoique nous fussions quatre et même cinq prêtres ! Mon Dieu, quel beau jour nous avons passé, mes confrères et moi, dans le camp de Châteauneuf ! »

En effet, M. l'abbé Brière, vicaire de la paroisse, et M. l'abbé Delisle, curé de Thimert, s'étaient joints à nos trois Aumôniers pour la circonstance. Aussi, c'est par centaines qu'ils reçurent les confessions, en plein air, au milieu du camp, en marchant de long en large devant ces demeures improvisées, où beaucoup de soldats s'étaient groupés pour la nuit.

Ce qui avait porté nos Mobiles à élever ces refuges primitifs, c'est l'espérance d'y dormir plus à l'aise, moins exposés aux rigueurs de la saison ; ils furent cependant trompés dans leur attente et ne goûtèrent guère ce bon sommeil réparateur qu'ils s'étaient promis.

« Le vent du sud, raconte le sergent Vivien dans ses *Souvenirs*, nous avait amené une pluie battante et glacée qui traversait notre abri. La nuit fut donc assez triste. Vers le matin, un chant alsacien, mélancolique et mollement cadencé, vint me tirer de mon assoupissement. La pluie tombait plus fort ; toutefois ce chant de nos soldats dans ces circonstances peu brillantes, me fit du bien au cœur et m'apprit à supporter plus gaîment l'adversité.

» Nous nous mîmes alors en devoir, mes compagnons et moi, de mieux nous garantir de l'ondée, et, après quelques instants de travail nous y avions réussi, quand l'eau redoublant de violence rendit notre position intenable. Pour ma part, comme c'était dimanche et qu'on pouvait aller à la ville, je me hâtai de m'esquiver et de gagner l'église où j'entendis la messe. »

Une heure plus tard, notre armée un peu diminuée par le départ de quelques détachements, quittait les alentours de Châteauneuf. Elle prenait la route de Digny, et cherchait de nouveaux cantonnements, au centre de campagnes boisées, sur les confins du Perche et de la Normandie.

Nous avons dit que M. l'abbé Piau était indisposé dès le vendredi soir. C'est qu'à Maintenon, en assistant à leurs derniers moments les Mobiles emportés par la variole, il avait à leur chevet reçu les germes de la contagion, et que celle-ci l'avait accompagné d'étapes en étapes. Le samedi, par un effort de volonté, il s'était rendu au milieu des troupes, et avait entendu avec bonté, ainsi que ses confrères, les nombreux soldats qui vinrent lui demander le pardon de leurs fautes. Mais le dimanche matin, quand il fallut partir, il était incapable de marcher ; une fièvre brûlante s'était déclarée et exigeait quelques ménagements.

Une voiture d'intendance le prit et le conduisit jusqu'à Senonches où il fut immédiatement admis à l'hôpital. La maladie fut du reste assez bénigne, car elle lui permit au bout de deux jours de gagner Verneuil. Là il acheva de se guérir, grâce aux soins dévoués des Sœurs de Saint-Paul de Chartres. Il eut même la consolation de célébrer la Messe, à la fête de la Toussaint, et d'adresser quelques paroles aux pauvres soldats retenus comme lui, par la fatigue et la maladie, entre les murailles de l'hôpital.

En s'éloignant du camp de Châteauneuf, nos Mobiles avaient déjà beaucoup à se plaindre de la pluie ; ils devaient cependant en souffrir davantage encore, car elle les suivit dans leur marche sur Digny. De sorte que tous les vêtements ruisselaient en arrivant à ce pays.

Là du moins, en dispersant les troupes par corps peu nombreux dans les habitations environnantes, on put leur procurer un abri, où devant un bon feu les hommes finirent par se réchauffer et les habits par sécher à l'aise. L'épidémie de variole avait déjà fait trop de victimes ; les officiers devaient veiller particulièrement sur la santé de ces jeunes gens que la patrie leur confiait.

Les deux Aumôniers qui voyageaient à pied, MM. Robé et Hervé, avaient pendant le trajet de Châteauneuf à Digny, subi le sort commun et reçu leur part des abondantes averses de la journée. Aussi furent-ils heureux de trouver chez M. l'abbé Massot, curé de cette paroisse, avec du linge blanc pour changer, la fraternelle hospitalité qui dans la circonstance leur était si nécessaire.

Après quelques heures de repos, au milieu de la nuit, malgré l'obscurité la plus complète, on donnait le signal du départ ; le plus grand silence était recommandé ; on avait hâte d'atteindre Senonches, où l'on entrait au lever du soleil, et de gagner les forges abandonnées de Boussard qui ne donnèrent d'ailleurs à nos compatriotes qu'un médiocre et tardif abri.

La soirée de ce lundi, 24 octobre, fut marquée par l'apparition d'un météore qui frappa bien des imaginations. « Nous finissions de souper, racontent les *Souvenirs* du sergent André Vivien, quand on vint nous avertir qu'une vive clarté illuminait l'horizon : Paris devait être en feu, nous disait-on. ». Il n'en était rien ; mais une splendide aurore boréale, pleinement épanouie, attirait tous les regards et déliait toutes les langues.

Il nous est rarement donné dans nos contrées d'apercevoir

cette lumière polaire. D'ailleurs son faible éclat, lorsqu'elle se montre à nous, ne sollicite guère notre attention. Ce soir-là, notre France n'avait rien à envier, semblait-il, aux peuples de la Norwège et de la Sibérie ; le magnétisme terrestre déployait pour nous ses magnificences. La moitié de l'hémisphère céleste, au sud, était d'une limpidité remarquable : les étoiles y scintillaient plus brillantes que de coutume ; l'autre moitié, celle du nord, était rougie par des lueurs vaporeuses et des reflets empourprés qui flottaient dans les profondeurs de l'espace. De larges bandes rayonnant d'un point unique, s'embrasaient de couleurs variées, tantôt plus vives et tantôt plus pâles, et rappelaient la disposition presque classique de l'aurore boréale.

M. l'abbé Robé, en compagnie d'un capitaine, logeait dans une ferme dont les habitants contemplaient avec stupeur ce spectacle féérique. Imbus des préjugés populaires, ils voyaient dans cet événement un signe mystérieux qui annonçait des batailles sanglantes et des malheurs extraordinaires. En vain notre Aumônier leur affirmait que ce phénomène était simplement naturel et leur en expliquait l'origine, nos bons paysans ne voulaient rien entendre et répétaient toujours : « Jamais on n'a rien vu de semblable, Monsieur ; c'est donc que nous aurons beaucoup à souffrir. »

Sans doute la science avait raison et l'aurore boréale n'était pour rien dans nos calamités ; mais nos campagnards n'étaient-ils pas dans le vrai lorsqu'ils craignaient pour notre patrie une longue série de revers et de douleurs ?

Dès son arrivée à Senonches, M. de la Marlier avait reçu l'ordre d'aller prendre le commandement de La Loupe. Il était parti de suite, emmenant avec lui une compagnie de Mobiles d'Eure-et-Loir, une compagnie de fusiliers marins et un bataillon d'Ille-et-Vilaine, comprenant 1,700 hommes que notre lieutenant-colonel était chargé de reformer.

Ces Bretons n'avaient, il est vrai, que des fusils à piston ; mais la pluie, la rouille, le manque de soins les avaient mis hors d'état de servir. La faute en était en partie au commandant qui ne parvenait point à conduire ses Mobiles. Aussi d'après l'ordre qu'il en avait reçu, M. de la Marlier prit des mesures sévères à l'égard de ce bataillon, retira son commandement à l'officier incapable, et le confia provisoirement à un des capitaines d'Eure-et-Loir, M. Sisson, ancien lieutenant aux zouaves pontificaux, dont la nomination fut aussitôt confirmée.

Mais bientôt de nouvelles troupes, parties de Nogent-le-Rotrou, venaient occuper La Loupe. M. de la Marlier remit alors le commandement de cette ville à M. de la Ferronnays, et prenait par ordre, le 27, le commandement de Senonches, le 28, celui de la Ferté-Vidame.

Pendant les trois semaines qui suivirent notre arrivée à Senonches, nos Mobiles et les troupes qui les accompagnaient séjournèrent auprès des vastes forêts qui couvrent ces contrées, et leur font une défense naturelle de si grande importance. On les échelonna d'abord, par bataillons ou par compagnies, de La Loupe à Bourth en arrière de Verneuil, dans le département de l'Eure, où le colonel Duval avait établi son quartier général. Mais lorsque de nouveaux renforts, envoyés du Mans, vinrent occuper le Perche jusqu'à Pontgouin, les nôtres se rassemblèrent autour de la Ferté et surtout de Verneuil. Le chemin de fer dont jouissait déjà cette dernière ville, rendait les communications plus rapides.

« Du 28 octobre au 14 novembre, rien de sérieux, écrit M. de la Marlier, si ce n'est un échange continuel d'ordres et de contre-ordres faisant partir des bataillons pour Senonches qu'on me renvoyait le soir ou le lendemain. Ce séjour à la Ferté qui eût pu être si utilement employé à l'organisation et à l'instruction des hommes ne servit qu'à les fatiguer outre mesure, et à finir d'user les tristes effets et les chaussures qu'ils avaient touchés. »

Ainsi, en exceptant notre 4ᵉ bataillon qui resta auprès de Bourth, la vie de nos Mobiles se passait souvent en marches et contre-marches, soit pour changer de poste ou relever les grand'gardes, soit pour faire une reconnaissance en pays exposés aux incursions de l'ennemi. Il fallait de plus creuser de profondes tranchées et barrer, avec des arbres abattus en grand nombre, les routes qui auraient été pour les Prussiens de trop facile accès. Quelques heures d'exercices avaient lieu les jours de repos.

Dans les localités les plus variées, sous les toits les plus divers, le fournil, la grange et l'écurie des fermes, le hangar des usines, les chambrettes des villages, les salons des maisons seigneuriales ou l'une des églises de Verneuil, nos Mobiles n'eurent généralement qu'à se louer du bon accueil des populations. « Le 28 octobre, raconte le sergent Vivien, nous n'étions que quelques centaines dans les nombreux appartements du château de la Ferté ; aussi nous y trouvions-nous à l'aise. Le parquet nous offrait, sinon un lit moelleux, du moins un campement sec et salubre. »

Si quelquefois cependant, comme pour leur faire apprécier la bienveillance des voisins, une meunière, un cultivateur grincheux se plaignaient du gaspillage et du trouble occasionnés dans leur demeure par ces troupiers, pourtant bien pacifiques, il y avait à côté un digne ménage et d'excellents hôtes pour faire oublier à nos soldats leur petite mésaventure. « Le 31 octobre, à dix heures du matin, poursuit le sergent Vivien, nous quittions l'habitation inhospitalière, à la grande joie de la mégère et à la nôtre. Notre sous-lieutenant, M. d'Argence, pour éviter les querelles que nous cherchait à chaque instant la vieille femme, portait nos avant-postes à huit cents mètres plus loin.

« Les fermiers de cet endroit étaient de braves gens qui nous offrirent de souper avec eux et eurent pour nous toutes les attentions. »

Rien n'était plus utile à nos Mobiles que cette obligeance des habitants. Là, en effet, comme pendant toute la guerre malheureusement, il ne fallait pas compter uniquement sur l'intendance ; les fourriers, malgré tout leur zèle, ne parvenaient pas à suivre ou à deviner les déplacements multipliés comme à plaisir.

Trop souvent, pour ne pas mourir de faim, nos hommes durent acheter, à droite et à gauche, les aliments dont ils avaient besoin.

Ce manque d'organisation avait les conséquences les plus graves ; la santé et le moral des troupes se ressentaient forcément de ces jeûnes hors de saison ; des circonstances fortuites réclamaient à tout moment la présence à leur poste de nos jeunes gens qui étaient partis en quête d'un morceau de pain ; enfin les éclaireurs ennemis apercevaient quelquefois ces soldats allant de côté et d'autre, connaissaient ainsi notre position, savaient selon le cas nous attaquer ou nous fuir.

Heureux alors ceux qui avaient une bourse suffisamment garnie. Ils pouvaient, en partie du moins, parer aux inconvénients de la situation, se procurer les vivres nécessaires, remplacer les effets d'habillement très vite usés, se protéger par quelques chauds vêtements supplémentaires contre les rigueurs du froid, et se payer de solides chaussures.

Voyons à quelle misère en étaient réduits dès ce moment ceux qui devaient tout recevoir de l'État. Le capitaine de Possesse écrit de Chennebrun le 4 novembre : « Ce qui manque le plus à nos infortunés Mobiles ce sont les souliers et les pantalons. Ces indispensables, qui ont été fournis à Châteaudun, étaient de détestable qualité et, au métier que nous faisons, le meilleur drap d'Elbeuf n'y résisterait pas. Les hommes commencent à devenir indécents. »

Dans sa lettre du 14 novembre écrite à Cocherelle, près de Boissy-le-Sec, le capitaine de Possesse constate que les pantalons sont de plus en plus pitoyables. Puis il ajoute : « Si Gambetta ne peut faire de nous des républicains, il lui est facile d'en faire des sans-culotte. Chaque jour la conversion avance avec l'élargissement de la place ; c'est une calamité presque aussi épouvantable que la petite vérole qui nous fait envoyer bien des hommes à l'hôpital. »

Au milieu de ce dénûment M. de la Marlier reçut des tentes de campement, ce qui était loin de faire sourire le soldat dans une pareille saison, et des chaussures si impatiemment attendues. Le lieutenant-colonel s'empressa de tout faire distribuer et les hommes dont une bonne partie ne pouvaient aller en grand'garde, « n'ayant rien à se mettre aux pieds, » écrit M. de Marlier, s'emparèrent avidement des souliers.

Mais la joie des Mobiles fut de courte durée, car ces souliers étaient les trop fameux *godillots*, ainsi appelés du nom de leur fournisseur. La semelle composée de rognures de cuir et de carton, ne résistait pas à plus d'une journée ou deux de marche et prenait l'eau immédiatement. Or, à cette époque, les pluies étaient fréquentes ; et la neige, qui fit son apparition dans la matinée du 10 novembre, acheva de détremper les terres.

« Vers les trois heures de la nuit suivante, écrit le sergent Vivien, je sortis pour visiter les factionnaires ; il faisait un temps affreux, la neige tombait à flocons serrés et l'air était très vif. Nos malheureuses sentinelles grelottaient sous leurs couvertures. La veille, on nous avait distribué des chaussures ; elles étaient tellement spongieuses que nos soldats avaient les pieds dans l'eau glacée. Je ne rentrai qu'après avoir consolé de mon mieux un de mes hommes, Zircher, qui se plaignait de la mauvaise qualité de ses souliers. »

Le colonel Duval, envoyé à Bourges, avait été remplacé au quartier général de Bourth par le général de Malherbe. Celui-ci aurait voulu porter remède à cette situation, mais comme il n'obtenait pas, malgré ses réclamations quotidiennes, les vêtements nécessaires, il eut soin de soulager les pauvres Mobiles, en donnant l'ordre de diminuer le service des grand'gardes dans la forêt.

Après les misères et les souffrances que nous venons d'exposer, il n'est pas étonnant d'entendre M. de la Marlier nous dire : « Les effectifs commencèrent à diminuer par suite de la variole et de la fièvre typhoïde qui firent de grands ravages dans les bataillons [1].

---

[1] Voici, d'après M. de la Marlier, quel était à cette époque, en dehors des officiers, l'effectif de son régiment : le 1er bataillon 1104 hommes, le 2e 981, le 3e 1006. Un autre document nous indique pour le 4e bataillon 833 hommes.

Pour l'impartialité de l'histoire, nous donnons l'extrait suivant d'une lettre datée de Bourth, le 9 novembre 1870, et écrite par le général de Malherbe à M. de la Marlier :

« On me signale de divers côtés que des hommes disparaissent de leur corps, soit après une sortie de l'hôpital, soit dans d'autres circonstances, ayant apparence de désertion. Vous devrez y tenir la main, signaler à la gendarmerie tous ceux qui se trouvent dans ce cas et les faire passer devant la cour martiale comme déserteurs. »

Un tableau de situation nous indique qu'au 8 novembre le 3e bataillon

Nos Mobiles mal nourris, mal vêtus, mal chaussés, trempés de pluie, harassés de fatigue, étaient une proie d'autant plus facile pour l'épidémie, qu'il n'y avait ni assez de médecins, ni assez de secours pour la combattre.

Ecoutez la lettre que le Sous-Préfet de Dreux, réfugié à Senonches, adressait le 10 novembre à M. de la Marlier.

« Je vous prie de me faire connaître si, en dehors des médecins dont vous avez besoin à la Ferté-Vidame, il ne vous serait pas possible d'en envoyer un ou deux à Senonches pour donner des soins aux compagnies de votre bataillon et aux francs-tireurs d'Eure-et-Loir stationnés dans le canton.

« Je signale surtout à votre attention un Mobile du nom de Labbé qui est resté malade à Louvilliers-lès-Perche ; son état réclame des soins immédiats. »

Le capitaine Maurice de Possesse nous indique la cause de cette pénurie de secours dans les lignes suivantes :

« M. Perret, médecin à Maintenon, a organisé une Ambulance qui devait être pour notre Mobile. Elle court la France, dit-on, à la suite d'un autre corps. Nous sommes jaloux de l'Orne et du Calvados que nous voyons suivis de nombreuses voitures à la croix de la Convention de Genève.

« Les hôpitaux, écrit-il encore, sont fort dangereux pour ceux qui ne sont pas gravement atteints. S'ils y vont, ils sont à peu près sûrs d'y contracter une maladie grave qui est presque toujours la variole. J'ai eu la chance à Chennebrun de pouvoir faire soigner mes malades chez l'habitant qui s'y prêtait de bonne grâce. Le médecin du pays venait avec complaisance les visiter chaque jour et le maire, M. des Brosses, s'intéressait à ces pauvres Moblots comme à des enfants de son pays. Mon clairon ne doit la vie qu'à ses bons soins. »

A l'hôpital, en effet, c'était parfois la mort qui venait avec une rapidité foudroyante.

« Je vis à Verneuil, nous dit M. l'abbé Robé, de robustes

---

comptait 43 hommes dans les hôpitaux et 65 hommes absents sans congé régulier.

Le 17 novembre, le 4ᵉ bataillon avait 35 malades aux hôpitaux et 32 absents, pour motifs non désignés.

Nous ne possédons pas ces renseignements particuliers pour les deux premiers bataillons.

jeunes gens enlevés en quelques heures par la variole noire. Leurs traits difformes et boursouflés n'inspiraient plus que de l'horreur ; mais leurs cœurs étaient reconnaissants, parce que le prêtre était auprès d'eux et leur montrait le ciel. »

Un autre fait plus douloureux encore, s'il est possible, se rattache au souvenir de Verneuil, et nous est également raconté par M. l'abbé Robé.

« En 1861, un jeune breton de douze ans quittait sa famille et s'embarquait comme mousse à bord d'un vaisseau de l'Etat. Sa conduite exemplaire et sa bonne humeur l'avaient fait aimer de tout l'équipage. Chaque mois, quand il touchait sa paye, il était heureux de l'envoyer à sa vieille grand'mère, chargée d'élever les petits frères restés avec elle au pays.

» Les années avaient passé, l'enfant était devenu homme, il comptait ses vingt et un ans ; toujours il avait continué, sur mer, de mériter l'estime de ses chefs et de secourir son aïeule.

» La campagne sur terre, loin de son élément favori, le trouva résolu et infatigable. Il semblait destiné à vivre glorieusement au service de la patrie, ou à mourir en brave au champ d'honneur.

» Hélas ! une heure d'égarement le perdit ! Un jour après le départ de Chartres, il s'enivra, lui qui n'en avait pas l'habitude, et, dans une exaltation inconsciente, sous les fumées du vin, s'emporta contre un de ses officiers.

» Sitôt que la cour martiale put être réunie, le coupable fut traduit devant elle, et condamné à être fusillé.

» Notre Aumônier aurait voulu prier, intercéder, user de toutes les influences pour obtenir la grâce d'un tel soldat. Mais en guerre, en face de l'ennemi, la loi était inexorable.

» Le pauvre marin, résigné et repentant, envisagea la mort en chrétien. Il marcha, sans forfanterie comme sans faiblesse, au lieu de l'exécution, et tomba sous les balles réglementaires, tandis que bien des yeux se mouillaient de larmes. »

On le voit, les Aumôniers se donnaient de tout cœur à leur mission de dévouement et de salut. Avec un zèle de plus en plus sûr des moyens à employer, secondés d'ailleurs ouvertement par les officiers, ils avaient organisé le service religieux dans leur bataillon respectif. Ils allaient aussi de villages en villages, visitant les différentes compagnies, se mettant à la portée de tous par une noble et douce affabilité.

Le dimanche 30 octobre, M. Hervé se trouvait à Boissy-le-Sec, et, pour sa première fois, il y disait une messe militaire. Le mardi suivant, fête de la Toussaint, il était à Saint-Christophe près Verneuil. C'est là que résidaient la plupart des Mobiles de Châteaudun, auxquels notre Aumônier était particulièrement attaché. « En ce jour, écrit-il, mon bataillon a assisté à la messe, au sermon, aux vêpres de la fête et à celles des Morts. Le lendemain, il s'est encore rendu à l'église afin d'y entendre la messe célébrée pour ses défunts d'Epernon. Hélas ! le nombre de ces pauvres victimes devait bientôt être augmenté ! »

C'est le 1er novembre que nos soldats apprirent la nouvelle de la capitulation de Metz. Le maréchal Bazaine et 150 mille hommes valides, ayant épuisé leurs vivres et mangé leurs chevaux avaient mis bas les armes le 27 octobre, et s'étaient livrés au prince Frédéric-Charles.

Cette fatale journée devait avoir sur l'issue de la guerre une influence décisive et funeste. Tandis que nous perdions nos meilleurs soldats et une puissante artillerie, les Prussiens devenaient libres d'envoyer des centaines de mille hommes de plus contre nos troupes de l'Ouest et de la Loire, qui étaient nos dernières ressources.

A Senonches, à la Ferté-Vidame, à Verneuil, on ne voulut pas croire d'abord à une catastrophe qui, de l'avis de tous, paraissait impossible. L'histoire ne mentionne nulle part le souvenir d'un pareil désastre. D'ailleurs il était si dur de rejeter toute espérance, d'arracher de son cœur les illusions sur le triomphe final de notre cause, encore si vivaces à ce moment !

Mais, après réflexion, les esprits se rendirent à l'effrayante réalité, et quand le soir les cloches des églises environnantes élevèrent leurs voix plaintives sur les campagnes, et invitèrent à prier pour les trépassés, il semblait à tous qu'elles sonnaient le glas de notre bien-aimée patrie.

Il n'en fut pas de même à Tours, où Gambetta détenait presque à lui seul la plénitude du pouvoir et gouvernait en maître. Les Prussiens fatigués de ces combats sans nombre, des pertes en hommes qu'ils avaient subies, des récriminations de leurs alliés, essayèrent, en vain, au milieu de leur immense succès, d'offrir la paix au peuple de France; le dictateur repoussa les propositions de Bismark qui réclamait déjà l'Alsace et la Lorraine ; espérant un retour de la fortune, il résolut de continuer la lutte sans trêve ni merci, la guerre à outrance.

Une sorte de fièvre belliqueuse en poursuivit rapidement les préparatifs ; on rassembla tout ce qui restait de soldats échappés aux prisons d'Allemagne, on réunit des recrues diverses, on improvisa des régiments, on créa des divisions et on appela ces agglomérations d'hommes mal équipés et peu exercés, l'armée de la Loire ou l'armée de l'Ouest.

La fortune un instant sourit à cette audacieuse défense et ramena la victoire sous nos drapeaux. Le 7 novembre, à Vallière, l'armée de la Loire livrait un brillant combat, le 9 elle gagnait la bataille de Coulmiers, le 10 elle reprenait Orléans.

Pourquoi ne sut-on pas profiter de ces avantages ? Le prince Frédéric-Charle set ses innombrables bataillons étaient encore à douze jours de marche. Entre nos soldats triomphants et la capitale assiégée, il n'y avait que les Bavarois de Von der Tann défaits et tremblants devant nous. Que fut-il advenu, si nos jeunes troupes, animées par leurs premiers succès, au lieu de s'endormir deux semaines durant sur les positions conquises, eussent avancé résolument sur Paris? De l'aveu des Prussiens eux-mêmes, c'était peut-être le salut de la France.

Mais Gambetta et Freycinet, qui dirigent les opérations, arrêtent l'élan de nos généraux, les obligent d'attendre, donnent par là au vainqueur de Metz le temps d'accourir au secours des siens, de renforcer leur armée et de relever leur courage. Pour nous dès lors, il était trop tard.

Cependant nos Mobiles, au fond de leurs cantonnements de la Ferté-Vidame et de Verneuil, avaient appris, au rapport, les hauts faits de nos soldats auprès de la Loire. De vagues rumeurs, comme il s'en répandait souvent en ces temps-là, venaient encore renchérir sur ces consolantes nouvelles. On parlait de victoire remportée sous les murs de Paris; on disait que les alliés de la Prusse ne voulaient plus d'une guerre dans laquelle, toujours placés en avant-garde, ils éprouvaient seuls des pertes considérables, on affirmait qu'ils allaient refuser de combattre. Cela circulait de compagnies en compagnies, et on ne demandait pas mieux que d'y croire. Tous ces récits, où la fable se mêlait à la vérité, avaient peu à peu enthousiasmé nos jeunes gens, qui brûlaient du désir de se signaler à leur tour.

Aussi grande fut leur joie quand, le lundi 14 novembre, on leur donna l'ordre de reprendre l'offensive, et d'aller occuper la vallée de la Blaise entre Châteauneuf et Dreux.

Beaucoup formaient déjà le beau rêve d'une rentrée triomphante à Chartres et à Epernon.

Les uns, ceux du 4e bataillon, grâce au chemin de fer qui les emporte jusqu'à Nonancourt, achèvent facilement leur étape. Les autres se dirigent sur Brezolles, déjà encombré de troupes, et se hâtent de gagner le poste qui leur est assigné.

« Je me rappelle toujours avec reconnaissance, raconte le sergent Vivien, l'accueil qui nous fut fait à notre passage à Blévy. Nous étions l'avant-garde ; une marche forcée nous avait tous fatigués, de plus j'étais souffrant. Or, en nous voyant venir, les bons villageois avaient mis sur des tables, au bord de la route, du cidre, du pain, du fromage, les verres étaient remplis et les morceaux préparés à l'avance. Quel bonheur pour eux de nous offrir ces aliments! quel plaisir pour nous harassés, comme nous l'étions, d'accepter ce qui nous était donné de si bon cœur! Notre lieutenant nous fit arrêter quelques minutes, et tous de se rafraîchir et de manger avec l'entrain de nos vingt ans. Nous remercions alors les généreux habitants de ce pays, et nous continuons péniblement notre course. »

VI

DREUX, MORVILLETTE, IMBERMAIS
& SAINT-LUBIN-DE-CRAVANT

SOMMAIRE : Voilà les Français ! — Sur les rives de la Blaise. — M. le curé de Marville. — Les tentes. — Morvillette. — Une mère au milieu des balles. — Trois gendarmes. — Le plan de campagne des Allemands. — Combat de Dreux. — Combat d'Imbermais. — Mort du commandant Bréqueville. — Nos pertes. — Le comte d'Illiers. — Le presbytère de Boissy-en-Drouais. — Les ambulanciers. — Les détrousseurs de cadavres et la chienne fidèle. — Une fin consolante. — Au cimetière de Marville-Moutiers-Brûlé. — M. de la Marlier à Crécy-Couvé — Retraite mouvementée. — Nonancourt. — Panique. — Saint-Lubin-de-Cravant. — Une nuit d'angoisses. — Brezolles. — Une rencontre au presbytère de Crucey. — Retour inespéré.

Lorsque la ville de Dreux fut pour la première fois menacée par les Prussiens, au moment de l'incendie de Cherisy, le 10 octobre, nos Mobiles, qui se trouvaient à Maintenon, avaient envoyé à son secours, la nuit suivante, plusieurs compagnies de chacun de leurs bataillons sous la conduite du capitaine Bréqueville, comme nous l'avons raconté. Une circonstance fortuite, sans doute une alerte sous les murs de Paris, avait aussitôt rappelé les Allemands, de sorte que la ville n'avait pas été occupée.

Le 24 du même mois, après une déplorable méprise, survenue près de la ferme des Cinq-Chênes la nuit précédente, pendant laquelle les Mobiles du Calvados avaient tiré les uns sur les autres, la vieille cité fut envahie ; mais elle n'eut point à subir de garnison régulière. Toutefois les reconnaissances prussiennes y faisaient de fréquentes incursions. De leur côté les francs-tireurs la visitaient souvent; ils venaient attendre l'ennemi dans ses environs et même dans son enceinte. Si l'embuscade du 11 novembre, dont quelques uhlans avaient été victimes et qui faillit attirer sur Dreux de sanglantes représailles, fut, comme on l'a dit, le motif qui fit sortir nos Mobiles de leurs fortes positions autour de Verneuil, il faut avouer qu'elle fut bien désastreuse et eut de terribles conséquences.

Les habitants étaient donc partagés entre la crainte d'être pressurés par les Prussiens et l'espérance de revoir nos troupes, quand le dimanche 13 un cri retentit tout-à-coup : Voilà les Français! En effet, le colonel Du Temple ramenait dans la ville plusieurs bataillons des Mobiles du Calvados et de la Manche, des compagnies de fusiliers marins et une batterie de quatre. Quelques chasseurs d'Afrique, montés sur de petits chevaux arabes, servaient d'éclaireurs à la colonne.

C'est dans ces circonstances que les Mobiles d'Eure-et-Loir apportèrent une seconde fois leur concours à la protection de la ville. Malheureusement, les chefs ne soupçonnaient en rien les graves événements qui allaient se produire, et ne surent point dès lors utiliser les hommes, d'ailleurs trop peu nombreux, dont ils disposaient. Les différents corps éparpillés, très éloignés les uns des autres, n'étaient bons qu'à repousser des patrouilles prussiennes ; ils ne pouvaient se soutenir en cas d'attaque sérieuse ; les postes choisis dans les vallées, ou près d'elles, ne surveillaient point efficacement la marche de l'ennemi.

Le mardi soir 15 novembre, nos Mobiles, placés sous les ordres de leur lieutenant-colonel M. de la Marlier, occupaient les villages qui s'échelonnent sur le cours de la Blaise et sont dominés par de hautes collines ; de fortes grand'gardes s'établissaient sur la rive droite de la rivière : des reconnaissances poussées très loin par trois petites compagnies de francs-tireurs et quelques gendarmes ne rencontraient que des uhlans vagabonds et peu nombreux. Ainsi protégés et rassurés, nos bataillons s'étaient installés, le 4ᵉ à Garnay, avec son Aumônier, M. Piau, et le 2º à Tréon avec M. Hervé ; les deux autres suivant la même ligne étaient, le 3º à Crécy-Couvé et le 1ᵉʳ à Fontaine-les-Ribouts avec M. Robé.

« Nous étions définitivement incorporés au bataillon, écrit M. l'abbé Piau. Les Mobiles commençaient à dire « notre Aumônier » ; le commandant nous avait accordé une ordonnance comme aux officiers, on nous admettait à la *popote* commune. Bref, tout le monde était charmant pour nous. Il est vrai que nous ne demandions qu'à nous dévouer pour ces âmes chrétiennes et françaises qui nous étaient si chères. »

Le mercredi 16 fut un jour de repos dont nos soldats avaient grand besoin. « Le matin, quand il fallut nous lever de la paille sur laquelle nous avions dormi, raconte le sergent Vivien, vous eussiez dit tous gens venant de recevoir vingt-cinq coups de rotin chinois. Les pieds faisaient mal à l'un, à l'autre les jambes, à celui-là les épaules ; personnellement, je n'avais qu'une douleur par tout le corps. Aussi je devais prendre sur moi, quand on allait aux appels, pour ne pas avoir l'air boiteux. »

Le commandant Bréqueville, du 2º bataillon, avait eu soin, sitôt son arrivée à Tréon, rapporte M. de Coynart[1], de parcourir les abords du village où il était cantonné. Il avait visité Imbermais et Marville-Moutiers-Brûlé. Là, s'étant rendu au presbytère, il avait prié M. l'abbé Gouache, curé de cette paroisse, de vouloir bien communiquer à l'autorité militaire les renseignements qu'il obtiendrait sur la marche de l'ennemi.

Le digne commandant ne pouvait mieux s'adresser, car le mercredi dans la soirée M. le Curé de Marville faisait porter à Dreux, par de courageux jeunes gens qui, pour récompense, hélas ! furent retenus prisonniers, l'avis que Nogent-le-Roi était fortement occupé, Chartres bourré de troupes allemandes, un camp Bavarois placé au Bois de Brou, commune de Serazereux, et que tout annonçait une attaque pour le lendemain.

Cependant le jeudi 17, nos Mobiles ne paraissaient guère se douter que le danger fût imminent. A Fontaine-les-Ribouts,

---

[1] *La Guerre à Dreux*, p. 155.

par exemple, on annonçait à l'appel du matin qu'il y aurait, après midi, théorie pratique pour l'établissement d'un camp. Depuis quelques jours, en effet, comme nous l'avons dit, on leur avait distribué tout ce qui compose une tente.

A l'heure dite, une compagnie et tous les sous-officiers du premier bataillon, dirigés par le capitaine Vigouroux, descendaient dans une prairie et apprenaient à dresser les toiles de nos frêles abris. Cet exercice durait depuis vingt-cinq ou trente minutes, quand on vint demander en toute hâte la deuxième compagnie pour remplacer les grand'gardes parties au secours de nos troupes, près de Châteauneuf.

De ce côté, en effet, nos Mobiles se rattachaient aux différents corps chargés de garder la forêt et placés sous les ordres du lieutenant-colonel Marty, en résidence à Saint-Maixme.

Sans attendre le reste du bataillon, qui les rejoignit plus tard, mais en faisant prévenir le colonel de la Marlier, nos braves jeunes gens s'élancent dans la direction indiquée. Après une heure de marche, ils arrivent à l'endroit où devaient se tenir les avant-postes, à la ferme de Morvillette sur le bord de la route. Ils forment aussitôt leurs faisceaux dans la cour et écoutent la canonnade qui, non loin d'eux, semble redoubler d'intensité.

On les avertit alors qu'une soixantaine de Prussiens se trouvent dans les environs. Avec une sorte de frénésie joyeuse ils sautent sur leurs armes, et courent au-devant de l'ennemi. Déjà ils se promettent une victoire facile, car ils sont quatre-vingts et ont deux gendarmes à cheval pour éclaireurs. Mais les Allemands, cachés d'abord par les bois, se montrent bientôt en foule : ils possèdent plusieurs pièces d'artillerie dont il se servent avec avantage ; enfin, sur la gauche, des forces plus considérables apparaissent au sommet d'une éminence. Aussi, comme le jour tombait, nos Mobiles, bien que plus nombreux grâce à l'arrivée de tout le bataillon, sont heureux de ramener les deux compagnies de grand'garde qu'ils étaient venus chercher et de regagner sans perte leurs cantonnements.

Pendant cette escarmouche, par laquelle les Prussiens

préludaient au combat de Torçay, livré le lendemain, eut lieu une touchante entrevue qu'on nous permettra de raconter.

Les mères, justement inquiètes, entreprenaient souvent alors de périlleux voyages pour se rendre auprès de leurs fils. Les voir, s'assurer de leur santé, leur donner un peu d'argent, les embrasser à la hâte, et revenir en rapportant des nouvelles à la famille, était pour elles une suprême consolation.

« Or, raconte le sergent Vivien, sur l'ordre du capitaine et pour masquer notre faible nombre, j'étais occupé à faire retirer nos hommes vers un petit bois, avec le moins d'irrégularité possible ; le dernier, je tournai le dos à l'ennemi. Mais, oh joie et douleur tout à la fois ! qui aperçois-je s'avançant au milieu des balles que les Prussiens nous envoyaient ? Ma mère !!! je la presse aussitôt dans mes bras, lui dis beaucoup de choses en peu de mots, lui fais espérer que je la reverrai dans la soirée, la prie de se retirer au plus vite et cours reprendre ma place auprès des miens. A ce moment les Prussiens commençaient à nous lancer des obus. »

Nous sommes heureux de signaler la conduite particulièrement remarquable de trois gendarmes qui, dans cette journée, avaient servi d'éclaireurs à nos Mobiles.

Les nommés Prévost, Tribois et Beaudet, le premier de Nogent-le-Roi, les deux derniers de Maintenon, avaient quitté Fontaine-les-Ribouts à onze heures et s'étaient dirigés vers Châteauneuf où le canon commençait à se faire entendre ; ils précédaient à longue distance deux compagnies de notre premier bataillon.

Ils continuent de se porter en avant malgré les obus qui tombent près d'eux et rencontrent enfin une quarantaine de uhlans. Nos braves gendarmes n'hésitent pas ; ils ouvrent immédiatement le feu, tirent leurs six coups de carabine tout en se rapprochant de l'ennemi, puis s'élançant résolument à la charge, mettent en fuite les Allemands déconcertés de tant d'audace.

M. de la Marlier qui nous rapporte ce trait ajoute à la louange de ses éclaireurs : « Pendant tout le temps qu'ils ont été sous mes ordres, du 21 octobre au 26 novembre, ces trois hommes n'ont cessé de montrer l'exemple de la discipline, du sang-froid et du courage. »

Toutefois l'intérêt capital de la journée n'était pas à Morvillette. A la même heure, en effet, plusieurs combats se livraient dans notre département. A Landelles, les nôtres résistèrent heureusement à leurs adversaires ; à Châteauneuf, l'action décisive était remise au lendemain ; à Berchères-sur-Vesgre, l'engagement irrita à tel point l'ennemi qu'il s'en vengea par des atrocités sans nom ; auprès de Dreux enfin, la bataille eut plus d'importance, mais nous fut aussi plus funeste.

Quelle était la raison de ces multiples attaques, évidemment concertées et succédant tout à coup, sur une ligne déterminée, à une période relativement paisible ? C'est que les Prussiens préparaient leur revanche de la défaite de Coulmiers, en suivant une marche qui devait, pour notre malheur, déjouer toutes les combinaisons des tacticiens improvisés siégeant à Tours.

Les Allemands n'étaient pas en mesure à cette époque, nous l'avons dit, de s'attaquer directement à l'armée de la Loire. Avant de rentrer en lutte avec elle, ils voulaient mettre de leur côté toutes les chances de victoire, en se réunissant au moins deux ou trois contre un.

Mais sachant que des troupes encore mal organisées et presque dépourvues d'artillerie, se rassemblaient dans l'Ouest, ils avaient résolu de tomber sur elles à l'improviste, de les écraser même, s'il était possible. Les généraux prussiens seraient ensuite assurés de ne pas être inquiétés de ce côté, quand l'arrivée des régiments de Metz leur permettrait de revenir par un brusque détour concentrer toutes leurs forces dans les plaines de la Beauce, et combattre nos soldats aux environs d'Orléans.

Voilà pourquoi le grand-duc de Mecklembourg, à la tête de troupes considérables, envahissait inopinément le Drouais, le Thimerais et le Perche, renversait les faibles obstacles qui lui étaient opposés, passait à Nogent-le-Rotrou, simulait une attaque sur Le Mans, puis subitement revenait en arrière et rejoignait le prince Frédéric-Charles, la veille du combat de Loigny.

Mais le 17 novembre à Dreux on ne se doutait nullement de cette manœuvre de l'ennemi ; on se croyait seulement en face de quelques milliers d'hommes, alors qu'on était aux prises avec une véritable armée.

Ce jour-là le quatrième bataillon de nos Mobiles occupait Garnay. M. l'abbé Piau, qui l'accompagnait, décrit ainsi la scène dont il fut témoin. « Vers midi l'ennemi se présenta : toute une armée couvrit bientôt la plaine de ses bataillons épais. Nous l'apercevions évoluer devant nous comme sur les cases d'un échiquier : l'infanterie au centre, aux ailes la cavalerie ; l'ordre de bataille était complet. »

A Dreux également on avait remarqué l'approche des Prussiens ; mais le colonel Du Temple ne perdait point sa belle assurance. Bien que la petite batterie de quatre, arrivée le 13 en même temps que nos troupes, eût malheureusement quitté la ville dès le 16, il croyait avoir assez de monde sous la main pour repousser toute agression. Il comptait d'ailleurs que le commandant Bréqueville, placé à Tréon, écarterait ou du moins affaiblirait beaucoup l'attaque, en se jetant sur le flanc gauche des Allemands.

L'action fut bientôt engagée sur la route de Chartres et sur celle de Nogent-le-Roi. La fusillade retentit d'abord du côté d'Imbermais, puis tout auprès de Dreux, où l'effort du combat ne tarda pas à se porter. Marins, Mobiles de la Manche et du Calvados s'élancent généreusement au-devant de l'ennemi, et font reculer les premiers rangs. Mais que peut le courage de quelques milliers de braves, n'ayant, les Mobiles du moins, que d'assez mauvais fusils, contre une armée de 40,000 hommes, protégés par des canons à tir rapide et des fusils d'une portée bien supérieure ? Nos officiers et soldats s'aperçurent à la fin des forces considérables contre lesquelles ils luttaient sans espérance ; c'est la rage au cœur et les larmes aux yeux qu'il leur fallut céder au nombre, et se retirer dans la direction de Nonancourt.

De nos quatre bataillons d'Eure-et-Loir deux seulement avaient pris part à cette bataille. Le premier, comme nous l'avons raconté, se portait à ce moment même contre les Bavarois au delà de Morvillette et vers Châteauneuf ; le troisième, campé à Crécy-Couvé, était loin du théâtre des différents engagements et surveillait ses positions ; les deux autres, plus rapprochés de Dreux et de la route suivie par l'ennemi essuyèrent le feu dès le commencement de l'action.

A Garnay, le quatrième bataillon, dont les grand'gardes occupaient les Cinq-Chênes, se massa dans les bois de Marmousse, et, malgré les balles et les obus qui pleuvaient sur lui, n'abandonna cette ligne de défense qu'au moment où les troupes du colonel Du Temple furent forcées de battre en retraite.

C'est le deuxième bataillon, soutenu par deux compagnies du quatrième, qui eut le plus à souffrir dans cette journée.

Un nommé Dubois, de Puiseux, avait prévenu vers midi les avant-postes placés près de Tréon, que des Allemands en petit nombre se trouvaient dans les environs d'Imbermais.

Le commandant Bréqueville aussitôt averti se crut en mesure de cerner et de faire prisonnier le détachement Bavarois. Sans demander avis au colonel de la Marlier, il rassemble ses Mobiles, et suit à travers bois, guidé par le sieur Gillard, de Tréon, la route qui conduit au hameau où l'ennemi était signalé. Les renseignements qu'il reçoit en chemin d'un fermier d'Imbermais, M. Gauthier, ne le mettent pas assez en garde contre une surprise. Pensant qu'il suffisait de faire surveiller la plaine à sa droite par le sergent Coche et quelques hommes, il continue de s'avancer à la tête des siens.

Emporté par son ardeur belliqueuse, il ne se préoccupe pas, comme il le devrait, de faire reconnaître les forces et la position de ceux qu'il allait combattre.

Déjà il était près d'Imbermais, et, descendu de cheval, il s'engageait sur un petit espace découvert, quand tout à coup, à moins de trente mètres, partant d'un dernier fourré touchant au village, une vive fusillade se fait entendre. Quelques-uns des nôtres tombèrent avant d'avoir pu regagner la lisière du bois. Mais nos Mobiles, bientôt remis de leur étonnement se déploient en tirailleurs et ripostent vaillamment à leurs adversaires qui se montrèrent aussitôt très nombreux.

A l'exemple du commandant, plusieurs chefs prennent eux-mêmes les fusils et les cartouches de ceux qui sont tombés, et tirent avec acharnement. Non loin de là le capitaine Roche, du quatrième bataillon, vient à la tête de deux compagnies au secours de nos compatriotes de Châteaudun et engage vaillamment la lutte.

« Mais après un quart d'heure de fusillade soutenue, lisons-nous dans le rapport du capitaine Hanquet, comme si de nouvelles forces entraient en ligne, le feu de l'ennemi redoublait d'intensité alors que le nôtre faiblissait. Le bois Daloyau sur la lisière duquel nous nous appuyions, était littéralement haché par les projectiles, et les éclats du taillis contusionnaient douloureusement ceux d'entre nous qui n'étaient pas plus gravement atteints. Nombre de mes hommes étaient tués, d'autres tombaient blessés ; la plupart, sans cesser de faire face à l'ennemi, reculaient malgré mes efforts; ils s'arrêtaient pour tirer et reculaient encore en chargeant. »

Quelques minutes plus tard le commandant Bréqueville, resté en première ligne, recevait une balle dans la cuisse. Alors pour obéir à ses ordres : « Emportez-moi et en retraite ! » le garde Pitou et le sergent Lumière[1] allaient le prendre et se retirer, quand eux-mêmes sont frappés à leur tour, le premier mortellement, le second d'une balle dans la bouche.

« La même décharge, continue le rapport cité plus haut, atteignait notre commandant de deux nouveaux coups de feu dont un lui traversa la poitrine ; son corps retomba inerte. M. Bréqueville était mort de la belle mort d'un soldat, sur le champ de bataille, et en défendant son pays ! »

Le colonel bavarois qui dirigeait l'ennemi n'eut guère le

---

[1] Le sergent Lumière qui reçut la médaille militaire, était le fils du maire de Châteaudun dont la conduite fut particulièrement courageuse et digne, le jour de l'incendie de la ville par les Allemands, le 18 octobre. — Voir *Défense de Châteaudun*, par Coudray, p. 63.

Après mille recherches longues et périlleuses, Mme Lumière avait trouvé à Nonancourt le jeune sergent dans un état très grave, l'avait fait transporter chez elle et soigné. Il rejoignit son corps à Mayenne, après l'armistice. (Lettre du maire de Châteaudun à M. de la Marlier, 31 janvier 1871).

temps de se réjouir de la perte que les nôtres venaient d'éprouver. Le sergent Goussu, de la première compagnie, qui l'avait remarqué la veille dans une reconnaissance, l'aperçut à ce moment, et d'un coup de feu l'étendit à terre. Le commandant Bréqueville était vengé.

Une seconde fois le mot de trahison fut prononcé par les Mobiles de Châteaudun. Le capitaine Hanquet lui-même qui, après la mort du commandant Bréqueville, prit en cette journée le commandement du 2e bataillon, le laisse entendre à la page 15 de son *Rapport sur le combat de Tréon*.
Mais M. de Coynart, qui a minutieusement vérifié les faits après la guerre, repousse en ces termes cette accusation :
« Dans toutes les relations de ce combat qui ont paru jusqu'à ce jour, on a toujours parlé d'un paysan français, *vendu à l'ennemi et qui aurait trahi* (c'était le grand mot d'alors); il aurait conduit les Mobiles dans un piège : c'est une erreur complète; tous les habitants du pays qui ont joué un rôle quelconque dans cette affaire, ont agi en bons et courageux citoyens, ils méritent des éloges et nullement le blâme odieux qui a été déversé sur eux. [1] »
Le combat d'Imbermais, où s'étaient fait remarquer les capitaines Hanquet et Legrand, le lieutenant Yvon et les sous-officiers Chéramy, Lumière, Thomassu et Pandeleu, nous coûtait seize morts, parmi lesquels malheureusement le commandant Bréqueville, du 2e, et le capitaine Roche, du 4e bataillon. Nous comptions de plus cinq prisonniers et bon nombre de blessés, dont quelques-uns moururent à l'ambulance des Frères à Dreux, où plus de trente de nos Mobiles furent recueillis et soignés.
Les pertes de l'ennemi ont été certainement fort supérieures aux nôtres; au rapport des prisonniers et des blessés restés entre ses mains, soixante-seize de ses morts ont été relevés entre le hameau et le bois Daloyau, et trois voitures chargées d'armes, sacs et casques allemands ont été dirigées d'Imbermais à Dreux, le lendemain de ce combat.

---

[1] *La Guerre à Dreux*, p. 271 et suivantes.

La veille, au moment où la retraite, grâce à la fermeté et au sang-froid des officiers du 2ᵉ bataillon, s'opérait en bon ordre, l'Aumônier de nos Mobiles, M. l'abbé Hervé, accompagnait un de ses compatriotes blessé qu'il avait rencontré au sortir du bois. M. le comte d'Illiers, sous-lieutenant à la deuxième compagnie du quatrième bataillon, se trouvait parmi les combattants d'Imbermais. La mort avait aussi fait des victimes à ses côtés. Il avait vu son vaillant capitaine, M. Roche, tomber au champ d'honneur : lui-même avait eu la jambe traversée par une balle. Aussi le jeune officier ne marchait qu'avec difficulté et c'est péniblement qu'il parvint à gagner une ferme, où M. Hervé se proposait, par un premier pansement, d'arrêter le sang qui coulait de la blessure.

Mais comme ils entraient sous ce toit hospitalier, voici que les paysans leur signalent la venue de l'ennemi ; on le voyait déboucher du bois et s'avancer dans leur direction. Il fallait s'éloigner promptement ou rester prisonniers. Fort heureusement une charrette se présente emportant toute une famille. Celle-ci accueille aussitôt la demande qui lui est faite, elle se presse pour donner une place au noble blessé, et elle repart aussi vite que le permet la lourde charge du véhicule.

L'Aumônier, resté seul, s'empresse de prendre à travers champs, afin d'échapper plus facilement à la poursuite des Bavarois. Mais inutilement de son regard il interroge l'espace pour apercevoir quelques Mobiles, en vain il double le pas pour rejoindre les siens ; le temps pendant lequel il s'est occupé du jeune officier a suffi à tous pour disparaître à l'horizon. Se guidant alors sur la flèche d'un clocher qui se dressait dans le lointain, il se dirige vers un village et y arrive à la brune : c'était Boissy-en-Drouais.

Un jeune prêtre installé récemment dans cette paroisse, M. l'abbé Morin, reçoit cordialement notre Aumônier et lui fournit les vagues renseignements dont il dispose. Mais comme il fait déjà très sombre, il le supplie de s'arrêter dans son presbytère et d'y prendre un repos bien mérité. Le lendemain, à la pointe du jour, il continuerait plus rapidement et plus sûrement son voyage.

M. Hervé, brisé de fatigues et d'émotions, finit par céder à ces fraternelles instances. Toutefois le sommeil ne ferma point ses paupières. Les souvenirs de cette courte lutte si cruelle pour les siens, la vision de ses chers soldats étendus sans vie sur les feuilles jaunies des grands bois, ne permirent ni à sa pensée ni à son cœur de retrouver le calme.

Aussi le vendredi matin, longtemps avant l'aube, il célébrait la sainte Messe pour le soulagement de ses Mobiles défunts et reprenait ensuite le chemin d'Imbermais. Puisque des circonstances indépendantes de sa volonté l'avaient séparé de son bataillon, il avait résolu de ne le rejoindre qu'après avoir assuré à tous ses blessés les soins nécessaires et à tous ses morts une sépulture chrétienne.

Un épais brouillard couvrait la campagne et ne laissait voir les objets que de très près. Nulle voix, nul bruit ne se faisaient entendre. On eût dit que l'épouvante avait rendu le pays désert, car le voyageur atteignit Tréon sans rencontrer une seule personne.

Le vénérable abbé Marais, curé de cette paroisse, s'offrit pour accompagner M. Hervé sur le lieu du combat. Ils arrivèrent à Imbermais sans difficulté, et furent heureux de constater que les ambulances de Dreux, aidées par les habitants du village, se préparaient à emporter les blessés.

Les corps du commandant Bréqueville et du capitaine Roche étaient déjà couchés dans une de leurs voitures. On voulait par exception les inhumer provisoirement à Dreux, car on pensait que les familles les réclameraient après la guerre pour les emmener auprès d'elles. Mais un sentiment plus patriotique a prévalu, et les restes de ces deux officiers ont été réunis deux ans plus tard à ceux de leurs hommes, sous le monument élevé à la mémoire de tous dans le cimetière de Marville.

Tandis que M. l'abbé Hervé contemplait tristement le corps de M. Bréqueville, on lui raconta que la veille, après la bataille, des soldats allemands avaient accompli une besogne déshonorante, et volé sur les cadavres tout ce qui tentait leur convoitise.

Un défenseur imprévu avait vainement essayé de protéger le commandant. C'était une chienne superbe, qui n'avait point quitté M. Bréqueville depuis le commencement de la campagne, et que la terrible fusillade n'avait pas épouvantée. Son maître étant tombé inanimé, le fidèle animal se coucha auprès de lui et fit entendre des cris plaintifs.

A la vue des sinistres détrousseurs, la dévouée gardienne sentit des ennemis. Son poil hérissé, ses sourds grondements, son attitude menaçante mirent en fuite le premier qui se présenta. Mais il revint bientôt, accompagné de plusieurs complices, et la pauvre bête, lardée de coups de sabre, dut s'éloigner en se traînant et en faisant retentir les bois de ses hurlements désespérés.

Pourtant elle ne périt pas de ses blessures. Recueillie et soignée par les gens du pays, elle fut rendue plus tard à Madame Bréqueville et revit désolée la demeure qu'elle avait connue si joyeuse.

Les voleurs, libres enfin d'assouvir leur cupidité, arrachèrent violemment la chevalière d'or qui brillait au doigt du commandant, enlevèrent sa montre, son porte-monnaie, son épée, ses épaulettes, ses galons, ses bottes, en un mot tout ce qui avait quelque valeur, et l'abandonnèrent ensuite pour continuer ailleurs leurs exploits sacrilèges.

Parmi les ambulanciers accourus pour relever les victimes qui avaient survécu et les conduire à la ville, on remarquait les Frères de Dreux, dont le dévouement pendant la guerre fut au-dessus de tout éloge. Bientôt on vit partir tous les blessés, à l'exception d'un seul que le médecin refusa de laisser emmener. Son corps était percé de tant de balles, il avait perdu tant de sang, qu'il n'eût point supporté le mouvement de la voiture et eût expiré en chemin. M. Hervé se hâta de le confesser et d'aider à panser ses plaies. Puis sur la demande de l'héroïque jeune homme, il s'empressa d'aller à l'église de Marville pour en rapporter le Saint Viatique ; et le soldat reçut son Dieu avec d'admirables sentiments de foi.

Pendant ce temps, sur les indications de notre Aumônier,

on creusait dans le cimetière de Marville une fosse large et profonde qui pût contenir les dépouilles mortelles de quatorze de nos Mobiles. Les villageois les y transportèrent avec une respectueuse compassion ; et, tête nue, l'attitude recueillie, unirent leurs prières à celles du prêtre. Déjà la cérémonie religieuse allait se terminer, quand M. Hervé apprit qu'un autre soldat, tué lui aussi par un Bavarois, gisait dans la plaine sous quelques centimètres de terre. Ne voulant point que cet infortuné fût privé d'une sépulture chrétienne, il le fit apporter auprès de nos Mobiles. Mais alors la nuit était venue, et c'est à la lueur tremblante des cierges que l'officiant adressa au Ciel ses supplications ardentes pour toutes les victimes de la même invasion.

Écoutons en quels termes notre Aumônier parlait, au retour de la guerre, de ses Mobiles restés sur le champ de bataille, et des honneurs qu'il leur avait rendus :

« Pauvres amis ! avec quelle émotion je leur fermai les yeux, et je les inhumai ensuite dans le cimetière de Marville ! Sur le bord de la tombe qui devait les renfermer tous, représentant de la religion et de la famille, je priais, je pleurais surtout, je pensais à leurs mères désolées qui, me semblait-il, me chargeaient de les suppléer auprès de leurs chers enfants. Je ne m'éloignai qu'avec peine de ces précieux restes, en assurant à mes défunts le bénéfice d'une messe hebdomadaire, et me promettant de revenir plus tard sur cette tombe chérie. »

Notre Aumônier réalisa plus d'une fois le pieux projet qu'il manifestait en achevant les lignes précédentes. Pourtant il lui parut que ce n'était pas encore assez. Car en 1872, le 10 novembre, après un service anniversaire pour les victimes du combat d'Imbermais, un beau monument funéraire, exécuté par l'habile ciseau d'un ancien Mobile, M. Blin, mais dû surtout au zèle et à la générosité de M. l'abbé Hervé, était solennellement béni dans le cimetière de Marville, à l'endroit où les nôtres dorment leur dernier sommeil. De sorte que la pierre qui les recouvre, en rappelant aux générations futures le patriotique dévouement de ces deux officiers et de leurs soldats, redira perpétuellement devant Dieu la prière du prêtre qui les aimait tant.

MONUMENT ÉLEVÉ, DANS LE CIMETIÈRE DE MARVILLE, A LA MÉMOIRE DES VICTIMES DU COMBAT D'IMBERMAIS [1]

[1] Voir en appendice la note I.

Au milieu des saintes occupations que j'ai décrites plus haut, la journée du 18 novembre s'était écoulée sans que le brouillard eût cessé d'étendre son voile de deuil sur toute la campagne. Parfois on entendait les Bavarois circuler non loin de nos charitables paysans; leurs accents étrangers retentissaient douloureusement aux oreilles des nôtres; mais aucun Allemand ne vint entraver ou troubler les soins pieux prodigués à nos blessés et à nos morts.

Il était tard lorsque M. Hervé, remerciant les gens de cœur qui l'avaient secondé dans sa noble tâche, put se retirer au presbytère de Marville, d'où il devait le lendemain partir vers Brezolles et la Ferté-Vidame à la recherche de son bataillon.

Le soir du combat d'Imbermais, il fut impossible à nos quatre bataillons d'Eure-et-Loir de se retirer dans la même direction. Les Mobiles de Nogent, séparés des nôtres par une colonne prussienne, furent obligés de rejoindre à travers champs les troupes du colonel du Temple et de gagner Nonancourt où s'était arrêté le général de Malherbe, tandis que les trois autres bataillons se trouvaient groupés autour de leur lieutenant-colonel.

M. de la Marlier avait assisté, en spectateur impuissant, au malheureux combat d'Imbermais. Placé en observation sur une maison très élevée de Crécy-Couvé, à 8 kilomètres de distance, il avait, à l'aide d'une longue-vue de grande portée, aperçu les masses serrées des Prussiens, précédées de lignes de tirailleurs, s'avancer vers Marville, pénétrer dans Imbermais et repousser nos compatriotes de Châteaudun. Courant alors au secours des siens avec les quatre compagnies du 3° qui lui restaient, il avait en chemin rencontré le 2° bataillon et l'avait ramené à Crécy.

Cette position toutefois n'était plus tenable, car les Allemands, qui avaient franchi la Blaise, ne tarderaient pas à la cerner. Déjà même, ils fermaient la route de Châteauneuf par où M. de la Marlier aurait pu, selon ses instructions, rejoindre le colonel Marty.

Aussi rassemblant le plus promptement possible ses bataillons et ses grand'gardes où les hommes entendaient près d'eux la voix rauque des Prussiens, il réquisitionne le pain chez tous les habitants pour nourrir ses Mobiles et préparer le départ.

« Nous sommes restés sous les armes jusqu'à dix heures du soir, écrit le lieutenant Vidière, du 3ᵉ bataillon. A cette heure, la 8ᵉ compagnie reçut l'ordre d'aller occuper le vieux château avec une section. Une heure après l'ennemi entourait Crécy ; on donne ordre de battre en retraite sur Brezolles.

» En sortant de Crécy, vers 11 heures, continue le même, un incident curieux s'est produit.

» A la tête de la colonne se trouvait une voiture contenant des caisses de biscuits.

» Derrière la voiture suivaient deux ou trois gendarmes à cheval, nous ne savons au juste ; à un moment une caisse s'échappe de la voiture, les chevaux se cabrent, les premiers rangs de la colonne sont bousculés, ceux qui suivent immédiatement sont jetés dans le fossé. En un clin d'œil, de la tête à la queue de la colonne, tout le 3ᵉ bataillon a été enlevé de la route sans que personne ait su comment.

» Nous avons certainement cru à une charge de cavalerie Mais en revenant sur la route déserte, nous vîmes qu'il s'agissait d'une panique dont nous ignorions la cause.

» Tous les officiers étaient renversés dans le fossé de la route, les sabres d'un côté, les képis de l'autre, et les hommes à terre, tous à droite, sur une largeur de cinquante mètres environ.

» Nous n'avons eu ni tués ni blessés ; il n'a manqué à l'appel que des képis et ..... des baguettes de tambour [1] »

A part ce contre-temps la retraite fut assez calme. Nos Mobiles suivaient le chemin de Blévy qu'ils avaient récemment parcouru, mais avec des pensées bien différentes. Ils étaient venus pleins d'espoir ; ils s'en retournaient l'âme découragée et meurtrie. Arrivés à Brezolles avant le jour, ils ne s'y arrêtaient qu'un moment, car dès le soir même du 18 novembre ces trois bataillons couchaient non loin de la Ferté-Vidame, près

---

[1] Cf. *Réveil de Dreux*, 7 mai 1890.

de cette belle forêt dont on les avait fait sortir à la légère.

En passant à Brezolles l'Aumônier du premier et du troisième bataillon, M. l'abbé Robé, reçut une communication qui fut pour lui un deuil cruel. Le lieutenant-colonel de nos Mobiles, M. de la Marlier, était venu vers lui et lui avait appris « que d'après des rapports paraissant exacts, M. l'abbé Hervé avait été tué à Imbermais. On avait remarqué cet Aumônier pendant la lutte ; il se prodiguait, et portait sans crainte de l'un à l'autre au milieu des balles ses paroles réconfortantes ; depuis on ne l'avait plus revu ; il était resté au nombre des victimes. »

Heureusement la nouvelle était fausse, et nos lecteurs savent par suite de quelles circonstances l'Aumônier du deuxième bataillon avait été séparé des siens ; mais durant une semaine son décès fut regardé comme certain et de ferventes prières furent adressées à Dieu pour le repos de son âme.

La retraite du colonel Du Temple s'était opérée moins rapidement ; il ne cédait le terrain que pas à pas. Le jeudi soir, il avait établi ses troupes aux environs de Nonancourt, et elles y avaient passé la nuit sans être inquiétées.

Le 4° bataillon était cantonné au château hospitalier du Gérier, sur la route de Tillières.

Le lendemain vers midi, il se produisit tout à coup une véritable panique. Un détachement de cavalerie prussienne avait pénétré jusqu'aux premières rues de la ville, surpris un bataillon dont les faisceaux étaient formés, et dispersé les hommes qui fuyaient en jetant l'épouvante.

Ce fut le commencement d'une déroute et d'un désordre incroyables.

Le 4° bataillon, rangé en bataille sur le bord de la route, assista l'arme au pied au défilé des convois, des ambulances et des troupes, puis sur un signe du général de Malherbe qui passait en voiture, suivit en protégeant la retraite sur Tillières, où il arrivait en bon ordre à 4 heures et demie.

Le général, désireux de ne céder que le moins possible, voulut s'arrêter là et défendre le pays. Il enjoignit en conséquence à notre 4ᵉ bataillon d'aller prendre position à Saint-Lubin-de-Cravant auprès de Brezolles.

M. de Malherbe ignorait malheureusement que les Prussiens occupaient déjà cette contrée ; car il avait peu d'éclaireurs à sa disposition, et tout son état-major se composait d'un jeune avocat de vingt-cinq ans, simple lieutenant de Mobiles au début de la campagne.

C'est à travers champs et par des chemins impraticables que le commandant de Castillon arriva vers 7 heures et demie au hameau de cette commune sur la hauteur. Il s'y établit dans les fermes avec ses quatre premières compagnies, tandis que les quatre dernières recevaient l'ordre de pousser jusqu'à Saint-Lubin-de-Cravant.

Ce village pittoresque est protégé par des collines couvertes de landes et de taillis. Pour employer le langage d'un de ses admirateurs, « il se cache à l'abri de ses côteaux comme la violette à l'ombre des buissons. »

La cinquième compagnie s'était établie à l'entrée du village; la sixième et la septième logeaient ensemble au milieu du pays. Seule la huitième, malgré l'obligeance des habitants, n'avait pas encore trouvé de gîte, et s'informait dans les maisons les plus reculées s'il n'y avait pas de toit assez spacieux sous lequel elle pût se reposer.

La nuit tombait, et cet épais brouillard que nous avons signalé ce jour même à Marville augmentait encore l'obscurité.

« Or, raconte un sergent-major, M. Couronnet, nos hommes de la sixième et de la septième compagnies s'installaient déjà dans leur campement, lorsque tout à coup de nombreuses détonations d'armes à feu, des cris déchirants, un tumulte épouvantable se font entendre à l'extrémité du village. Nul doute n'était possible : c'était l'ennemi.

« Immédiatement, sur l'ordre de notre capitaine, M. Fergon, et sous l'active direction de notre lieutenant, M. Silvy, nous nous barricadons dans la ferme, disposés à vendre chèrement notre vie. A peine avions-nous terminé, en effet, qu'une patrouille prussienne se présente et essaye de forcer nos portes. La sentinelle, un nommé Gallais, passe son fusil entre les planches mal jointes, tue presque à bout portant l'agresseur le plus rapproché et met en fuite tous les autres.

« Nos chefs toutefois ne jugèrent point prudent d'attendre le jour dans un aussi dangereux voisinage ; car une heure plus tard nous profitions de la tranquillité qui nous était laissée pour nous replier sur Tillières. »

Le lendemain, l'infortunée victime de cette attaque nocturne était inhumée par les siens dans le cimetière auprès de la chapelle, et la croix de bois qu'ils plantèrent sur sa tombe portait en allemand cette inscription : « Ici repose le corps de Gustave Hanc, catholique, du 14e bataillon Wurtembergeois, tombé à Saint-Lubin-de-Cravant dans un combat de nuit. »

Mais que s'était-il donc passé la veille au soir à l'extrémité du village ?

La huitième compagnie, avons-nous dit, à la clarté douteuse d'un crépuscule chargé de brume, continuait de chercher une demeure qu'elle n'avait pu se procurer jusque-là. L'Aumônier du bataillon, M. l'abbé Piau, pour donner l'exemple de l'endurance, était resté avec ces Mobiles qui devaient être les derniers à se reposer. Les hommes, harassés de fatigue, s'avançaient sans défiance et sans ordre entre les maisons, lorsqu'au détour d'une rue de nombreux cavaliers prussiens arrivent au galop de leurs chevaux et passent au milieu des nôtres, en faisant feu à droite et à gauche.

Aucun Mobile ne fut grièvement atteint ; mais tous, surpris de cette attaque inattendue, foudroyante, se dispersèrent aussitôt et disparurent dans l'obscurité croissante. Leur course les conduisit au château de la Guillerie, près de Tillières, où les blessés trouvèrent à l'ambulance de M. le baron d'Aubigny les secours et les soins qui leur étaient nécessaires.

Déjà on croyait avoir échappé au péril sans de trop grands dommages, lorsque le capitaine songea à compter les siens. Hélas ! il en manquait un à l'appel : c'était l'Aumônier ! Les heures s'écoulèrent sans apporter aucune nouvelle du prêtre vénéré ; les appréhensions ne firent qu'augmenter ; et dans la nuit, la compagnie et le bataillon s'éloignèrent avec la pensée douloureuse qu'un malheur était arrivé.

M. l'abbé Piau, dans une page d'une émotion communicative, nous a révélé la cause de son absence et décrit les angoisses qu'il endura pendant cette nuit terrible.

« Au moment où les balles sifflaient aux oreilles de notre petite troupe attaquée à l'improviste, et où chacun fuyait éperdu, je me jetai rapidement hors de la route, raconte notre Aumônier, et me blottis de l'autre côté du fossé. J'avoue que je récitai en cet endroit le meilleur acte de contrition que j'eusse fait de ma vie.

» Je voulus ensuite aller rejoindre, à travers champs, ma pauvre compagnie en déroute ; mais les ténèbres et le brouillard ne me permirent point de reconnaître la direction qu'elle avait prise, et je m'aperçus bientôt que j'allais donner tête baissée dans un poste prussien. J'entendais distinctement la voix des soldats allemands qui, à coups de baïonnettes, fouillaient les bois où ils s'imaginaient sans doute que les Mobiles effrayés avaient dû se cacher.

» Que faire en ce nouveau péril ? Une ferme se rencontra sur mon chemin. J'y frappai. Peine perdue ! la porte me resta fermée et je ne réussis qu'à attirer l'attention de l'ennemi. Un pas de plus peut-être et j'allais être assailli d'une pluie de balles.

» Je me glissai alors en rampant au milieu d'un champ voisin, où je m'étendis, sans plus bouger, sur ma couverture. A vingt-cinq pas de moi un cavalier prussien marchait au pas de son cheval, allant et venant, comme s'il fut resté là tout exprès pour me garder.

» On s'imagine aisément toute l'horreur de ma situation. Pendant dix heures je demeurai couché ainsi sur la terre humide, par une nuit de novembre, n'ayant rien, absolument rien pour me couvrir. Si encore j'avais pu faire quelques pas pour ranimer mes membres transis ; mais gardé à vue en quelque sorte, comme je l'étais, par cette sentinelle prussienne, le moindre mouvement que j'aurais fait m'eût attiré infailliblement une balle dans la tête.

» Dieu sait combien de fois j'ai réclamé sa protection, et celle de sa très sainte Mère, durant ces mortelles heures d'angoisses, en attendant le jour si lent à venir !

» Enfin il me sembla que l'aube commençait à poindre ;

j'étais d'ailleurs incapable de souffrir plus longtemps, et je me décidai, au prix de la mort même, s'il le fallait, à sortir de cette affreuse situation. Je m'armai donc d'une énergique résolution, fis une dernière prière, me levai bravement, et m'acheminai vers le village dont je commençais à entrevoir les toits.

» Que se passa-t-il en cet instant? Mon Prussien eut-il à son tour peur de moi? Je n'en sais rien; toujours est-il qu'il partit de son côté et s'éloigna rapidement au galop de son cheval.

» Je m'en allai frapper à la première porte qui se présenta; on ne vint pas m'ouvrir. La panique était si grande au village qu'on prenait tout le monde pour des Prussiens.

» Je me réfugiai dans une étable, dont les paisibles habitants ne firent, eux, aucune difficulté de m'accueillir. Une si chaude atmosphère me ranima. Quel sommeil vraiment réparateur je goûtai là, sur cette paille, pendant près de deux heures, et pourquoi faut-il qu'une bonne villageoise ait eu le tort de venir me réveiller si tôt!

» Il me fallut alors essayer de faire plus d'une demi-lieue et me traîner jusqu'à Brezolles. Là, les soins dévoués du généreux vicaire me rendirent la vie. Je fis surtout honneur au déjeuner; car je n'avais pas mangé depuis vingt-quatre heures, et la course de la veille, jointe aux émotions de la nuit, avaient creusé un abîme profond dans mon estomac délabré. »

La douce hospitalité de M. l'abbé Méland fut pour notre Aumônier, brisé comme il l'était, un avantage inestimable: elle ne put cependant lui enlever toute inquiétude, ni lui faciliter immédiatement la continuation de son voyage.

Les Prussiens, en effet, avaient marché sans relâche à la poursuite des Mobiles. Dès le vendredi soir, une quarantaine de uhlans visitaient Brezolles et menaçaient la ville de sanglantes représailles en raison d'une insulte faite à l'un des leurs. Le samedi matin, presque en même temps que M. l'abbé Piau, ils y entraient au nombre de 2.500 cavaliers et fantassins. Des postes occupaient aussitôt toutes les issues; impossible de sortir sans un laisser-passer que notre Aumônier militaire, à cause même de son titre, ne pouvait obtenir.

Mais le lundi, 21 septembre, la situation changeait subitement. C'était le jour où l'ennemi tentait un assaut général contre le Perche, où Nogent-le-Rotrou allait entendre autour de lui les multiples combats livrés à La Madeleine-Bouvet, à Bretoncelles, à La Fourche et à Thiron, dans les conditions les plus défavorables pour les nôtres. La fusillade commençait à six heures et quart du matin, à Courvoisiers, près la tranchée du chemin de fer, non loin de la Loupe; bientôt la voix puissante du canon devait faire sa partie dans le funèbre concert.

Voilà pourquoi, longtemps avant l'aube, les Allemands campés dans les cantons de Senonches et de Brezolles étaient prêts à partir. Grâce à l'admirable discipline prussienne, un mot d'ordre avait circulé jusqu'au plus éloigné des détachements, et dès la pointe du jour tous se mettaient en marche vers la contrée où s'engageait la lutte, au secours de leurs camarades.

M. l'abbé Piau se trouvait délivré. Toutefois, comme les Allemands n'avaient pas indiqué le secret de leurs mouvements d'ensemble, il pouvait craindre que leur départ ne fût une feinte, ou que d'autres troupes ne vinssent remplacer celles qui s'éloignaient. Profitant donc aussitôt de sa liberté, il sortit de Brezolles et gagna Crucey. C'est là que la divine Providence, pour achever de le réconforter, lui ménageait une joyeuse surprise.

Notre Aumônier était à peine assis au presbytère, où M. l'abbé Bigot, curé de cette paroisse, l'avait très cordialement reçu, qu'un autre visiteur, inattendu également, mais venant d'une direction opposée, se présentait à son tour : c'était M. l'abbé Hervé !

Par une protection particulière du Ciel, qui le suivit pendant toute la guerre, ce dernier avait passé au milieu des ennemis avec la plus grande facilité. Parti le samedi matin de Marville-Moutiers-Brûlé, il était venu coucher à Blévy, sans rencontrer en route l'ombre d'un obstacle.

Le lendemain il avait résolu de se reposer puisque c'était dimanche; d'ailleurs les journées précédentes avaient été si rudes ! Mais au sortir de la grand'messe, voyant les Allemands et leurs nombreux chariots encombrer le village, il avait jugé prudent de se rendre au plus vite à Maillebois. Peine perdue ! Les Bavarois y étaient arrivés peu après lui, ce qui ne l'avait pas rassuré. Aussi le lundi, au moment où l'ennemi s'en allait vers Senonches, avait-il eu soin de s'éloigner en sens inverse et d'éviter les chemins trop fréquentés. C'est ainsi qu'à son insu il avait été conduit vers son confrère, dont il devait être l'heureux compagnon de voyage.

Dieu dans sa bonté nous procure de ces consolations au milieu des épreuves, afin de retremper notre courage et de nous armer pour de nouvelles luttes.

Après le récit de leurs dramatiques aventures, nos deux Aumôniers prirent congé de leur hôte, et partirent dans la direction de la Ferté-Vidame. Trois jours plus tard ils atteignaient leur but et rejoignaient nos soldats à Moulins-la-Marche, dans le département de l'Orne.

« Quelle joie, écrit M. l'abbé Piau, quand nous aperçûmes de loin l'uniforme de nos éclaireurs français ! Par eux nous avions des nouvelles de nos troupes ; et quelques heures après nous nous retrouvions au milieu de nos chers Mobiles. »

Mais leur allégresse était bien partagée, car nos deux Aumôniers se souviendront toujours de l'accueil empressé qui leur fut fait. On les fêtait d'autant plus qu'on était étonné de les revoir ; on les avait crus morts. Chefs et soldats, chacun voulait leur dire son contentement à sa manière ; à défaut de paroles, beaucoup exprimaient par une affectueuse poignée de main le bonheur que leur apportait ce retour inespéré.

VII

LONGNY, MORTAGNE & COURTOMER

SOMMAIRE. — Le 4ᵉ bataillon. — Marchainville. — Longny. — Le colonel Marty. — Rémalard. — Détour heureux. — Une lettre du capitaine Vigouroux. — Mortagne. — L'Etang des Personnes. — Un homme en blouse. — Un guide. — « Il faut que je résiste à l'ennemi. » — Moulins-la-Marche. — Château des Mares. — Courtomer. — Le biscuit. — Deux boulangers. — Le camp. — Séez. — Joyeux voyage.

Les huit jours pendant lesquels nos deux Aumôniers s'étaient trouvés séparés des troupes françaises avaient été pour tous nos Mobiles une période d'énervante incertitude, et pour beaucoup d'entre eux une semaine de fatigues incessantes.

Le général de Malherbe et le colonel du Temple n'avaient pas été poursuivis par les Prussiens au delà de Verneuil. Ils s'étaient alors retirés plus lentement, s'efforçant de contenir l'ennemi, de concourir à la défense du Perche, par une série de marches et de contre-marches qui donnèrent à notre 4ᵉ bataillon l'occasion d'occuper successivement Chandai, Crulai, Irai, Saint-Maurice, Sainte-Anne et Champ-Thierry. Le 23 novembre, le bataillon partait à 3 heures du matin, passait par Randonnai, Crulai, Notre-Dame d'Apre, et campait à Moulins-la-Marche où il retrouvait les trois premiers bataillons d'Eure-et-Loir.

Ceux-ci, en effet, que nous avons accompagnés, le jeudi

soir, jusqu'auprès de la Ferté-Vidame, avaient eu un sort bien différent.

Le lieutenant-colonel de la Marlier ayant appris par ses gendarmes envoyés en éclaireurs que Senonches, d'un côté, était abandonné par le colonel Marty, et Verneuil, de l'autre, par le général de Malherbe, ne pouvait rester plus longtemps dans une position désormais trop avancée. Aussi, bien qu'il ne reçût aucun ordre, il réunit, le 19, ses bataillons cantonnés entre La Saucelle, La Mancelière et La Ferté, et partit dans la direction de Longny.

Toutefois ce n'était pas sans regret que nos Mobiles abandonnaient cette vaste forêt qui borne notre département à l'Ouest. Pendant leur long séjour à ses côtés, ils l'avaient fortifiée par de profondes tranchées et des abatis d'arbres considérables ; combien ils auraient désiré la défendre !

« Le 19 novembre au matin, écrit le sergent Vivien, nous longions le parc de la Ferté-Vidame et prenions la route de Longny. On marcha longtemps sans aucune halte. Nous laissions en arrière des positions formidables, où dix hommes déterminés eussent pu arrêter une armée durant plusieurs heures et faire subir des pertes énormes à l'ennemi. Tous les obstacles accumulés par nous ne servaient, hélas ! qu'à entraver la retraite des Français ! »

Plus loin, à Marchainville, malgré l'accablement des esprits et la tristesse des événements, la beauté de ce coin du Perche force un instant leur attention.

« Le pays que nous avions traversé le matin, dit encore le sergent Vivien, était peu accidenté ; mais au fur et à mesure que nous avancions, les collines grandissaient, se multipliaient, variaient d'aspect à l'infini. C'était un spectacle toujours nouveau auquel, dans toute autre circonstance, nous n'eussions pas manqué de donner de vives marques d'admiration.

» Tantôt au sommet d'un côteau, un espace sans limites se déroulait à nos regards ; les dômes arrondis des collines disséminées en tout sens, ressemblaient aux vagues d'un océan, grossies par la tempête, subitement arrêtées dans leur plus grand essor et maintenues dans leur admirable désordre.

» Puis à mi-côte, quand l'horizon se rétrécissant nous rappelait forcément à la réalité, à un détour de route, apparaissait une métairie, humble et gaie à la fois, où l'homme simple, laborieux et craignant Dieu, sait trouver tant de bonheur.

» De gros enfants, aux joues vermeilles de santé, nous regardaient timidement, à demi cachés par un buisson. Jusqu'aux bœufs et aux génisses qui, achevant de mâcher distraitement leur goulée, relevaient la tête avec un semblant d'anxiété curieuse. »

Le capitaine de Possesse exprime en quelques mots ces mêmes sentiments d'admiration : « On passe par un bourg délicieux appelé Marchainville ; il y a des sites qu'on va admirer bien loin hors de France. »

Il faisait déjà sombre lorsque nos Mobiles arrivèrent à Longny, situé dans une profonde vallée, et la ville était pleine de soldats ; impossible de trouver une demeure vacante. C'est que le colonel Marty, après l'héroïque combat de Torçay qui avait empêché ses bataillons d'être enveloppés, se retirait précipitamment, faute de munitions. Son avant-garde était à Mortagne ; le gros de sa troupe logeait chez les habitants de Longny.

Nos Mobiles, arrivés les derniers, mais peu désireux de passer la nuit sans abri, en une telle saison, se mirent à dresser leurs tentes sur le champ de foire qui se trouve à mi-côte. L'opération ne se fit pas sans difficulté, car nos jeunes gens pour la plupart ignoraient encore cette manœuvre ; cependant ils y parvinrent à la longue, et, pour la première fois, ils couchèrent dans leurs maisons de toile, où ils furent garantis, sinon du froid, du moins de la pluie qui tombait à leur réveil.

Le dimanche matin, le colonel de la Marlier, placé par ordre du général de Malherbe sous le commandement du colonel Marty, sortait de Longny, et allait camper à deux lieues de là, au bord de la forêt de Réno. Il plaçait son 1er bataillon à droite de Monceaux pour garder la route de Rémalard, le 2e à Saint-Victor-de-Reno et Hôtel-Véron, le 3e à Brochard et Bois-Boulai.

Nos compatriotes ainsi encadrés et soutenus par d'autres corps, s'attendaient de nouveau à entrer en lutte.

Mais le désarroi dans lequel nous étions ne permit pas au colonel Rousseau qui commandait à Nogent, et au colonel Marty de combiner à temps leurs efforts, de sorte que nos Mobiles ne purent même concourir à la défense des meilleures positions.

Le 21 novembre, en effet, M. de la Marlier ayant vu, le matin, à Saint-Mard-de-Réno, le colonel Marty, recevait la direction de toutes les troupes cantonnées autour de Longny et de Tourouvre, et la mission de protéger ces deux villes placées en avant de Mortagne, contre les colonnes prussiennes venant de Verneuil et de Senonches. Notre lieutenant-colonel fit porter aussitôt ses ordres aux divers détachements dont il disposait, et pour ne parler que des nôtres, il envoya le 1er bataillon à Moutiers-au-Perche par Rémalard, le 2e à l'Etang des Personnes et garda le 3e à Longny qu'il devait occuper lui-même.

Dans la matinée de ce jour, un vent assez violent avait charrié d'énormes nuages gris qui en passant sur la campagne l'avait couverte d'une neige fine et glacée. Puis la température s'adoucit légèrement ; mais la pluie succédant aux rafales de neige vint augmenter le poids de l'équipement qui pesait déjà si lourd sur les épaules fatiguées de nos troupiers.

Partis vers midi du village de Saint-Victor-de-Réno, nos Mobiles du 1er bataillon traversaient Boissy-Maugis à deux heures et demie, et commençaient à entendre le canon, de Bretoncelles et de la Fourche.

« A ce moment, écrit le sergent Vivien, le commandant du détachement, le capitaine Vigouroux, dont je saisis la conversation, m'apprit que nous aurions bataille. Bondissant de joie, j'allai l'annoncer à mes camarades qui se trouvaient quelques pas en avant. Sur ces entrefaites, les convois, les éclopés, sous la conduite du capitaine de Marchéville et de l'officier comptable du bataillon, faisaient demi-tour. Les soldats avaient entonné une chanson dont la cadence animait la marche ; la canonnade devenait plus vive. »

Ils passèrent bientôt à Rémalard où c'était jour de marché. Malgré le temps et l'approche de l'ennemi, les paysans des alentours étaient venus en assez grand nombre et encombraient la rue. Ils voulaient connaître les nouvelles, et, sous le pressentiment d'un avenir redouté, préféraient vendre à bas prix des denrées qui autrement, dans quelques heures peut-être, auraient été gaspillées par les Prussiens.

Nos Mobiles, gardant toujours leur pas accéléré, avaient déjà fait trois ou quatre kilomètres au delà de cette petite ville, et se trouvaient enfin assez près du poste qui leur avait été assigné, quand un triste spectacle s'offrit à leur vue. Là-bas, sur leur droite, vers Bretoncelles, les fermes brûlaient dans la campagne; les flammes rougeâtres des incendies projetaient leurs sinistres lueurs sur les nuages sombres et annonçaient au loin la marche des envahisseurs. En même temps le capitaine Vigouroux apprenait que nos troupes, à la Madeleine-Bouvet comme à Bretoncelles, étaient obligées de céder devant des forces bien supérieures, et que lui-même allait être pris entre deux colonnes ennemies.

Ainsi donc nos Mobiles avaient été prévenus trop tard; leur empressement devenait inutile; leur présence dans ce pays, isolés comme ils l'étaient, les exposaient à tomber aux mains des Allemands.

Le capitaine pâlit à cette nouvelle, mais sa résolution fut vite prise de s'échapper, s'il était possible, dans la direction de Voré.

Donnant aussitôt l'ordre de faire demi-tour à gauche, il engage sa troupe dans un chemin sous bois, recommande de se presser et de garder le plus grand silence. On marcha longtemps de ce pas précipité, franchissant tous les obstacles, grâce à l'exemple et à la voix des chefs. La halte ne se fit qu'à sept heures du soir; nos soldats étaient épuisés de fatigue et mourant de faim, mais ils étaient de retour à Longny.

Pourtant leur sécurité n'y fut pas de longue durée. A peine avaient-ils fait un léger repas que de toutes parts on battait la générale, et que nos Mobiles, en pleine obscurité, les premiers guidés par le falot d'une bonne vieille, se hâtaient de franchir un ruisseau sur une mauvaise planche, de gravir un sentier rapide, et de gagner la route de Mortagne.

Deux heures plus tard ils s'arrêtaient enfin au milieu de la

9

forêt de Réno d'où ils étaient partis le matin. C'était la position assignée à nouveau par le colonel Marty, et qu'ils avaient ordre de défendre à tout prix. Dans leur extrême lassitude, ils ne prirent pas le temps de dresser leurs tentes, mais s'abritant vaille que vaille sous leurs toiles, ils dormirent d'un sommeil profond, malgré la pluie fine qui ne cessa de tomber.

C'est de là que, le lendemain au lever du jour, le capitaine Vigouroux écrivait au crayon à M. de la Marlier, campé à Brochard, la lettre suivante :

« MON COLONEL,

« Un cavalier qui venait de Mortagne et que j'ai interrogé, m'a dit que toutes les troupes qui étaient à Mortagne étaient parties à minuit pour le Mêle-sur-Sarthe. Nous sommes sur la route en plein bois ; les hommes n'ont pas mangé depuis hier matin, et pas de pain ! Je ne puis pas envoyer à Longny où sont peut-être les Prussiens, et le village qui est du côté de Mortagne n'en a pas. Veuillez me dire, mon colonel, ce que je puis faire ; car ici la position n'est pas tenable sans vivres d'aucune espèce ; d'ailleurs puisque toutes les troupes ont abandonné Mortagne, c'est qu'on y attend les Prussiens. Cette nuit, quatre compagnies du 2ᵉ bataillon sont passées se dirigeant sur Mortagne, les quatre compagnies qui étaient avec M. d'Argent n'ont pas parus.

» J'attends avec impatience vos ordres. »

La réponse ne devait pas apporter de repos à nos Mobiles, car M. de la Marlier, ayant su que les Prussiens avaient pris Bellême, appelait son 1ᵉʳ bataillon au secours de Mortagne. Il fallait, par une pluie battante, se remettre en marche.

Vers deux heures de l'après-midi, les vêtements mouillés et l'estomac vide, ils arrivaient en vue de Mortagne et l'approche de la ville les soutenait un peu, quand ils reçurent l'ordre de retourner en arrière, pour défendre les positions qu'ils venaient de quitter. Déjà les murmures de cette foule affamée, contenus jusqu'alors, éclataient ouvertement, lorsque M. Lavater, commandant le 1ᵉʳ bataillon en l'absence du capitaine Vigouroux, exposa que les Mobiles, exténués par

M. ET Mme CAHOREAU, CANTINIER ET CANTINIÈRE AU 1er BATAILLON DE LA GARDE
MOBILE D'EURE-ET-LOIR.

leurs marches de la veille, n'ayant pris aucune nourriture depuis leur courte halte à Longny, avaient besoin de quelques aliments et de deux heures de repos avant d'exécuter l'ordre qui leur était donné.

Le courrier qui portait leur requête finit par obtenir ce qu'ils demandaient. Ils entrèrent donc dans Mortagne, où on leur distribua des vivres, sans leur accorder cependant d'y séjourner assez pour se remettre de leurs fatigues.

A cinq heures toutefois, quand on fit l'appel, la direction qu'ils devaient prendre était changée ; ils partirent vers Moulins-la-Marche, où les plus courageux allèrent dresser leurs tentes.

Mais beaucoup, incapables de suivre, s'arrêtèrent en chemin. Quelques-uns même s'endormirent dans les fossés de la route, où certes ils ne durent pas manquer d'eau, vu que toute la nuit le vent souffla avec violence et amena des averses abondantes.

Dans une lettre datée, le 22, de Moulins-la-Marche et écrite à un ami, le capitaine Maurice de Possesse nous dit ce qu'était devenu pendant ces deux derniers jours le bataillon de Châteaudun, dont quatre compagnies se trouvaient, au commencement de ce récit, à Saint-Victor-de-Réno et quatre autres dans la forêt.

On nous permettra d'en citer de longs extraits :

« La matinée a été tranquille, mais à peine le déjeuner était-il fini que je reçus l'ordre de réunir mon demi-bataillon pour rejoindre les autres compagnies. Je fais prévenir mes vedettes et enfin j'ai tout mon monde. Le bataillon se trouve au complet, et nous voilà repartis pour Longny, que nous croyons déjà au pouvoir de l'ennemi. Nous traversons la ville et le colonel, qui s'établit à la mairie, nous dit d'aller à six kilomètres de là, en pleine forêt, défendre la barricade de l'Etang des Personnes. Entendant le canon assez près de nous, sur la droite, nous pensions coopérer à un mouvement d'ensemble. Nous n'avons compris notre position que plus tard.

» Nous arrivâmes à l'étang par un chemin de forêt. Alors un cavalier nous ayant rejoints transmit l'ordre de scinder le bataillon en deux. Les quatre premières compagnies défendront la barricade et les autres iront sur la droite à quatre kilomètres occuper le village de Moutiers. On se serre la main; bonne chance, mes amis; tirez-vous en bien, et nous de notre côté nous ferons notre devoir.

» Nous disposons nos hommes en tirailleurs de chaque côté de la barricade en les dissimulant dans le bois, et nous attendons patiemment l'ennemi. De nombreuses sentinelles nous gardent de tous côtés et nous voyons avec plaisir une compagnie des mobilisés de l'Orne qui vient nous renforcer. La nuit arrive, mais pas le plus petit casque pointu. Seulement quelques canards qui se promenaient silencieux et rêveurs sur l'étang.

» Les rares passants, que nous interrogions avec soin, nous donnaient des nouvelles assez alarmantes. Les Français avaient été battus à la Madeleine-Bouvet, une position importante peu éloignée, les Mobiles de la Corrèze sont écrasés et l'ennemi marche en hâte sur Longny par notre droite, suivant la route que nous avons traversée pour venir là, et dont nous étions séparés par une portion de la forêt. Il faisait complètement nuit quand nous entendîmes un formidable feu de peloton dans la direction du village que devaient occuper nos quatre compagnies. Puis tout rentra dans un silence plus mortel peut-être que le bruit de la fusillade. On se regarda sans mot dire et nous nous attendîmes à quelque chose de prochain.

» Une calèche passa. On crie : Qui vive ! et une main de femme nous tend un laisser-passer prussien autorisant la femme du commandant Mathieu[1], des mobilisés de l'Orne, à

---

[1] M. Mathieu, ancien maréchal-des-logis de gendarmerie, successivement capitaine et commandant des gardes nationaux de Longny et de Mortagne, venait d'être nommé lieutenant-colonel, commandant les mobilisés de l'Orne.
Escorté de vingt-cinq francs-tireurs et guidé par le capitaine de la garde nationale sédentaire, il se dirigeait, le 24 novembre, de la Madeleine-Bouvet vers l'Étang-des-Personnes, lorsqu'arrivé près d'une barricade établie au lieu dit le *Bras-du-Désert*, gardée, affirmait-on, par les Français, il fut accueilli par une fusillade terrible : l'ennemi était à cinquante pas !
Le commandant Mathieu, la jambe droite brisée au-dessus du genou, fut, après la retraite des siens, relevé par les Allemands et, le lendemain, dirigé sur Dreux, où il fut soigné à l'hôpital.
Consulter le commandant de Coynart, *La guerre à Dreux*, p. 171 et suiv.

aller chercher, dans une ferme située à deux kilomètres et où il était à l'ambulance, ce brave soldat blessé le matin. Un laisser-passer allemand, mais nous sommes donc en plein pays prussien !

» En effet, on vint bientôt après nous dire que nous étions complètement cernés, que nos compagnies avaient trouvé Moutiers occupé, qu'elles y avaient essuyé le feu de peloton que nous avions entendu, et avaient regagné Longny dont elles devaient être parties déjà. Puis on nous montra à droite, au bout de l'étang, le feu d'un camp prussien. Nous avions déjà remarqué certaines fusées bien connues de nous, et qui ne nous présageaient rien de bon.

» Que faire? Pas d'ordres; nous ne pourrons même pas en recevoir. Notre seule perspective était de nous faire tuer là bêtement sans servir à rien ou bien d'être faits prisonniers. L'avenir ne nous souriait pas précisément. Les uns voulaient partir quand même, les autres, et j'étais du nombre avec le capitaine d'Argent qui nous commandait, pensaient qu'il fallait rester quand même, puisqu'il n'y avait pas d'ordres. Nous sommes perdus d'une façon ou de l'autre; ne vaut-il pas mieux finir à son poste, en soldat? Cet avis prévalut et nous restâmes.

» La fatigue et le sommeil domptent les plus belliqueux. Moi, je lutte contre le sommeil sur une branche d'arbre. Nos hommes dormaient aussi à leur place de tirailleurs et nous nous gardions bien de les réveiller, étant plus sûrs ainsi de leur silence. Rien ne nous faisait pressentir alors une attaque avant le matin. La nuit s'avançait, et dans la petite maison de garde où j'allais quelquefois, histoire de changer de place, je voyais à ma montre qu'il était minuit.

Un homme en blouse arrive tout essoufflé. Il est grand et ses traits sont ceux d'un homme énergique. A la sueur qui coule sur son front, on voit que la course qu'il vient de fournir a été longue et rapide. Il demande le commandant; nous le faisons entrer dans la maison du garde. Il s'asseoit et se rafraîchit. D'Argent arrive, et l'homme à la blouse se dit gendarme, nous confirme dans le danger de notre situation, dit avoir causé avec des Prussiens sur la route de Longny, et s'être ensuite jeté sous bois pour arriver jusqu'à nous, en évitant bien d'autres Allemands. Enfin, il remet au commandant un papier froissé et non signé, mais sur lequel nous reconnaissons officiellement l'écriture du colonel : « Vous êtes cernés, nous écrivait-il, tâchez de vous en tirer et faites votre possible pour nous rejoindre à Mortagne ou à Alençon. »

» Il ne nous apprenait rien de nouveau dans la première partie de sa dépêche ; mais regagner Mortagne n'était pas chose facile, car la seule route était par Longny et il fallait traverser les lignes prussiennes. La forêt qui nous entourait à gauche est fort dangereuse à cause des nombreux trous de minière qu'elle renferme, et si nous nous y risquions nous étions sûrs d'y rester, car il n'y a que des sentiers de chasseurs ou des lignes qui se ressemblent toutes.

» Il nous faut donc un guide. Le garde chez lequel nous sommes est gris et ne peut être d'aucune ressource. Heureusement notre bon gendarme nous dit qu'à dix minutes de là se trouve un homme sûr qui nous conduira à Sainte-Anne où nous trouverons une route qui mène à Mortagne. Il n'y a pas à hésiter ; le temps presse.

» Réveiller les hommes et leur faire comprendre que le silence absolu est indispensable est l'affaire d'un instant. Ils sont là tous rangés sur le bord de l'étang, fort inquiets et sentant parfaitement la position, quoique le secret en soit resté entre les officiers. Nous avions une voiture de vivres. Tout le monde s'y met, en un quart d'heure le pain est distribué à tous, et comme il serait trop long de couper la viande, on la jette dans l'étang pour ne pas la laisser entre les mains de l'ennemi.

» Enfin le guide arrive et nous partons ; mais par quels chemins nous passons ! On ne peut se faire une idée des mauvais passages du Perche. C'est un gué continuel avec des bosses et des trous. De temps en temps on entend tomber un Moblot qui se relève et continue comme si de rien n'était ; on n'en rit même pas, tant on est pénétré de la gravité des circonstances. Nous marchons et marchons toujours sous la direction de notre guide et nous arrivons à Marchainville.

» A la mairie où nous entrons, le maire sur pied avec son conseil s'attendait à voir entrer des Prussiens plutôt que des officiers français. On nous y offre du cidre à se griser et nous repartons. Nous marchons encore trois heures et nous rencontrons enfin la première sentinelle française. Nous étions sauvés, mais pas encore à Mortagne. Bientôt nous sommes à Sainte-Anne où notre guide nous quitte, non sans avoir été fortement récompensé, et nous prenons la grand' route de Mortagne. Le brouillard est épais et la nuit noire. Le jour apparaît peu après, mais le brouillard se change en pluie torrentielle, et enfin nous arrivons à Mortagne à une heure de l'après-midi, après treize heures de marche et dans quelles conditions! Et tout cela dans quel but?

» On donne des billets de logement aux hommes qui sont trempés jusqu'aux os et nous nous disposons à nous reposer. J'élis domicile avec mon frère chez mon ami M. de la Gueronnière, receveur particulier. Mais pas du tout, deux heures après il faut repartir. On retrouve, par un hasard providentiel, nos hommes dispersés de tous côtés et nous recevons l'ordre du colonel Marty de nous porter en avant, entre Mortagne et Longny, là même où nous étions deux jours auparavant. On a beau lui dire sur tous les tons que nos soldats sont plus morts que vifs, et qu'il n'y a pas moyen de faire battre ces malheureux éreintés par la marche, la pluie, le manque de sommeil et la faim, il ne veut rien entendre et ne décolère pas. C'est une vrai furie qui ne sait hurler qu'une phrase : « Il faut que je résiste à l'ennemi. » Oui, d'accord, mais avez-vous de quoi et en êtes-vous capable?

» Heureusement qu'un ordre supérieur vint bientôt lui enjoindre de se replier avec toute la colonne sur Moulins-la-Marche où nous arrivâmes, comme toujours, au milieu de la nuit après cinq heures de marche, ce qui nous acheva complètement. On nous fit camper dans un pré où il y avait plus de boue que d'herbe, et à cinq heures du matin, par surcroît de malheur, je reçois l'ordre d'aller avec ma compagnie en reconnaissance sur la route de Laigle. J'y traîne mes hommes ou plutôt ceux qui n'étaient pas complétement éclopés, et me voilà enfin attablé devant un modeste mais copieux déjeuner.

» Nous allons nous occuper maintenant de faire avoir au moins la médaille militaire au brave gendarme Morin, qui à l'Étang des Personnes nous a sauvé la vie au péril de la sienne.»

Le 23 novembre, vers midi, quand les traînards eurent rejoint les différents bataillons, nos compatriotes quittèrent la prairie humide où on les avait installés la veille. Ils traversèrent Moulins-la-Marche, et le soir, après une longue hésitation, on les fit camper dans l'avenue du château des Mares, appartenant à la marquise de Falendres.

Tandis que les officiers des quatre bataillons d'Eure-et-Loir, car les Nogentais avaient enfin rejoint, étaient reçus aussi bien que possible vu leur nombre, les hommes s'étendirent sur des lits de feuilles sèches ramassées dans le bois où ils purent enfin se reposer de leurs courses précipitées et dormir sans inquiétude. Quelques Mobiles cependant ne se contentèrent pas aussi facilement : on parle de paille indûment enlevée, même de poulets qui auraient disparu de la broche à la cuisine..... « Pauvres gens, s'écrie M. de Possesse, tant de souffrances méritent bien un peu d'indulgence ! »

Le 24, ils dressaient leurs tentes auprès de Courtomer et apaisaient leur faim en essayant de manger une nourriture nouvelle pour eux, le biscuit de mer.

« Pour la première fois, écrit le capitaine Maurice de Possesse, le 2ᵉ bataillon toucha des vivres de campagne. Auparavant les hommes recevaient vingt sous par jour et se nourrissaient à leur guise. Cependant depuis quelques jours l'intendance nous donnait un peu de lard et de biscuit. Avant, d'après les circonstances, nous retenions plus ou moins de la solde, suivant ce que nous pouvions nous procurer. Nous voilà maintenant complètement à la charge de l'intendance, c'est-à-dire que la plupart du temps nos hommes vont mourir de faim. »

Les chefs cependant employaient tous les moyens pour tâcher de nourrir leurs Mobiles. Le séjour à Courtomer est instructif à ce sujet.

« Le commandant Étasse, raconte un officier, eut la bonne idée d'envoyer le lieutenant Vidière en avant faire cuire du pain pour le bataillon. Nous en avons commandé quinze cents kilos : la moitié chez M. Cordier, l'autre chez M. Lavigne.

» Mais quand la colonne est arrivée à Courtomer, ordre

est donné de réquisitionner tout le pain qui se trouve chez les boulangers.

» Le commandant Etasse réclame, disant avec raison que depuis longtemps les hommes de son bataillon n'avaient touché ni pain ni biscuit.

» Le chef de détachement promit de faire faire une distribution égale entre tous les hommes.

» C'était justice. Mais les bataillons actifs et surtout l'intendance firent si bien que ce pauvre 3e bataillon ne reçut que du mauvais biscuit.

» Furieux, nous prions le commandant Etasse de nous donner des bons réguliers ; nous nous rendons le soir chez les deux boulangers et là nous faisons une seconde commande avec ordre de ne donner notre pain que contre remise des bons. Nous fîmes installer un poste chez chaque boulanger ; les hommes de ces postes étaient dans la confidence.

» A 3 heures du matin nous rassemblons des hommes de chaque compagnie, qu'on avait, par précaution, réunis sous les mêmes tentes, et nous prenons livraison du pain. Une voiture réquisitionnée plus ou moins régulièrement, mais payée par nous, en est remplie, et quand le matin, au départ, l'intendance veut faire prendre le pain cuit dans la nuit..... « les petits étaient dénichés. »

« Il fut distribué le lendemain aux hommes qui en furent bien heureux ; mais ce pain chargé à plat, entassé tout chaud dans la voiture, quelle mine il avait[1] ! »

Le camp où nos Mobiles s'étaient installés en compagnie des bataillons amenés par le colonel Du Temple, était placé sur une prairie légèrement inclinée, en avant de Courtomer. Quand la nuit fut venue, des feux s'allumèrent de tous côtés, et projetèrent leurs lueurs sur les tentes soigneusement alignées. A ce moment les silhouettes des soldats qui se mouvaient en tous sens, le miroitement des armes en faisceaux, le bourdonnement confus de cette ruche humaine, les sonneries du clairon, produisaient je ne sais quel sentiment indéfi-

---

[1] *Réveil de Dreux*, 7 mai 1890.

nissable. Malheureusement ces grandes scènes de la vie militaire ne parvenaient pas à ranimer l'espérance dans les âmes justement inquiètes.

Les Prussiens, en effet, après les combats de la Madeleine-Bouvet, de Bretoncelles et de la Fourche, avaient continué leur marche envahissante. Le 22 novembre, ils traversaient Nogent-le-Rotrou dans la matinée et entraient le soir à la Ferté-Bernard; le 23 leur avant-garde s'approchait de Connerré; Le Mans n'était plus qu'à une étape.

Grande fut la consternation des habitants de cette ville qui n'avaient alors pour les protéger que quelques milliers de combattants, gardes mobiles ou compagnies de dépôt, conduits par M. de Kératry.

Mais le capitaine de vaisseau Jaurès, nommé récemment général et commandant des troupes qui devaient former le 21e corps d'armée, s'était hâté, après les déroutes de Nogent et de Bellême, de rentrer au Mans et d'appeler à lui les divers bataillons qui se trouvaient épars ou fuyaient devant le grand-duc de Mecklembourg. Il en vint en foule et de toutes armes par les chemins de fer, et, en trois jours, le nouveau général se vit à la tête de trente mille hommes, qu'il établit aussitôt en avant de la ville, dans les meilleures positions de défense.

C'est dans ces circonstances que nos Mobiles reçurent l'ordre de quitter leurs cantonnements et de venir le plus promptement possible prendre part à la lutte qui paraissait imminente.

Le vendredi 25 novembre, ils se mirent en marche et entrèrent à Séez vers deux heures. Là, du moins, ils purent acheter un supplément de vivres pour se réconforter : ce qui leur sembla d'autant plus doux qu'ils en étaient privés depuis plus longtemps. Les halles, le Grand-Séminaire, la gare leur procurèrent un abri jusqu'au matin du 26 où le chemin de fer les transporta au Mans.

L'instant de repos et de bonne chère goûté la veille avait rendu leur belle humeur à nos Mobiles et l'on parle encore des spirituelles réparties qui se firent applaudir plus d'une fois pendant le voyage.

VIII

DU MANS A MARCHENOIR

Le Mans. — Le lieutenant-colonel du 63ᵉ. — Mobiles bien malheureux. — L'os à ronger. — La cathédrale. — Dames charitables. — Le bouquet. — Le 21ᵉ corps et la 1ʳᵉ brigade. — Le commandant de Maleyssie. — Départ du Mans. — Le commandant Lavater. — Un fermier au désespoir. — La variole noire. — Loigny. — Un ordre du jour. — Marchenoir. — « C'était simplement horrible ! »

Bien que le séjour de nos bataillons dans la ville du Mans ait été de courte durée, il est intéressant pour le chroniqueur.

C'est au Mans, le 26 novembre, que M. de la Marlier était nommé officiellement lieutenant-colonel de nos trois premiers bataillons de Mobiles d'Eure-et-Loir, 63ᵉ régiment de marche.

Pendant que nos troupes étaient au camp de Maintenon, le 14 octobre, ce titre avait été provisoirement conféré à M. de la Marlier par le colonel Duval qui commandait la subdivision militaire d'Eure-et-Loir.

Mais il y avait eu mutation le 26 octobre, jour où le gouvernement de la Défense nationale, par dépêche télégraphique, avait nommé M. de la Marlier lieutenant-colonel des Mobiles du Calvados, 15ᵉ régiment de marche. Notre compatriote remplaçait M. le colonel de Beaurepaire qui, monté sur la coupole de la chapelle Saint-Louis, à Dreux, pour observer l'ennemi, était tombé malheureusement en brisant le vitrail, et s'était tué sur le marbre du sanctuaire.

Cependant sur l'ordre du colonel Duval, qui l'appréciait si justement, M. de la Marlier avait continué à commander nos Mobiles d'Eure-et-Loir.

Enfin, le 26 novembre seulement, M. de la Marlier recevait, avec la lettre d'avis parfaitement en règle, un titre ainsi conçu : le lieutenant-colonel du 15ᵉ passe au commandement du 63ᵉ.

Le chef aimé restait avec nos Mobiles.

Toutefois, écrit M. de la Marlier, on laissa trop longtemps le régiment sans direction et sans unité. La discipline s'en ressentit d'abord ; mais il le racheta bien après, car jamais on ne vit le régiment aller à la débandade soit dans les retraites soit dans les marches de nuit, ni quitter la colonne pour aller piller dans les fermes ; et cependant les pauvres Mobiles étaient bien malheureux.

Il nous en donne la preuve dans les lignes suivantes :

« J'espérais au Mans, écrit-il, pouvoir réformer les bataillons qui étaient épuisés par toutes les marches et contremarches, surtout celles de nuit, et toucher au moins des effets ; car ils n'avaient encore qu'une petite vareuse d'été, et les pantalons étaient en lambeaux ; pas un n'avait de sac, et les souliers étaient complétement usés. Il me fut impossible de rien obtenir. »

Le major Marchandon nous redit la même plainte, mais plus explicite, en parlant de notre 4ᵉ bataillon :

» On pouvait espérer qu'il serait tenu compte de nos fatigues et de nos besoins, et que, pendant un repos de quelques jours, il serait distribué des effets d'équipement ; beaucoup d'hommes n'avaient pas encore reçu de chaussures, les pantalons n'existaient plus, les vareuses étaient en guenilles ; toujours en marche, les hommes ne pouvaient entretenir leurs armes que les pluies avaient mises dans un état qui ne permettait pas de s'en servir. Le linge manquait : n'ayant jamais passé dans une ville ou un gros village, ceux des Mobiles qui avaient de l'argent n'avaient pu se procurer le nécessaire. Telles étaient les conditions dans lesquelles le 4ᵉ bataillon arrivait au Mans.

» Mais le temps pressait, on distribua des tentes et des couvertures aux hommes qui n'en avaient pas, et le jour même, le 4ᵉ bataillon allait recommencer une nouvelle série de marches et de combats, non plus isolé comme dans la première période, mais avec un corps d'armée. »

Le capitaine de Possesse achève le tableau en disant : « Il faut habiller nos hommes, ou l'hiver sera mortel pour beaucoup. »

Aussi les Mobiles se plaignaient-ils avec aigreur de ceux qui prétendaient diriger les opérations, tout en négligeant le soin des soldats et la fourniture des objets nécessaires.

Quelques semaines plus tard, mais au sujet de leur arrivée au Mans, un de nos Mobiles écrivait ces lignes reproduites alors par le *Journal de Chartres* : « On s'occupait si peu de nous en haut lieu que l'un des membres du gouvernement, dit-on, parlant à un capitaine qui lui demandait des effets d'équipement, de campement et des armes, laissa échapper cette exclamation : Comment les bataillons d'Eure-et-Loir existent encore ! »

M. de Possesse ajoute :

« Il paraît qu'on nous avait complétement sacrifiés et qu'on nous faisait jouer vis-à-vis de l'ennemi le rôle d'os à ronger, pendant que derrière nous il se formait d'autres armées plus nombreuses. Telle a été notre mission pendant tout le commencement de la campagne. »

Heureusement que les habitants de la ville, bien que surchargés par ces continuels passages de troupes, comprenaient mieux leur devoir !

Sur la place des Jacobins où on avait conduit nos Mobiles, on assigna aux uns pour lieu de campement les promenades et les environs de la ville, on donna aux autres pour logement le Lycée avec sa chapelle et la cathédrale elle-même, où fut envoyé le 1ᵉʳ bataillon.

« A peine fûmes-nous installés dans l'immense nef de cette église dédiée à saint Julien, raconte le sergent Bay, que nous vîmes arriver de nombreuses personnes charitables apportant, celles-ci de la soupe, de la viande ou du vin, celles-là des chaussures et des vêtements. Les Dames se faisaient un honneur de panser ceux d'entre nous dont les pieds étaient blessés par la marche. »

« Dans la soirée, écrit le sergent Vivien, j'eus le temps d'aller faire une visite et le bonheur de rencontrer la famille que je désirais trouver. Le père, un ancien artilleur, avait quelque confiance dans l'armée qui se formait au Mans et s'augmentait chaque jour. Il énumérait avec complaisance les régiments divers, comptait les batteries de canons, et croyait sans doute que ces rassemblements d'hommes mal équipés, sans cohésion, parfois sans commandement, valaient les vieilles troupes d'autrefois. Pour moi qui voyais le désordre et la démoralisation régner dans les camps, tout en évitant de le contredire, je ne partageais point ses espérances, et je me demandais si la France, en punition de ses fautes, n'était pas livrée à ses ennemis.

» Je quittai ces braves gens avec l'espoir de revenir dîner chez eux le lendemain. Mais les circonstances en décidèrent autrement.

» Je partis ensuite me coucher dans la cathédrale où, grâce à la paille dont les dalles du lieu saint étaient jonchées, nous allions goûter un paisible repos. Je demandai silencieusement pardon à Dieu pour mes péchés et pour les irrévérences qui se commettaient dans son Temple; puis je m'endormis en priant mon bon Ange de me réveiller à six heures, car je voulais assister à une messe le lendemain qui était dimanche.

» Éveillé à l'heure dite, je mis promptement un peu d'ordre à ma toilette et me rendis dans le chœur de l'église. Il était séparé de la nef par une clôture en planches, et spécialement réservé aux offices divins. C'est là que j'entendis de mon mieux la messe à laquelle je communiai, pour me préparer à combattre plus vaillamment et à mourir s'il le fallait. »

Le capitaine Maurice de Possesse n'avait pas non plus grande confiance dans ces multitudes rassemblées à la hâte.

« Il y a ici beaucoup de troupes agglomérées, écrit-il, mais ce sont surtout des mobilisés peu formés. Ces vétérans du célibat que nos Moblots ont déjà baptisés du nom de *Vieux Gars*, soldats sans le savoir et encore plus sans le vouloir, ne valent pas les zouaves pontificaux dont nous avons un bataillon et qui sont le bouquet de notre corps. »

Cependant le général Jaurès s'occupait de coordonner les troupes envoyées de toutes parts, et de réunir sous des chefs aussi expérimentés que possible les groupes divers composant le 21° corps d'armée.

Il confia au lieutenant-colonel de la Marlier l'honneur de commander la 1re brigade [1] de la deuxième division, général Collin.

Le commandant de Castillon, du 4e bataillon, fut appelé au commandement de tous les Mobiles d'Eure-et-Loir et remplit ainsi les fonctions de lieutenant-colonel pendant une partie de la campagne. En même temps le capitaine Marchandon était désigné pour commander le 4e bataillon que venaient renforcer trois cents Mobiles de l'Yonne, conduits par le capitaine de Truchis. Enfin le comte de Maleyssie était mis à la tête du 1er bataillon.

M. de Maleyssie, ancien officier de cavalerie, resté en dehors de la lutte dans cette première période de la guerre, avait résolu après la prise de Chartres de mettre son épée au service du pays qui l'avait nommé commandant.

Le 27 novembre, à midi, M. de Maleyssie prenait possession de sa charge dans la cathédrale du Mans, par un ordre du jour que M. Jousse [2], le vieux sergent, était chargé de lire et dont voici le résumé :

---

[1] Le 21° Corps, destiné d'abord à la première armée de la Loire, se trouva par suite des circonstances réuni à la deuxième armée de la Loire.
Voici quelques indications concernant le 21° Corps et la brigade dont nos Mobiles faisaient partie.
Deuxième armée de la Loire, commandant, général Chanzy.
21° corps d'armée, commandant, général Jaurès.
2e division, commandant, général Collin.
1re brigade, commandant, de la Marlier, lieutenant-colonel.
La brigade confiée à M. de la Marlier était ainsi composée :
10e bataillon d'infanterie de marine : Herbillon, commandant.
63e de gardes Mobiles (Eure-et-Loir) : de la Marlier, lieutenant-colonel.
6e bataillon de Mobiles d'Ille-et-Vilaine : Sisson, chef de bataillon.
4e bataillon de Mobiles d'Eure-et-Loir : de Castillon, chef de bataillon.
56e de marche : de la Vieleuse, lieutenant-colonel (auxiliaire).
Une compagnie de marche de Mobiles de l'Yonne : de Truchis, capitaine.

[2] M. Etienne-Henri Jousse, né à Dourdan, ancien juge de Paix à Auneau, était, au mois d'août 1870, conseiller de préfecture à Chartres et chevalier de la Légion d'honneur. Il avait cinquante-six ans quand au moment de la guerre il

« Nommé par Gambetta au commandement du 1er bataillon, j'en prends possession avec joie. Dans une heure, on part ; on va à l'ennemi pour se battre. Le 1er bataillon ne perdra jamais de vue cette pensée ; car je veux que notre drapeau flotte toujours fièrement au plus haut de nos clochers et que tous le saluent. Ceux qui ne se sentent pas assez de courage peuvent se retirer, on ne les inquiètera pas. »

La conduite du nouveau commandant répondit à ces fières paroles ; nous aurons plusieurs fois occasion de le remarquer.

Quant aux Mobiles, que les fatigues avaient épuisés, ils suivirent le conseil qui leur était donné, et soixante-dix furent dirigés sur Parthenay et Brest où ils rejoignirent le dépôt.

Telles étaient, en ce qui concerne nos Mobiles, les principales dispositions prises par le général Jaurès et les chefs qu'il avait choisis.

Cette organisation, trop longtemps différée, et qui eût exigé quelque temps de tranquillité pour souder ces multitudes en un seul corps, ne devait pas servir, à cette époque du moins, à la défense du Mans.

Le mouvement des Prussiens vers l'Ouest n'avait, en effet, plus rien de menaçant pour la ville. Il devenait certain que le Grand-Duc, dans sa marche hardie à travers le Perche, n'avait pas eu pour but de pénétrer dans le Maine, mais seulement de disperser nos colonnes avancées, de faire un immense butin, et de se retirer ensuite vers la Beauce, où il allait rejoindre l'armée du prince Fréderic-Charles. D'ailleurs sa retraite était déjà commencée.

Le général Jaurès eût voulu profiter de la circonstance pour organiser solidement ses troupes, vêtir les hommes, réparer les armes, assurer les vivres et les munitions. Mais Gambetta n'écouta point ses réclamations pourtant si légitimes, et lui enjoignit de se diriger rapidement vers notre armée de la Loire, aux environs d'Orléans, pour appuyer

---

sollicita du ministre de l'Intérieur l'autorisation de prendre du service dans la Garde Mobile d'Eure-et-Loir.

« J'espère être bon à quelque chose, écrivait-il alors, lorsque toutes les bonnes volontés ne sont pas de trop. »

le mouvement sur Paris et les grandes opérations qui allaient s'engager.

Avant de partir, Jaurès envoya cet ordre du jour à ses troupes :

« Soldats, vous avez lu les nobles et patriotiques paroles que le Ministre de la Guerre vous a adressées. Vous aurez à cœur de justifier sa confiance et de répondre à ce que le pays attend de vous.

» Dès aujourd'hui le 21ᵉ corps est constitué et prêt à se jeter au-devant de l'ennemi, avec la ferme volonté de le combattre à outrance pour l'arrêter et pour le repousser.

» Je compte sur votre vigueur et votre discipline, et à bientôt votre premier succès ».

C'est dans la matinée du dimanche 27 novembre que le Commandant du 21ᵉ corps donnait aux siens l'ordre de marcher en avant. De Pontlieue, près du Mans, où il était établi, le camp devait se transporter dès le soir même à Parigné-l'Évêque.

« A ce moment, écrit le sergent Vivien, ayant été chargé de requérir au quartier de cavalerie une voiture à un collier pour notre commandant, je me rendis à la caserne. Tout y était en mouvement ; des batteries d'artillerie de gros calibre, d'autres pièces plus petites et une batterie de mitrailleuses étaient sur le point de partir ; un nombreux convoi placé dans la cour devait les suivre ; mais chevaux, harnais, attelages, conducteurs, tout était improvisé et peu capable de service.

» Quelques heures plus tard, après diverses courses contrariées par l'encombrement extraordinaire et le brouillard qui régnaient ce jour-là, je rejoignis le convoi sur la route. Quelle marche, hélas ! A tous les cinquante pas on faisait une halte de cinq minutes ; à huit heures du soir nous n'avions pas fait deux lieues ! Ennuyé de cette allure énervante, je pris les devants, et guidé par la lueur du camp qui se projetait au loin je parvins en une heure à Parigné. »

L'arrière-garde prussienne qui se trouvait assez près de là, sur les hauteurs à gauche, profita de la nuit pour se retirer. Toutefois elle s'attarda quelques jours encore aux envi-

Marie-Joseph de CASTILLON de SAINT-VICTOR

Commandant du 4ᵉ bataillon d'Eure-et-Loir.

rons de Connerré, et ne partit que le 1er décembre, dans la direction de Montmirail.

Le lendemain 28, le corps d'armée campait dans les immenses landes de Brettes, où le général Collin passa la revue de la division. Sa bonne tournure militaire fit une impression favorable sur les troupes. [1]

Le 29 on s'arrêtait au milieu d'un bois de sapins, à quatre kilomètres du Grand-Lucé.

Depuis le combat d'Imbermais, où le commandant du 2e bataillon d'Eure-et-Loir, M. Bréqueville, était vaillamment tombé dans la lutte, les Mobiles de Châteaudun, raconte dans ses *Lettres* le capitaine Maurice de Possesse, étaient conduits par le marquis d'Argent. Le colonel avait essayé de régulariser cette situation en lui offrant le titre de commandant; mais le noble soldat avait modestement refusé cet

21e CORPS D'ARMÉE

2e DIVISION

1re BRIGADE

[1] Situation du 28 au 29 novembre 1870.

Régiment des Gardes Nationaux Mobiles d'Eure-et-Loir.
Compagnie de dépôt des Gardes Mobiles de l'Yonne.

	Officiers.	Troupes.
1er bataillon.	12	858 + 60 de la Sarthe.
Commandant de Maleyssie.		
2e bataillon	18	839
Commandant Vigouroux.		
3e bataillon.	23	904
Commandant Etasse.		
4e bataillon.	20	742
Commandt: Capitaine Marchandon.		
Compagnie de l'Yonne	3	306
Capitaine de Truchis.		
Totaux.	76	3.649
		60
		3.709

Le 29 novembre 1870,
Grand-Lucé,

Le Commandant provisoire du régiment,
Comte de CASTILLON.

honneur et dès l'arrivée au Mans, la charge avait été confiée à M. Vigouroux, un des capitaines de la ligne qui avait le plus contribué à l'instruction de nos jeunes gens. Le choix était heureux, car cet officier possédait les qualités de tactique, d'expérience et de sang-froid qui manquaient à ses deux prédécesseurs. Le général Jaurès avait déjà signé le brevet et cet acte paraissait devoir être agréé par le ministre.

Aussi fut-on surpris, à cette date, de voir arriver au camp un nouveau personnage avec une nomination antérieure d'un ou deux jours et signée par Gambetta. Le porteur, M. Lavater, ancien capitaine de la garde mobile en 1848, était parent avec le célèbre auteur de *l'Art de connaître les hommes par la physionomie*. Son intelligence, son savoir-faire le mettaient à même de rendre de réels services ; mais la manière dont il avait été solliciter à Tours pour échanger son grade de capitaine au 1er bataillon contre celui de commandant au 2e, le fit accueillir avec un certain étonnement.

Il arrivait cependant avec un chargement considérable de vêtements variés et d'équipements divers qu'il avait su découvrir à Tours. Le désordre était si grand dans les administrations que le plus hardi avait tout ; il suffisait de savoir s'y prendre et d'oser prendre.

Ces fournitures et celles qui venaient du Mans furent accueillies avec joie par nos soldats. Le partage qui s'en fit aussitôt cacha les plus grosses misères, mais ne parvint pas à satisfaire toutes les légitimes exigences.

Pourtant les Mobiles de l'Orne qui se trouvaient dans la deuxième brigade de la même division étaient peut-être encore plus malheureux que les nôtres ; car leur lieutenant-colonel, M. des Moutis, écrit que devant le Grand-Lucé on dut renvoyer au Mans 300 hommes qui n'avaient pour chaussures que des sabots.

Tout insuffisante qu'elle fût, la distribution des vêtements faite en ce jour arrivait fort à propos ; depuis quelque temps la température était rigoureuse et les grands froids allaient commencer.

Le lendemain, en effet, une bise glacée soufflait au visage, et les soldats pour se réchauffer brûlaient les buissons placés sur le bord de la route. A midi on se mettait en marche, on traversait le Grand-Lucé et on ne s'arrêtait qu'à la nuit, près de Sainte-Cerotte, à 5 ou 6 kilomètres de Saint-Calais.

L'air était vif, la lune n'éclairait encore que faiblement ; dans les champs labourés où l'on campait, il fallut aplanir les sillons gelés pour dresser les tentes ; puis on songea à se procurer de la paille et de la nourriture.

A ce moment, raconte le sergent Vivien, Bonnet et moi, nous eûmes sous les yeux un désolant spectacle. Nous nous trouvions à une extrémité du village. D'une petite ferme isolée, entourée de haies vives, sortaient de longues files de soldats chargés de paille. Nous allons frapper à la porte de la maison, espérant acheter ce qui nous était nécessaire ; mais on nous répond par des sanglots, des imprécations et un refus catégorique d'ouvrir. Au milieu des plaintes de ces bonnes gens, nous distinguons enfin le motif de leur conduite. Ils avaient d'abord donné quelques bottes de paille ; mais bientôt les soldats étaient venus en foule, avaient pris de force et sans distinction la paille qui gardait son grain comme la paille battue ; et le fermier, au désespoir, craignant que le pillage ne continuât jusque dans son habitation particulière, s'était barricadé dans l'intérieur et en défendait énergiquement l'entrée.

« N'ayant aucune autorité pour empêcher la continuation de ce désordre, nous nous éloignâmes le cœur serré.

» Fatal résultat, constaté trop souvent durant cette campagne, du manque d'organisation dans l'intendance ! Si on avait fourni à point nommé la paille et le bois, ainsi que le pain au soldat, comme on le devait, on eût empêché par là les faits regrettables dont nous étions les témoins.

« Cette nuit-là, sous notre tente, n'ayant pris pour nourriture qu'un petit verre de cognac et un biscuit de mer, nous nous sommes couchés sans paille sur la terre nue, et cependant telle était notre lassitude que le sommeil fut bon. »

Quelques jours plus tard, le 5 décembre, un ordre distribué aux commandants prescrivait différentes mesures et disait notamment :

« MM. les généraux de brigade tiendront sévèrement la main à ce que les troupes une fois arrivées au camp n'en sortent sous aucun prétexte, afin d'éviter le renouvellement des scènes de désordre que nous avons vues se produire jusqu'ici. A l'avenir des dispositions seront prises pour qu'il soit fait aux hommes et aux officiers, à leur arrivée au camp, des distributions régulières de paille et de bois, si cela est possible.

» En opérant ainsi il n'y aura plus aucun prétexte pour laisser vagabonder les hommes dans les villages, et MM. les chefs de corps resteront responsables du désordre qui pourrait survenir à cette occasion. »

Ces promesses de la part de l'intendance et ces prescriptions diverses pour assurer le bon ordre étaient excellentes. Mais en attendant leur exécution, la misère fut encore plus grande, le 1er et le 2 décembre à Savigné-au-Perche et à Villiers, dans la vallée du Loir, car le froid et la pénurie ne cessaient d'augmenter.

Le sergent Vivien se contenta pour tout dîner, le 2, de pommes échappées à la vendange. Il ajoute même : « Les soldats qui ne recevaient point de vivres depuis plusieurs jours nous quittaient pour aller demander du pain dans les maisons voisines de la route, et jetaient ainsi la confusion dans la colonne : mais était-il possible de retenir sur les rangs ces jeunes gens qui mouraient de faim ? »

Les souffrances et les privations de nos Aumôniers égalaient celles des soldats. Leurs vêtements s'étaient usés ; aussi étaient-ils heureux d'en acheter d'occasion. La nourriture leur faisait souvent défaut, et parfois, comme au Grand-Lucé, par exemple, ils avaient peine à trouver un abri pour la nuit.

Malgré ces intempéries et ce dénûment, ils se montraient chaque jour plus attachés à nos troupes, plus oublieux d'eux-mêmes, plus familiers avec le péril. Leur entrain infatigable relevait et soutenait le courage de ceux qui les approchaient.

« Pendant la halte que nous faisions à Saint-Calais, écrit M. l'abbé Piau, un vicaire de la paroisse vint nous prier de porter les secours de la religion à un prisonnier atteint de la petite vérole noire. Un tel ministère n'entrait pas directement dans nos fonctions d'Aumôniers militaires ; mais on nous regardait comme des gens risqués et bons à toutes les besognes périlleuses.

» Il faut bien dire qu'il courait alors dans nos veines une telle ardeur de dévouement que nous ne comptions plus guère avec le danger. Nous allions nous-mêmes au-devant de ce qui, en d'autres circonstances, nous eût le plus effrayés. »

A ce moment l'on apprit au camp, par les dépêches venues de Tours et datées du 1er décembre au soir, le grand effort tenté hors des murs de la capitale. Dans cette vigoureuse sortie, les assiégés avaient l'espoir de se réunir aux troupes qui, parties des environs d'Orléans, venaient à leur rencontre, pour les aider à repousser l'ennemi.

Au reçu de cette nouvelle, le général d'Aurelle de Paladines, commandant en chef de l'armée de la Loire, lançait aux officiers et soldats placés sous ses ordres cette vibrante proclamation :

« Paris, par un sublime effort de courage et de patriotisme, a rompu les lignes prussiennes. Le général Ducrot, à la tête de son armée, marche vers nous. Marchons vers lui avec l'élan dont l'armée de Paris nous donne l'exemple... »

Le mouvement commencé le 1er décembre débutait heureusement pour les nôtres. L'amiral Jauréguiberry, au sud de notre département, battait les Bavarois à Guillonville, Faverolles et Villepion. On pouvait à cette heure, écrit Chanzy, avoir une confiance fondée dans le résultat qu'on cherchait à atteindre.

Hélas ! le lendemain vendredi 2 décembre, De Sonis, Charette, les zouaves pontificaux, voulant secourir des milliers de braves, tombaient héroïquement, écrasés par le nombre, sur le champ de bataille de Loigny ! Les jours suivants, les débris épars de l'armée de la Loire se retiraient vers des contrées différentes, parce qu'aucune main n'avait alors ni assez de liberté ni assez d'énergie pour les réunir contre l'ennemi commun.

Le 21ᵉ corps, qui s'avançait avec la plus grande rapidité au secours de nos infortunés défenseurs, ne devait pas tarder à les rencontrer dans leur retraite. Le 3 décembre à midi, nos Mobiles passaient à Vendôme, et couchaient le soir à Villetrun, où des vivres leur furent enfin distribués. La marche avait été si rapide que la moitié des hommes étaient restés en arrière.

C'est que le zèle de nos officiers était stimulé par des encouragements venus de Tours, ainsi que nous l'apprend un ordre du jour adressé à sa brigade par M. de la Marlier :

« Soldats,

» Je reçois du ministre de la guerre la dépêche suivante :
» Je suis très satisfait de votre arrivée à Vendôme. — Vous avez bien marché et exécuté avec célérité et ponctualité vos mouvements.

» Je me fais un devoir de porter à votre connaissance ce premier éloge accordé à votre énergie. Bientôt, je l'espère, vous aurez l'occasion de prouver que vous êtes aussi solides au feu que résistants à la fatigue.

» Nous touchons à l'heure solennelle du grand effort qui doit délivrer la France ; que chacun de vous se prépare et jure de marcher à la victoire ! »

Ces paroles trouvèrent un écho dans les cœurs, et semblèrent ranimer les forces.

Aussi le 4 décembre, par un froid excessif, nos Mobiles partaient dès sept heures du matin, faisaient une halte à Oucques vers le milieu du jour, et arrivaient à Marchenoir, à la tombée de la nuit. Les avant-gardes de notre armée battue la surveille à Loigny occupaient déjà ce canton.

Une épaisse couche de paille couvrait la plaine, car dès le début de la campagne de l'Ouest il y avait eu une grande concentration de troupes dans tous ces parages. Tandis que nos Mobiles dressaient avec peine leurs tentes sur ces terres battues par nos soldats et durcies par la gelée, le canon ne cessait de gronder dans la direction d'Orléans. C'était l'heure où les Allemands approchaient de la ville, et les grosses pièces de marine, qui en protégeaient les abords, tonnaient vainement contre les envahisseurs.

Mais dans quel état de misère et de dénûment nos Mobiles arrivaient-ils au terme de cette longue course ? On refuserait de le croire si le témoignage des hommes encore vivants, si des textes positifs écrits à l'époque même n'étaient là pour en fournir la preuve irrécusable.

« Pendant toute la marche en avant vers Marchenoir et les combats qui suivirent, écrit le lieutenant-colonel de la Marlier, les hommes n'avaient plus de pantalons ; du moins la loque qu'ils avaient sur le corps ne pouvait plus porter ce nom. Ils étaient obligés pour couvrir leur nudité de rouler leur couverture autour de leur corps et d'en faire une sorte de jupon. »

Le capitaine Vidière nous dit à son tour : « Les hommes étaient dans un état pitoyable ; les effets touchés à Chartres et qui consistaient en un pantalon, une blouse en molleton, le tout de mauvaise qualité, étaient absolument usés. On avait autorisé les hommes à mettre leurs vêtements civils dans leur étui musette, heureusement. Mais les pantalons étaient en treillis, ou en toile, et par ce froid sibérien, que de souffrances !

» Ceux qui n'avaient pas ce modeste pantalon pour cacher leur nudité, étaient obligés d'attacher leur couverture à la ceinture en forme de jupon. Beaucoup déjà étaient chaussés de sabots.

» C'était simplement horrible !

» Les officiers n'étaient guère mieux partagés ; plus d'un avait à son pantalon plus de trous qu'il n'est nécessaire. Plus d'un aussi, et nous étions du nombre, ont été heureux de pouvoir raccrocher une modeste capote de soldat sur laquelle on avait placé tant bien que mal le signe distinctif du grade.

» Voilà nos Moblots ! Voilà les soldats qui venaient grossir l'armée de la Loire !

» Nous allons voir cependant comment ils se sont conduits à la bataille de Josnes [1].

---

[1] *Réveil de Dreux*, 7 mai 1890.

IX

BATAILLE DE JOSNES
MARCHENOIR, LORGES ET POISLY

SOMMAIRE. — Le plan de Chanzy. — Une belle nuit d'hiver. — Poisly. — Aux Nogentais. — La prière du vieux sergent. — La 1re brigade au matin du 8 décembre. — Les servants improvisés. — On demande des armes. — M. de Maleyssie. — Debout ! à l'ennemi ! — Le capitaine Bay. — En avant. — Les soutiens d'artillerie. — Forces de l'ennemi. — Félicitations bien méritées. — La journée d'un Aumônier. — La ferme de Lorges. — Le 9 décembre. — Les tranchées-abris. — Au milieu des tirailleurs. — Une pipe fumée tranquillement. — Le 10 décembre. — Mort du capitaine Bastide et du sergent Lagrange. — Profonde gratitude de nos Mobiles. — Pourquoi Chanzy ordonne la retraite. — Nos pertes. — Une promotion.

Après la malheureuse journée du 2 décembre à Loigny, le général Chanzy avait reçu l'ordre de se replier sur Orléans ; mais n'ayant pu le faire assez rapidement, il avait été obligé de se retirer sur Beaugency.

Le gouvernement informé aussitôt de ce démembrement de l'armée de la Loire, s'empressa de donner une autonomie à toutes les troupes placées sur la rive droite du fleuve, et dès le 5 décembre au matin, il créait, sous le commandement de Chanzy, la deuxième armée de la Loire. Elle n'était composée en ce moment que des 16e, 17e et 21e corps.

Le nouveau général en chef avait pour mission de barrer à l'ennemi la route de Tours, alors siège du gouvernement en province. Aussi avait-il résolu de s'appuyer sur la forêt de Marchenoir, longue de cinq lieues, et d'occuper fortement la distance de onze kilomètres qui la sépare de la Loire.

Le général Jaurès, avec presque toutes ses brigades, formait l'aile gauche de l'armée, et devait défendre la forêt. Le 5, après l'avoir traversée pour venir à Saint-Laurent-des-Bois, il avait établi ses cantonnements dans la plaine et donné à ses troupes, épuisées de fatigue et de misère, un repos bien mérité.

En prévision de la grande lutte que chacun pressentait, nos trois Aumôniers redoublèrent de zèle pour inspirer aux hommes de nobles énergies et les préparer à paraître devant Dieu.

« Le soir du 5 décembre, aux dernières lueurs du crépuscule, écrit M. l'abbé Piau, nous nous étions approchés du camp, assez près pour être aperçus des Mobiles désireux d'avoir quelque entretien intime avec nous, mais assez loin pour échapper aux regards des indifférents et des impies. Il vint alors un certain nombre de jeunes gens nous faire l'aveu de leurs fautes et en recevoir le pardon.

» C'était par une belle nuit d'hiver ; l'air était pénétrant et les étoiles scintillaient vives dans un ciel pur.

» Je ne puis me rappeler sans émotion ces promenades deux à deux, où le prêtre et le soldat s'entr'ouvrant leur cœur, semblaient vouloir réconcilier en eux la religion et la patrie. »

L'ardeur qui animait ces âmes d'apôtres les rendait insensibles aux rigueurs de la saison.

La soirée du lendemain fut sanctifiée de la même manière, et ces mystérieux colloques ne furent interrompus que par l'ordre donné le 7, à une heure du matin, de quitter Saint-Laurent-des-Bois, pour aller prendre position, au nord de la forêt, près de la ferme de Poisly, en avant de Lorges et de Marchenoir, où se trouvait, sous la garde des Zouaves Pontificaux, le quartier général du 21e corps, tandis que Chanzy s'était fixé à Josnes.

A la première inspection, ces plaines immenses ne semblaient offrir ni point défendable, ni abri ; les champs, coupés par les gros sillons des guérets, étaient gelés et difficiles à franchir.

L'attente jusqu'au jour fut cruelle ; le froid était horrible et le feu, bien entendu, était sévèrement interdit.

« Ce matin-là, poursuit M. l'abbé Piau, nos officiers paraissaient soucieux et inquiets. On s'attendait que l'affaire serait chaude, et plus d'un encore ici songea à régler ses comptes de conscience. Un lieutenant me remit une lettre pour sa famille, dans le cas possible où la mort le frapperait. »

Avec la permission du premier commandant, M. de Maleyssie, M. l'abbé Robé profita de ces dispositions favorables pour réunir les Mobiles. En quelques mots seulement à cause de la température sibérienne, il les exhorta à remplir leur devoir envers la patrie et envers Dieu. Jamais la parole du prêtre n'a plus d'autorité et ne porte plus de fruit que dans ces circonstances solennelles ; car à la veille du danger l'homme comprend sa faiblesse, et son cœur implore instinctivement le secours du Ciel.

Cependant la bataille s'était engagée, à gauche d'abord et à droite ensuite, sur une grande étendue. Dans l'après-midi, on prit les armes pour être prêt à tout événement. Mais les heures s'écoulèrent sans que les Allemands aient attaqué Poisly. On sut bientôt d'ailleurs que partout où l'engagement s'était produit la résistance avait été heureuse.

Malgré le froid, le manque de nourriture et le voisinage de l'ennemi, la verve de nos Mobiles ne restait pas inactive. Les uns s'échappaient en folles gaietés, les autres riaient d'une épigramme ou s'amusaient à la mettre en vers. Témoin cette petite pièce, datée de Poisly, où la critique et le patriotisme s'unissent pour chasser les tristesses du présent. C'est un lieutenant du 4ᵉ bataillon, M. Camille Silvy, dont l'audace est restée légendaire parmi ses compagnons d'armes, qui l'adressait aux Nogentais.

« On nous disait jadis en créant la Mobile
» Que tous les citoyens resteraient dans leur ville ;
» Qu'ils s'y réuniraient au plus une fois l'an,
» Afin de parader en costume élégant,

» Bien vêtus, galonnés et chargés de dorures
» Sur le képi, l'habit et toutes les coutures ;
» Que s'ils quittaient jamais leurs natales cités
» Derrière des remparts ils seraient abrités ;
» Qu'ils n'apprendraient enfin qu'à faire la manœuvre.

» Mobiles Nogentais, on vous a vus à l'œuvre :
» Vos forts sont des sillons par la glace durcis :
» Vos habits des haillons par l'usage noircis ;
» Vos armes seules ont une belle apparence ;
» Soignez-les bien, car c'est là l'espoir de la France.
» Courage ! redoublez d'héroïques efforts :
» C'est le cœur, non l'habit, qui rend les soldats forts. »

« Le soir, écrit M. l'abbé Piau, tandis que les soldats dressaient leur tentes, je m'étais blotti dans une grange, sur un tas de paille pour y passer la nuit. Horrible nuit ! nuit longue comme un siècle ! J'étais littéralement gelé. Jamais je n'appelai plus impatiemment le jour qui ne me parut jamais plus lent à venir. Mes Confrères avaient été mieux avisés et s'étaient procuré un lit au presbytère de Lorges.

» Le matin, continue M. l'abbé Piau, nouvelle attente, fiévreuse comme la veille. Serait-il aujourd'hui livré bataille ?
» Il était près de huit heures et le plus profond silence régnait encore sur toute la ligne. Nos *Moblots*, assis paisiblement devant les feux de bivouac, faisaient bouillir le café. Je crus que je pouvais aller dire la sainte Messe. Nous étions au 8 décembre, fête de l'Immaculée-Conception. Comment en un tel jour se résigner à n'immoler point la divine Victime pour la France et pour l'armée ?
» Je m'acheminai donc vers l'église de Lorges, et je venais de monter à l'autel lorsque j'entendis les premières détonations du canon, qui m'annoncèrent que la bataille était commencée. Ma Messe s'acheva au milieu de cette sauvage harmonie. Oh ! avec quelle ardeur de foi je priai Dieu et Marie pour le succès de cette lutte, où se jouaient en ce moment, et si près de moi, les destinées de la patrie.

» J'avais hâte de rejoindre mon bataillon déjà décimé peut-être. Il n'avait presque point souffert; un seul de mes Mobiles était blessé à la main d'un éclat d'obus.

» Tout à côté, au contraire, un bataillon de Mobiles d'Ille-et-Vilaine comptait un grand nombre de victimes. Mais il avait son Aumônier breton, lequel déploya dans cette circonstance un courage et un sang-froid admirables. »

Cet Aumônier breton était un ancien zouave pontifical qui savait joindre l'action à la parole pour exhorter ses compatriotes à ne jamais reculer. Ainsi quand un homme faisait mine de fuir, il courait après lui, le ramenait en avant et lui traduisait en langage militaire cette paternelle admonestation : « Mon ami, je ne t'ai donné l'absolution ce matin que pour t'apprendre à mieux combattre. »

Mais avant de décrire la bataille, indiquons les dispositions qui avaient été prises par nos officiers.

Le général Jaurès avait réuni la veille tous les chefs de corps au château de Marchenoir, où il habitait. M. de Maleyssie, muni de ses instructions, en était parti à pied dès 2 heures du matin et était venu au bivouac afin d'y donner ses ordres.

Pendant que tout se préparait, le commandant causait longuement avec le vieux sergent Jousse, et la conversation était sérieuse, car les heures qui précèdent une bataille émotionnent les plus braves. « Commandant, connaissez-vous ma prière ? avait dit le sergent ; elle est courte et la voici : Mon Dieu, faites-moi la grâce de ne pas avoir peur. »

Dès 6 heures, toute la brigade est sous les armes, et le lieutenant-colonel de la Marlier la dispose ainsi : A droite, deux fortes compagnies du 11e de ligne occupent la ferme de la Sangloterie et sont soutenues par le 1er bataillon de notre régiment, le 63e de marche ; une batterie de 4 est placée en arrière sur un mamelon. A gauche, se trouvent les 2e et 3e bataillons d'Eure-et-Loir, abrités par un pli de terrain, des épaulements et une double ligne de tirailleurs ; une batterie de 12 cachée derrière un épaulement et protégée par notre 4e bataillon, embusqué en partie dans les maisons du village de Poisly.

La réserve se composait du 6e bataillon d'Ille-et-Vilaine,

du 10ᵉ bataillon d'infanterie et d'un bataillon des Mobilisés de la Sarthe.

Vers 8 heures, lorsque l'épais brouillard du matin commença à se dissiper, un premier coup de canon tiré par nous de la ferme de Poisly sur une batterie prussienne adossée au village de Villermain, à moins de deux kilomètres, fut le signal d'un engagement général et acharné.

Comme nos artilleurs perdaient beaucoup de monde, le lieutenant Silvy, du 4ᵉ bataillon, qui se trouvait avec ses Mobiles sous l'épaulement de la batterie, appelle à lui deux escouades de la 7ᵉ compagnie, et fait remplacer les servants blessés ou fatigués. Il s'y montre, ainsi que le sergent-major Couronnet, d'un admirable sang-froid; tous leurs hommes les imitent. Aussi à la fin du jour le chef d'escadron de Vauguyon fit un rapport élogieux de la conduite de ces servants improvisés.

Mais un escadron de dragons en reconnaissance étant tombé dans une troupe prussienne dissimulée par un retour du brouillard, et s'étant retiré au galop, fut sur le point de causer un véritable désastre.

A cette occasion, en effet, l'infanterie allemande, soutenue par deux nouvelles batteries, prit en travers notre batterie de 12 et la réserve de la brigade, les força à se reporter en arrière vers la forêt, et fit rétrograder à leur suite nos 2ᵉ, 3ᵉ et 4ᵉ bataillons d'Eure-et-Loir.

« C'est dans cette journée surtout, lisons-nous dans les notes de M. de la Marlier, que l'on vit combien les fusils à tabatière étaient mauvais. Les tire-cartouches ne fonctionnaient plus et les hommes étaient obligés d'aller chercher le culot avec leur couteau; en agissant de la sorte, nos défenseurs perdaient un temps précieux et n'avaient plus confiance dans leurs armes. »

Le lieutenant-colonel des Mobiles de l'Orne, M. des Moutis, qui commandait la 2ᵉ brigade, à côté et à droite des nôtres, fait la même réflexion; il constate que les cartouches étaient trop fortes pour les fusils à tabatière et empêchaient le tonnerre de revenir à sa place [1].

---

[1] *Le 49ᵉ Régiment des Mobiles de l'Orne*, 1ʳᵉ édition, p. 103.

N'oublions pas, en outre, que plus de la moitié des balles étant remplies de carton et par là même trop légères, ne pouvaient atteindre le but visé et faire de mal à l'ennemi.

Aussi, le soir même, dans son compte-rendu de la journée adressé au commandant de la brigade, M. de Maleyssie écrivait :

« Je profite de cette occasion, mon colonel, pour vous demander avec instance de faire armer immédiatement mon bataillon ; car une partie des hommes n'ont pu répondre aux tirailleurs ennemis qui les couvraient de leur feu. »

Dans ces conditions d'infériorité on eût pu croire un instant la position perdue. Il n'en fut rien heureusement, car ni les soldats de la ligne, ni le commandant de Maleyssie avec quatre de ses compagnies n'avaient abandonné les fermes de la Sangloterie et de Nicorbon.

Pendant que le vide se faisait autour de lui, M. de Maleyssie avait hésité un moment. Mais après réflexion, voyant ses 7e et 8e compagnies déployées en tirailleurs ne pas broncher, grâce à l'intrépidité des officiers Baye, Villars et de Saint-Laumer et du sergent Levassort, le commandant s'était tourné vers deux de ses compagnies, la 1re et la 2e, à portée de sa voix et leur avait dit : Debout ! à l'ennemi !

La fusillade est intense, les hommes sont incertains. Jousse leur crie : « Les lâches ! vous allez nous déshonorer ! A notre commandant ! Celui qui se sauve, je le tue ! » Les officiers Carré et Piébourg, les sergents Fessard, Toubeau et Vivien ne montrent pas moins d'énergie militaire ; le sous-lieutenant Philippe les imite auprès d'une section de la 3e compagnie ; et les Mobiles s'élancent résolument vers leur commandant, qui les place en avant et en arrière de la Sangloterie, en équerre avec les tirailleurs dont le feu ne cesse pas.

En vain un régiment prussien veut se glisser en arrière des tirailleurs et les cerner. On le laisse s'avancer d'abord ; mais à quatre cents mètres on le foudroie et on le force à se retirer.

M. de Maleyssie demande-t-il un homme de bonne volonté pour aller, à travers la mitraille, porter un ordre aux premiers tirailleurs? Un sergent-fourrier, Georges Fessard, se présente.

Quelqu'un est-il blessé parmi ces généreux combattants? Il est aussitôt secouru. Le sergent-major Jousse, son fils et deux hommes vont bravement, malgré la fusillade, enlever de la ferme de Nicorbon le capitaine Baye qui était blessé; le sergent Vivien s'avance au milieu des balles et, aidé d'un soldat, Marion, transporte un malheureux blessé dans une grange voisine, l'étend sur une épaisse couche de paille et le couvre de son mieux ; le sergent Toubeau, élève en pharmacie, prodigue ses soins aux blessés, sous le feu de l'ennemi, avec le plus grand dévouement.

Le 1er bataillon n'avait-il pas bien mérité le grand honneur qui lui fut accordé d'être cité à l'ordre du jour de l'armée?

Bientôt toute la brigade reformée en arrière par le général Collin et le lieutenant-colonel de la Marlier revient, sous un feu des plus nourris, reprendre ses positions et replacer ses batteries. « Quelle joie, quel élan parmi ces braves Moblots! écrit le capitaine Vidière en parlant de cette charge. Comme ils avaient vite oublié leurs souffrances! Ils s'élançaient en avant comme s'ils avaient eu des souliers dans les pieds! Les artilleurs ne faisaient plus qu'atteler, marcher en avant, décharger leurs pièces et atteler de nouveau [1]. »

« Le 8 décembre, raconte M. Maurice de Possesse, nous avons passé une grande partie de la journée couchés à plat ventre entre deux batteries que nous avions mission de défendre.

» Les obus tombaient continuellement et en abondance. La compagnie de mon frère, la mienne et la première avaient l'air de les attirer tout particulièrement; plusieurs hommes ont été atteints.

» Je ne sais pas si je me trompe, mais il me semble que des soutiens d'artillerie n'ont pas besoin d'être si près des pièces qu'ils défendent. Les placer à quatre cents mètres de la batterie me paraîtrait plus habile, car tout en étant assez près pour remplir leur mission en cas d'attaque de l'infanterie

---

[1] *Réveil de Dreux*, 7 mai 1890.

ennemie, ils ne seraient pas aussi exposés à recevoir les projectiles qui, malgré l'habileté des pointeurs prussiens, ne tombent pas tous sur les artilleurs, mais sur de pauvres diables qui les reçoivent sans pouvoir riposter par un feu de mousqueterie qui ne pourrait porter.

» Vers trois heures, un mouvement de retraite de notre part, mal exécuté, fait croire aux Prussiens que nous abandonnons la partie. Aux obus succèdent les boîtes à mitraille, et l'infanterie prussienne s'élance.

» Mais ce mouvement lui a coûté cher, car une vigoureuse offensive est de suite prise par nous, et la ligne ennemie recule de plus de deux kilomètres en laissant pas mal des siens par terre. »

C'est à ce moment que notre 1er bataillon se porta sur la droite vers une ferme assez considérable, La Tour-Villeneuve, située sur une éminence, pour soutenir les quelques troupes massées en cet endroit. Les obus y pleuvaient de tous côtés, couvrant les hommes de leurs éclats, blessant les uns, broyant les armes des autres, semant dans les rangs la mort et l'effroi.

Il changea cependant de position sur le soir et vint s'abriter derrière un pli de terrain, près d'une de nos batteries de 12, qui, pour clore la journée, finit par imposer silence aux batteries ennemies.

Nous avions lutté pendant cette journée contre des forces considérables commandées par le prince Charles en personne et appuyées par une artillerie formidable. Il y avait là quatre corps de l'armée allemande, sans compter les Bavarois du général de Thann : c'étaient le 3e corps formé des contingents du Brandebourg, le 9e corps tiré du Schleswig-Holstein, le 10e corps comprenant le Hanovre, l'Oldembourg, le Brunswick et la Westphalie, enfin le 13e corps appartenant au grand-duc de Mecklembourg.

De l'aveu des prisonniers allemands, toutes les troupes du prince Charles avaient donné et avaient beaucoup souffert.

Nous étions vainqueurs, mais à quel prix ? Car, pour ne parler que de notre Mobile d'Eure-et-Loir, si nos trois derniers bataillons avaient relativement peu de morts et de blessés, il n'en était pas de même du 1er qui comptait à lui seul 75 hommes hors de combat [1].

Cette nuit-là nos Mobiles bivouaquèrent sans tentes, sur leurs positions du matin ; il faisait un froid de dix degrés.

Heureusement que pour mieux faire endurer ces misères et ces pertes, des félicitations venues de haut et apportées par un de nos Aumôniers circulaient à cette heure au milieu de nos bataillons.

« Le 8 décembre, racontait naguère à Jouy dans une cérémonie patriotique M. l'abbé Robé, nos jeunes Mobiles, brusquement lancés en avant par le colonel, avaient arrêté soudain et forcé à reculer toute une armée prussienne qui voulait couper l'aile gauche à laquelle nous appartenions, et y répandre le désordre.

» Le soir, quand avec la fin du jour le calme fut revenu, tandis qu'ils s'occupaient de leurs soldats brisés de fatigue, je courus au petit village de Lorges chercher, pour les officiers eux-mêmes, quelques vivres dont ils avaient si grand besoin, et j'accompagnai la voiture qui les transportait.

» Chemin faisant, je croise le vieux général Collin et M. de la Marlier qui revenaient du champ de bataille.

» Où allez-vous, M. l'abbé, me demande le général Collin ?

» Mon général, je vais là-bas, à cette petite maisonnette à moitié démolie que vous apercevez d'ici. C'est là que vont se réunir les officiers des Mobiles d'Eure-et-Loir. Ils meurent de faim, et je leur porte des vivres.

» C'est bien, dit-il ; allez. Et il ajouta : « Dites-leur de ma part que j'ai été content et fier d'eux aujourd'hui. »

---

[1] Le capitaine Vidière nous fournit, à la date du 8 décembre, les détails suivants sur le 3e bataillon.

« Voici les noms de nos blessés ce jour-là :
1re compagnie, Gougis Emile. — 2e compagnie, Thierréc François. — 3e compagnie, caporal Mouveau, blessé grièvement, Junbluck, Leveau, Hilaire, Desséaux, Landrin, Normand. — 6e compagnie, Gillard, Dalloyeau.

» Avant de quiter le champ de bataille pour rentrer au bivouac, cinq hommes tués étaient restés là sans que personne ne s'en occupât. Avec des hommes de la 3e compagnie, nous nous fîmes un devoir de les inhumer dans un jardin d'une ferme près de l'endroit où nous étions campés. L'un de ces malheureux avait encore un quartier d'obus encastré dans le crâne. » — *Réveil de Dreux*, 7 mai 1890.

» Avec quel empressement je m'acquittai de ma mission, avec quel enthousiasme furent accueillies ces réconfortantes paroles, je n'essaierai pas de vous le dépeindre. »

Et l'orateur s'adressant à M. de Maleyssie au milieu de l'auditoire : « Vous étiez là, mon commandant, c'est à vous que revenait la première part de ces éloges, si bien mérités d'ailleurs par tous, officiers et soldats ! »

Le rapport de M. l'abbé Piau nous donne sur cette même journée de nombreux détails qui ne manqueront pas d'intéresser nos lecteurs :

« A un moment le combat semblait s'être déplacé, ou plutôt il n'avait fait que s'étendre plus loin et sur toute la ligne, jusqu'à la Loire. Pour un temps du moins, les batteries ennemies avaient cessé leurs feux sur Poisly.

» Je pensai que mon ministère s'exercerait plus utilement ailleurs, et je m'avançai en me rapprochant davantage du centre de la bataille.

» Je passai alors devant un régiment de dragons qui servait d'escorte au général Jaurès, commandant du 21ᵉ corps. Un de ces cavaliers m'apercevant me cria avec enthousiasme : « Aujourd'hui, M. l'abbé, la Sainte Vierge ne voudra pas que nous soyons vaincus. »

» Elle ne voulut pas, en effet ; ce jour-là l'ennemi parut reculer et nos troupes regagnèrent du terrain.

» Quoiqu'il en soit, je ne demandai pas mieux à cette heure que de m'associer à la confiance chrétienne et patriotique de ce brave. Aussi plein d'espoir je continuai ma course à travers le champ de bataille, où les bombes éclataient partout autour de moi.

» On ne peut imaginer rien de plus terrible que ces détonations incessantes retentissant sur tous les points à la fois. Quelle tempête de fer et de feu ! Quelle quantité de projectiles lancés par deux armées si distantes l'une de l'autre qu'à peine elles s'aperçoivent dans le lointain !

» Comme j'avançais toujours, je rencontrai les Mobilisés de la Sarthe. Pauvres gens ! Ils allaient au feu pour la première fois ; comme ils semblaient étourdis par ce vacarme de bombes et d'obus ! ma présence leur donna du cœur, et ils m'accueillirent avec une sympathie marquée. Mais après leur avoir dit un mot du bon Dieu, je dus les quitter.

» Tout près de là un de nos bataillons d'Eure-et-Loir était littéralement assailli par une grêle d'obus. Le commandant de Maleyssie venait d'ordonner à ses hommes de se replier sous les murs d'une petite ferme qui, pendant quelques minutes, leur servit de rempart et d'abri.

» Hélas! les victimes n'étaient déjà que trop nombreuses. Elles furent transportées à Lorges, où les soldats qui n'étaient que blessés reçurent de mes Confrères les soins les plus dévoués. Quelques-uns cependant furent conduits à une ferme isolée, plus voisine du champ de bataille, la ferme du Moulin de Lorges, où je les suivis.

» Les jours de décembre sont courts; la nuit venait à grands pas. J'entrai dans cette ferme abandonnée de ses habitants, mais remplie de blessés. Quel spectacle déchirant s'offrit à mes yeux! Plusieurs centaines de malheureux étaient là entassés pêle-mêle sur la paille, dans les granges, tous en proie à d'indicibles souffrances, torturés par le froid, dévorés par la fièvre, poussant des plaintes douloureuses que le silence et l'obscurité, dans ce lieu solitaire, rendaient encore plus horribles.

» Deux chirurgiens et un petit nombre d'infirmiers constituaient tout le personnel de cette vaste ambulance. Hélas! pas une Sœur de charité! Pas de prêtre non plus pour consoler, bénir, absoudre tant d'infortunés qui souffrent, qui vont mourir!

» Manifestement la tendre Providence de Dieu m'envoyait à leur secours. Je ne voulus pas être infidèle à mon mandat; j'allai de blessé en blessé porter, avec l'assistance corporelle, les saints pardons que la main du prêtre peut répandre.

» Comment dire la compassion que m'inspiraient ces jeunes gens? L'un me réclamait un peu d'eau pour étancher sa soif, tandis qu'à côté son camarade me suppliait de ne le point quitter. Un Mobile du Lot appelait à grands cris sa mère. Pauvre enfant! Pauvre mère!

» Ce ministère dura bien avant dans la nuit, mais à la fin mes forces me trahirent: c'était trop de fatigues et d'émotions pour une seule journée. Je dus enfin songer à prendre un peu de repos pour ne pas succomber entièrement à la lassitude.

» Du reste tous ces blessés furent pendant la nuit transportés à Mer et à Vendôme, où les meilleurs soins les attendaient.

» Cependant mes Confrères, dont la Providence avait voulu ce jour-là que je fusse séparé pour le salut de plusieurs, s'étaient prodigués de leur côté. A Lorges aussi les blessés regorgeaient. M. l'abbé Robé et M. l'abbé Hervé se dévouèrent donc avec un zèle admirable à leur procurer l'assistance corporelle et spirituelle dont ils avaient besoin. »

Un clair de lune splendide avait succédé à la lumière du soleil; une vaste rumeur, vague et monotone, s'élevait dans les airs; les feux de bivouac scintillaient çà et là sur la plaine glacée.

« Le lendemain, 9 décembre, lisons-nous dans les *Lettres* de M. Maurice de Possesse, la bataille recommença avec le jour. Un mouvement de notre pauvre cavalerie, bien fatiguée et peu nombreuse, s'accentue sur la gauche où nous gagnons du terrain. Mais des pièces à longue portée ne cessent de nous couvrir de feu.

» Un obus tombe à deux mètres de moi, et, sans éclater, blesse d'abord mon sergent-major et ouvre la tête à un de mes hommes. Sa cervelle nous inonde tous. Si le projectile eût éclaté, je perdais certainement dix des miens, dont mon lieutenant Ricois.

» M. Lavater dit qu'il croit à la Providence depuis qu'un de nos hommes a eu la jambe coupée par un morceau d'obus qui lui était réservé, pense-t-il.

» Cette journée d'inaction sous les coups de l'ennemi a été terrible. Le feu n'a cessé qu'à la chute du jour, et nous passâmes encore cette nuit à bivouaquer dans le même endroit. Il gelait très fort; mais pour ajouter aux charmes de la température, il tombait de la neige. »

« Dans la matinée de ce jour, raconte un Mobile de Thiron-Gardais, pour nous abriter un peu contre le tir des Prussiens, on nous fit creuser des tranchées dont la terre rejetée en avant formait une éminence protectrice.

» A un moment la mitraille pleuvait drue comme grêle sur le 4ᵉ bataillon, et tous alors de se blottir tremblants derrière le rempart improvisé. Deux hommes seuls, le lieutenant Silvy, de la Croix-du-Perche, et l'Aumônier, M. l'abbé Piau, restent debout.

» D'un air tranquille, ils montent ensemble sur le talus du fossé, parcourent lentement le terrain, et disent en passant devant nous : « Eh bien, mes enfants, n'ayons pas peur. Allons du courage ! Vous voyez bien que les balles ne sont pas si terribles. »

» De telles actions soutenaient le moral des troupes ; nous en avions grand besoin. »

Tandis que certaines compagnies, ainsi que nous venons de le dire, restaient abritées dans les tranchées à proximité de nos canons pour les défendre contre une attaque, d'autres s'avançaient au loin en tirailleurs. Chaque homme, pour se dissimuler, profitait des sinuosités du sol ou rampait lentement sur la terre, dans le creux des sillons.

Lorsque l'infanterie ennemie essayait de marcher en avant, elle se heurtait aussitôt à ces milliers de défenseurs invisibles disséminés sur la plaine. Les balles partaient de tous côtés ; parfois même elles allaient tuer les canonniers prussiens sur leurs pièces.

Au milieu de ces tirailleurs, un homme glisse prudemment de l'un à l'autre pour encourager et remplir son divin ministère : c'est l'Aumônier.

« La neige couvre la terre, écrit M. l'abbé Hervé, et nos Mobiles à peine vêtus s'étendent sur ce blanc linceul, c'est là, qu'étendu comme eux, j'en réconcilie plusieurs avec le bon Dieu ; d'autres plus prudents s'étaient préparés la veille.

» Mais voyez-vous à travers ces vastes plaines, là-bas dans le lointain, semblables à de frêles esquifs sur l'immensité de l'Océan, les groupes d'hommes qui se dirigent vers les habitations voisines ? Ce sont les blessés que leurs camarades transportent aux ambulances ? Et en quelles ambulances, mon Dieu ! »

Dans le récit de la journée d'hier, nous avons vu quel était l'entassement des victimes dans ces demeures champêtres. Mais pour dire toute la vérité et dépeindre l'horreur de la situation, il faut ajouter que dans ce long combat de Josnes, l'ennemi mettait parfois le feu, avec des bombes incendiaires, à ces toits où s'était réfugiée la souffrance, et que sans le dévouement des Aumôniers, bien des amputés ou des moribonds auraient été consumés dans les flammes.

Les ténèbres, qui finissaient par imposer une trêve aux belligérants, n'arrêtaient point le zèle de nos prêtres.

« A la nuit, raconte M. l'abbé Hervé, l'Aumônier inquiet va voir sur le champ de bataille s'il n'entendrait pas quelques cris. Partout, c'est le silence de la mort.

» Mais à côté, dans une maison abandonnée, sont étendus de pauvres blessés, privés de tout secours. Aussi ils se désespèrent et invoquent le trépas.

» Soudain apparaît l'Aumônier, on le salue comme un libérateur. A force de démarches et de prières, il obtient l'assistance nécessaire, fait transporter ces malheureux, et leur rend sinon la vie au moins l'espérance. »

Cependant, après deux jours de combat incessant, les chances restaient indécises entre les deux armées ; aucune ne voulait reculer. Notre 21ᵉ corps surtout, resté jusque-là maître du terrain, accueillit avec joie l'ordre de continuer la lutte.

« Le 10 décembre, raconte le capitaine de Possesse, ma compagnie était envoyée en tirailleurs à un kilomètre en avant de nos batteries. De sorte que toute la journée j'ai eu au-dessus de ma tête un va-et-vient d'obus français et prussiens, à croire que le ciel s'écroulait.

» On s'y fait; au bout de deux heures que j'étais là, je fumais tranquillement ma pipe, attendant le moment d'ouvrir le feu moi-même.

» Une brigade prussienne n'était guère qu'à mille mètres de moi, n'osant avancer de notre côté, se réservant sans doute pour une attaque à gauche. Je les voyais très distinctement avec ma lorgnette, mais je ne pouvais rien leur envoyer, mes fusils ne portant qu'à six cents mètres.

» Vers la fin de la journée, la ligne de tirailleurs établie sur tout le front de nos batteries ouvrit le feu. Les Prussiens ne répondirent pas partout. Ce jour là j'eus six hommes blessés.

» La nuit arriva et le silence ne fut plus troublé que par l'horrible déchirement des mitrailleuses qui, pendant trois quarts d'heure, donnèrent sur notre droite à Cravant. »

Mais si les compagnies d'avant-garde furent relativement peu maltraitées dans cette journée, il n'en fut pas de même de celles qui avaient pour consigne de veiller à la sûreté de nos batteries. Ecoutons à ce sujet le sergent Vivien.

« Le 10 au matin, la bataille recommença violente, acharnée. Sur une grande étendue à droite et à gauche de nous, le crépitement de la fusillade se mêlait aux coups incessants du canon.

» Il faisait un froid atroce ; aussi parvenait-on difficilement à retenir les hommes couchés dans la tranchée, où le vent avait amassé de la neige. Plusieurs s'étant levés pour battre la semelle, servent de point de mire aux tireurs prussiens.

» Alors deux ou trois obus arrivent subitement au milieu de la tranchée, culbutent tout et sèment la mort dans nos rangs. A deux pas de moi, le capitaine Bastide a la poitrine défoncée ; sa montre lui entre dans le cœur. Une trentaine d'hommes sont tués ou blessés.

» Au moment où M. de Maleyssie passait devant ses Mobiles pour les encourager, le commandant d'artillerie Vauguyon lui intime l'ordre formel de quitter une position si meurtrière, et de marcher en avant, entre les batteries françaises et prussiennes, où le bataillon sera aussi utile, mais beaucoup moins exposé.

» En me relevant pour exécuter la manœuvre indiquée, mes regards s'arrêtent sur une masse informe et ensanglantée ; je reconnais Lagrange et Gauthier. Jeter mon sac à terre, escalader le talus, courir chercher un brancard à la ferme voisine fut l'affaire de quelques instants. Un soldat que j'appelle, Klein, soulève Lagrange par les épaules tandis que je le prends par les pieds. Horreur! je sens les jambes se déchirer dans mes mains! Pour lui, on dirait qu'il ne souffre pas. Gauthier, un bras presque séparé du tronc et le sein gauche percé, se tord en poussant des cris lamentables.

» Malgré les obus qui tombent de toutes parts et qui éclatent autour de nous, nous transportons Lagrange à la maison voisine, et retournons vers notre malheureux Gauthier. En retirant de sa poche les cartouches qui le gênaient, je m'aperçois que le feu est à ses vêtements et lui dévore les entrailles. Nous éteignons cet horrible incendie et emportons la victime à côté du sergent Lagrange.

» Dans cette même pièce où nos deux compagnons gisent auprès du capitaine Bastide et d'un autre officier, où le sang coule à flots sur le pavé, est venu se réfugier, au coin du feu, un soldat qui n'était point blessé. A cette époque, comme plus tard à Chartres, on le voyait criard et tapageur en l'absence du danger, mais prompt à s'esquiver au moindre risque.

» Obligé de m'éloigner aussitôt pour rejoindre les miens qui étaient partis en avant, j'ai dû abandonner Lagrange, mon infortuné camarade, et j'ai cru longtemps qu'il était mort sans avoir recouvré connaissance. Mais j'ai su depuis qu'il avait assez repris ses sens pour bien voir son état désespéré, et que, touché de la grâce, il dit à un ami : « Aide-moi donc à faire un acte de contrition [1]. »

C'est ainsi que, dans ces morts soudaines ou rapides, la parole de l'Aumônier revenait au dernier instant comme un espoir suprême et portait ses fruits de salut.

Douce et précieuse récompense pour l'homme de Dieu qui, à travers les camps, au prix de tant de fatigues et de périls, ne cherchait qu'une chose : l'âme du soldat.

---

[1] Le corps du sergent Lagrange, rapporté quelques mois plus tard au milieu des siens, fut inhumé à Saint-Prest le jeudi 24 mars 1871. L'église était remplie d'une nombreuse assistance, parmi laquelle on remarquait ses anciens maîtres au collège et dans le notariat, le capitaine de sa compagnie, M. Ponton d'Amécourt, et plusieurs Mobiles des environs. C'était l'hommage pieux rendu à celui qui avait été pendant la campagne un modèle de sang-froid et de bravoure. — Consulter le *Journal de Chartres*, 26 mars 1871.

« A Lorges, racontait jadis M. l'abbé Robé, pendant les trois jours que la lutte se prolongea, nous restions constamment au milieu de nos Mobiles, quelquefois aux ambulances, le plus souvent sur le champ de bataille. Partout le prêtre était accueilli avec joie ; sa présence inspirait du courage aux combattants ; sa vue redonnait l'espérance aux moribonds. Tous ceux qu'il avait le temps d'aborder, malades ou blessés, recevaient les derniers sacrements.

» Que de scènes touchantes nous avons vues au chevet de ces jeunes hommes de vingt ans, et que nous pourrions redire ! Interrogez M. Hervé, par exemple, et il vous parlera avec attendrissement de ce bon Mobile de Fontenay-sur-Eure [1], qui mourut dans les sentiments de la plus douce résignation et de la foi la plus vive.

» Nous ne rentrions le soir que vers dix ou onze heures, accablés de lassitude et brisés d'émotions. Mais avant de songer à prendre quelque repos, il nous fallait confesser nombre d'officiers et de soldats qui nous attendaient chez nous.

» Le lendemain, avant l'aube, nous célébrions la messe pour les défunts de la veille ; nous allions bénir la fosse où pendant la nuit les lourdes voitures qui parcouraient la plaine pour recueillir les morts, avaient entassé les corps des victimes ; nous visitions rapidement les ambulances, puis,

[1] M. l'abbé Robé nous a raconté les services rendus aux malades et aux blessés par un étudiant en médecine, Noël-Eugène Ballay, originaire également de Fontenay-sur-Eure.
Sergent-major à la 5e compagnie de notre 1er bataillon, il se distingua pendant toute la campagne par son amour du devoir et les soins prodigués à ses compagnons d'armes. C'est dans ses bras que mourut le sergent Lagrange. Il fit à la bataille de Josnes l'apprentissage de ce dévouement dont il nous a depuis donné tant de preuves.
On sait que la Guinée française lui doit, avec la fondation de son importante capitale Konakry, sa prospérité actuelle qui en fait une de nos plus belles colonies.
Aujourd'hui M. le docteur Ballay est gouverneur de l'Afrique occidentale. La crainte de la fièvre jaune, qui en éloignait d'autres, ne l'a pas arrêté lorsqu'il s'est agi de se rendre au poste accepté par son patriotisme.
Aussi, à l'occasion d'un mariage, M. le Curé de Saint-Aignan de Chartres lui adressait récemment cet éloge bien mérité : « Depuis que le devoir public, parlant plus haut que les plus graves devoirs de famille, l'a reporté résolument sur les côtes naguère pestiférées de l'Afrique, M. le Gouverneur général de l'Afrique occidentale nous a fait mesurer la distance qui sépare la célébrité de la gloire. » — *Journal de Chartres*, 11 juillet 1901.

aux premières détonations du canon, nous reprenions le chemin du danger. »

Aussi nous ne sommes pas étonnés de lire, sous la signature du capitaine Vidière, du 3ᵉ bataillon, ces lignes écrites au soir du 10 décembre : « Notre impartialité nous fait un devoir de signaler les services que notre Aumônier a rendus à nos blessés, en dirigeant personnellement et avec un grand courage le service d'ambulance. Nous en avons tous conservé le meilleur souvenir ; qu'il reçoive ici l'assurance de nos sentiments personnels de profonde gratitude [1]. »

Cependant nos Mobiles du bataillon de Chartres, après avoir abandonné leur tranchée, ainsi que nous l'avons vu, s'étaient avancés à sept ou huit cents mètres des Prussiens.

Les compagnies, un instant à la débandade, s'étaient réorganisées grâce à l'énergie de leurs sergents.

En ce moment les batteries allemandes tiraient sur d'autres troupes et mettaient le feu à Villermain et aux fermes occupées par la 1ʳᵉ division.

Le commandant de Maleyssie aurait voulu profiter de cette circonstance pour enlever les batteries à la baïonnette. Mais comme un régiment de cavalerie les soutenait, il fit demander au général en chef du 21ᵉ corps, par le lieutenant Piébourg et l'adjudant Martin, de vouloir bien l'appuyer en cas d'échec.

Jaurès pensa que l'attaque était trop audacieuse et ordonna de n'y plus songer ; il le regretta amèrement dans la suite.

Pendant ce temps, nos Mobiles de Chartres, couchés sur la neige, échangeaient des coups de feu avec les Prussiens ; mais l'ennemi ne sortit pas de ses lignes. Les nôtres, engourdis par le froid et à moitié gelés, ne rentrèrent dans leur campement qu'à la nuit.

« Malgré nos souffrances, écrit le sergent Vivien, nous étions contents puisque nous gardions nos positions, et qu'une de nos batteries de 12, arrivée avant la fin du jour, avait réduit au silence les batteries des Allemands. »

Hélas ! cette joie de nos Mobiles devait être cruellement

---

[1] *Réveil de Dreux*, 7 mai 1890.

déçue, car à cette même heure les 16º et 17º corps avaient commencé leur retraite.

En effet, si l'aile gauche de l'armée, où se trouvaient nos compatriotes avait été continuellement victorieuse, comme nous l'avons dit, le centre et l'aile droite surtout, composés de régiments qui se battaient depuis Loigny, avaient eu peine, dans leur extrême lassitude, à résister aux chocs répétés d'un ennemi bien supérieur en nombre.

Les Allemands avaient beaucoup souffert, c'est vrai; mais l'armée considérable dont ils disposaient leur donnait la possibilité de n'en mettre ordinairement en ligne qu'une partie et de laisser reposer le reste, tandis qu'à la fin de chaque journée toutes nos troupes avaient été forcément engagées et affaiblies.

Aussi a-t-on reproché à Chanzy, le général en chef, de ne pas avoir essayé de délivrer ses bataillons qui pliaient, en lançant hardiment sur les Prussiens ce 21º corps qui ne se contentait pas de tenir les Allemands en échec, mais les obligeait chaque jour à lui céder du terrain.

M. de Maleyssie le souhaitait, nous venons de le dire, et M. des Moutis, des Mobiles de l'Orne, termine le récit du combat du 10 décembre par ces lignes : « En résumé, il n'y eut presque de notre côté qu'un combat d'artillerie, pendant lequel le 21º corps aurait dû, selon nous, se jeter sur la droite de l'ennemi et délivrer le 17º corps qui, abandonné à ses propres forces, devait nécessairement succomber[1]. »

Mais, disons-le à la défense de Chanzy, tandis qu'il combattait vaillamment sur la rive droite de la Loire, le général Morandy, sur la rive gauche, se laissait honteusement surprendre et chasser de l'importante position de Chambord, abandonnant par là même Blois à l'ennemi et lui ouvrant la route d'Amboise et de Tours.

Alors Chanzy craignant d'être tourné, comme l'avaient été Mac-Mahon et Bazaine, ne crut pas devoir prolonger une résistance périlleuse; il préféra se replier pour sauver ses troupes.

Les pertes de ces trois jours étaient pour la Mobile d'Eure-

---

[1] Le 49º Régiment des Mobiles de l'Orne, p. 108.

et-Loir de 19 tués, dont un capitaine, M. Bastide, 5 disparus et 115 blessés, dont 59 grièvement. Parmi les blessés se trouvaient 3 officiers, MM. Baye, de Loynes et Durand.

Avant de quitter ces champs de bataille, signalons la récompense accordée aux sous-officiers dont l'énergie, pendant cette lutte désespérée, avait tant contribué aux succès de nos armes.

Le soir du 8 décembre, dans le récit de sa journée, le commandant du 1er bataillon écrivait à M. de la Marlier : « Je vous prie de nommer sous-lieutenant le sergent-major Jousse. »

M. Lavater, commandant du 2e bataillon, proposait bientôt à son tour la même faveur à plusieurs autres et obtenait cette pièce, datée du camp de Poisly, 10 décembre 1871 :

« Par décision de M. le Général commandant la 2e division du 21e corps d'armée, MM. Bonnet, Dupesant, Fessard, Hédelin, Seré de Lanauze, Toubeau, Vivien, ont été nommés au grade de sous-lieutenant au 2e bataillon du 63e régiment de garde nationale Mobile d'Eure-et-Loir. Ces nominations partent du 10 décembre courant. »

Il nous faut maintenant préparer la retraite et nous résigner à de nouvelles douleurs.

X

RETRAITE ET REPOS

SOMMAIRE : Un mot de Gambetta. — Ruse de guerre. — Retraite par échelons. — Le clairon. — Le bois démasqué. — Fréteval. — Du pain. — Mont-Henry. — Nouvelle résistance. — Le commandant Collet et ses marins. — Combat de Vendôme. — Comment on habille et nourrit son bataillon. — M. l'abbé Piauger. — Mondoubleau. — Connerré. — Patriotisme et découragement. — Sargé. — Visite au Mans. — L'armurier cupide. — Noël. — Le 1er janvier. — Nouveaux fusils. — Le colonel Villain. — La marche simultanée sur Paris. — Il faut se défendre.

Le 9 décembre, à la nuit, M. l'abbé Robé avait entendu le général Collin raconter cette anecdote :

» Le ministre de la Guerre, Gambetta, était venu à Josnes, au quartier général, dans la soirée. Il y avait eu conseil, et devant les officiers supérieurs qui reconnaissaient dès ce moment l'impossibilité de résister avec avantage, Gambetta s'était écrié : « Tenez encore vingt-quatre heures et la France est sauvée. »

Or, grâce à des efforts et à des sacrifices héroïques, l'armée avait tenu ; mais le lendemain, il n'y avait de sauvé que le ministre. Celui-ci s'était empressé de rentrer à Tours, et comme cette ville lui semblait désormais trop menacée, il avait par décret transféré à Bordeaux le Gouvernement de la défense nationale.

Ainsi, dans cette soirée du 10 décembre, si nos Mobiles

croyaient encore à la victoire, les officiers savaient déjà qu'il n'y fallait plus compter.

Le capitaine Maurice de Possesse nous le dit dans ses *Lettres* :

« Je passai la nuit du 10 au 11 en grand'garde, par ce froid horrible que nos soldats sont obligés de supporter presque sans vêtements, et pendant de longues heures j'entendis le roulement de l'artillerie prussienne qui nous tournait par la droite.

» Nous étions débordés de ce côté. Blois se trouvait découvert et était menacé du sort d'Orléans.

» La retraite, interrompue ces quelques jours, où nous nous étions retournés pour frapper un dernier coup, recommença le lendemain dimanche. Chanzy marcha sur Vendôme ; nous servions de pivot à son armée. Notre division resta une des dernières et couvrit le village de Lorges en cas d'attaque.

» Ce jour-là, nous ne vîmes pas l'ennemi ; mais nous le savions très près de nous et surveillant attentivement notre mouvement. Aussi le soir à 7 heures, quand le moment de se mettre en marche fut arrivé, à l'ordre de partir était joint celui de jeter sur nos feux du combustible pour deux ou trois heures, afin de faire croire plus longtemps à notre présence.

» La ruse réussit parfaitement, car le lendemain lundi, avant de nous poursuivre, l'ennemi lança de nombreux obus sur nos positions de la veille, nous y croyant encore.

» La retraite se fit sans bruit et avec ordre. Vers minuit on s'arrêta environ deux heures qu'il fallut passer sans abri sur la terre gelée. Je n'avais bien entendu pas de couverture, notre fourgon n'étant pas là, et je laisse à penser combien mon repos a été agréable. Je n'ai cependant pas eu trop froid grâce à la complaisance de mes hommes.

» Le jour avait déjà paru depuis longtemps quand nous sommes arrivés à Marchenoir où deux heures furent données pour faire le café. »

Le dégel était venu ; à un froid rigoureux succédait maintenant la pluie qui fondait la neige, défonçait les chemins, et causait plus d'incommodités à nos troupes que le froid même.

Il faudrait désormais, pendant de longs jours, dresser les tentes sur la terre humide, et plus d'une fois se coucher sur un lit de boue. C'était pitié de voir tant de pauvres soldats à peine couverts de haillons, souvent n'ayant pas de chaussures, exposés ainsi à toutes les intempéries de la saison.

Telle fut pourtant cette triste retraite qui, commencée à Lorges, se continua par Viévy-le-Rayé, Fréteval, Fontaine, Busloup, Mondoubleau, Baillou, Connerré et Sargé.

Les instructions données pour la retraite le 11 décembre par le général en chef contenaient cette prescription :

« On devra se retirer autant que possible par échelons, et prendre des dispositions telles que les bataillons puissent se déployer promptement, et que l'artillerie divisionnaire soit rapidement en bonnes positions. On n'accélèrera la marche que si l'on n'est pas attaqué, afin d'arriver de bonne heure sur les emplacements à occuper. On marchera au contraire lentement, si l'on est menacé par l'ennemi. »

Aussi dès le 12 au matin, pour éviter que la colonne soit trop longue et être prêt en cas d'attaque, on marche en bataille, par compagnies; l'artillerie est au milieu sur la route; les troupes accompagnent de chaque côté dans les champs. Mais les obstacles qu'il faut franchir, le dégel qui rend le terrain glissant, la pluie persistante ont vite fait de rompre les rangs, et les compagnies ne peuvent se reformer qu'à la halte.

« Toutefois, à part une fausse alerte, cette journée fut relativement tranquille, parce que l'ennemi était loin. Les officiers du 2ᵉ bataillon purent dîner ensemble à Viévy-le-Rayé, dans une maison de paysans, et la *popote* fut fondée.

Mais le 13 au matin, les Prussiens ayant rejoint la colonne, suivaient l'armée en tiraillant sans cesse et forçaient les nôtres à continuer leur retraite par échelons, ce qui augmentait la fatigue.

La 2ᵉ brigade alternait avec la 1ʳᵉ pour ne pas être entamée par la cavalerie allemande.

« Quelques coups de feu se font entendre, nous sommes attaqués en arrière, écrit le sous-lieutenant Vivien. Alors commence une retraite effrayante par des chemins affreux, dans une boue gluante qui retient nos pieds à chaque pas.

Alcide Genet, le vaillant clairon, tombe évanoui ; il se relève bientôt et suit appuyé sur quelques camarades. »

Le commandant de Maleyssie, désireux de faire cesser cette marche pénible, confie un instant son bataillon au capitaine Vigouroux, franchit hardiment le cercle de nos tirailleurs et de nos cavaliers qui maintenaient les vedettes prus-

ALCIDE GENET
Clairon à la 2ᵉ compagnie du 1ᵉʳ bataillon de la Garde Mobile d'Eure-et-Loir.

siennes à distance et s'avance vers un bois éloigné où s'abritait l'ennemi.

Rencontrant en chemin deux francs-tireurs égarés, il les prend avec lui, et les conduit auprès du fameux bois derrière lequel ils aperçoivent une brigade de cavalerie, chargée de nous harceler et de conserver le contact avec notre arrière-garde. C'était cette brigade qui nous rendait la retraite si difficile.

Mais comment la repousser ? M. de Maleyssie n'hésite pas. Il fait tirer ses deux compagnons à huit cents, puis à sept cents mètres.

Les coups portent, les cavaliers tombent et les chevaux s'échappent. Aussitôt les deux régiments font demi-tour et vont se ranger en bataille à mille mètres plus loin.

Notre commandant, heureux de ce succès, revient sur ses pas avec ses compagnons qui ne cessent de tirer. Une telle audace avait déconcerté les Allemands dont la cavalerie ne songea pas même à les poursuivre.

Rentré en lieu sûr avec ses deux francs-tireurs, M. de Maleyssie fit prévenir le général que les Prussiens étaient éloignés, et celui-ci remit alors nos pauvres Mobiles sur la grand'route où la marche leur était plus facile.

Ils passent bientôt à Fréteval, situé sur le Loir, au pied de rochers escarpés et sauvages, et s'en vont camper sur la route, à Fontaine.

La pluie tombait fine et agaçante, les plaines étaient couvertes d'eau, les Mobiles qui s'étaient emparés des tas de pierres pour y dormir étaient considérés comme des privilégiés, les autres n'ayant qu'à choisir entre rester debout ou se coucher sur les terrains détrempés.

Vers 8 heures du soir, ils reçurent du pain. « Du pain ! s'écrie le sous-lieutenant Vivien, nous n'en avions pas depuis dix jours. Aussi quoique celui qu'on nous distribuait fût mouillé et plus ou moins avarié, il ne nous semblait pas moins délicieux. »

Le lendemain 14, fut peut-être la journée la plus misérable de toute la campagne. Le canon tonnait en arrière, les obus jetaient l'épouvante parmi les convois qui, marchant sur deux files, obstruaient la route; les bœufs, emmenés pour la subsistance des troupes, augmentaient le désordre ; de petits détachements cherchaient malgré tout à se frayer un passage. Ajoutez à cela les cris, les mugissements, les imprécations, les gestes désordonnés, les routes défoncées par le dégel et la pluie, la boue jaillissant jusqu'aux oreilles, et vous aurez une faible idée de la cohue, du pêle-mêle que nos Mobiles durent traverser pour aller prendre position près de Mont-Henry, petit hameau situé sur une hauteur assez élevée qui dominait le cours de la rivière et permettait d'arrêter la marche de l'ennemi.

Chanzy eût, en effet, voulu établir sa ligne de défense sur le Loir, et, profitant des nombreux mamelons qui bordent sa rive droite, recommencer la lutte soutenue avec honneur quelques jours auparavant.

Dans une proclamation adressée à ses troupes pour leur faire connaître son projet, le général en chef avait soin de leur rappeler leurs précédents exploits.

« Pendant cinq jours, leur disait-il, la deuxième armée appuyant sa droite à la Loire, sa gauche à la forêt de Marchenoir, s'est maintenue dans ses lignes en avant de Josnes, et les batailles des 7, 8 et 9 décembre sont aussi glorieuses pour vous que funestes à l'ennemi.

» Des considérations stratégiques vous ont ramenés sur les positions que vous occupez actuellement. Vous les conserverez, quels que soient les nouveaux efforts de l'ennemi qui ne s'acharne à vous que parce qu'il comprend que vous êtes pour lui l'obstacle et la résistance.

» Ce que vous venez de faire, malgré des privations forcées, des fatigues incessantes, le froid, la neige, la boue de nos bivouacs, vous le continuerez, puisqu'il s'agit de sauver la France, de venger notre pays envahi par des hordes de dévastateurs. »

Voilà pourquoi on résolut de reprendre l'importante position de Fréteval, laissé la veille à la garde d'un faible déachement et trop facilement abandonné dans la matinée à a première attaque. La mission en fut confiée au commandant Collet, officier de marine des plus énergiques, qui partit avec quatre compagnies seulement.

M. de Maleyssie qui le rencontre veut le retarder un instant, en lui promettant de passer la rivière à la nuit avec une troupe d'élite; les Prussiens entendant la fusillade en arrière se seraient enfuis au plus vite.

Rien n'arrête l'intrépide marin : « J'ai ordre d'attaquer de suite, répondit-il ; je sais que je vais me faire casser la tête ; mais c'est l'ordre. »

Il pénètre aussitôt dans la ville et y jette d'abord une incroyable panique. Mais les Allemands, revenus de leur surprise, engagent un combat acharné et parviennent enfin à massacrer ou à repousser cette petite troupe. Le colonel Collet et presque tous les siens trouvèrent dans cet exploit une mort glorieuse.

A ce moment le général Jaurès, commandant du 21ᵉ corps, conversait avec son état-major au presbytère de Busloup où il était descendu, et parlait de cette attaque sur Fréteval qu'il avait ordonnée. Deux de nos Aumôniers, MM Robé et Hervé, avertis ainsi qu'un engagement avait lieu, n'hésitèrent pas, malgré la nuit qui venait, à se porter au secours des nôtres ; mais ils n'arrivèrent qu'après le fatal dénouement. Ils furent cependant assez heureux pour arracher quelques blessés aux Prussiens et procurer à plusieurs victimes les suprêmes consolations de la religion.

Le lendemain matin 15 décembre, le colonel du Temple parvenait à occuper Fréteval et à couper le pont de bois établi sur la rivière. Le 21ᵉ corps restait donc comme à Poisly maître du terrain, et de notre côté la poursuite des Prussiens eût été facilement arrêtée. Malheureusement le centre de plus en plus fatigué ne pouvait résister que faiblement ; le combat livré à Vendôme dans cette même journée, bien qu'assez avantageux, ne permettait pas à nos troupes de rester près du Loir en toute sécurité, et elles durent bientôt continuer leur retraite.

Cependant nos Mobiles, au milieu d'un hiver aux rigueurs exceptionnelles et d'une retraite aussi désastreuse, étaient encore, à peu près du moins, dans ce dénûment que nous avons décrit à leur arrivée à Marchenoir. On avait bien, le 11 décembre, après les trois grandes journées de bataille, avant de quitter Lorges, distribué quelques effets ; mais, écrit M. de la Marlier, les souliers étaient trop petits, les capotes n'avaient pas de boutons, et il n'y avait pas de sacs pour tout le monde.

« Celui qui n'a pas assisté à ces scènes de misère sans exemple, écrit M. des Moutis, ne pourra jamais comprendre les souffrances terribles qu'ont endurées nos pauvres Mobiles pendant cette triste retraite. Le cœur le plus endurci se brisait et les larmes coulaient des yeux, lorsque nous voyions tant de malheureux mourir dans les fossés : les uns toussaient et râlaient, les autres avaient les jambes enflées et blessées ; tous, le corps presque nu, se traînaient plus qu'ils ne marchaient sur la terre amollie par cet affreux dégel : plus de mille hommes portaient des sabots ou des moitiés de souliers seulement ; beaucoup aussi n'avaient pour chaussures que des chiffons roulés autour des pieds. Presque tous avaient dû couper en deux leurs couvertures, afin de remplacer tant bien que mal les vêtements absents [1]. »

Aussi nos officiers résolurent-ils de profiter du jour d'arrêt qui leur était accordé et de faire cesser, coûte que coûte, un pareil état de souffrance.

Laissons le capitaine Vidière nous raconter comment il s'y prit, le 15 décembre, pour arriver à ses fins.

« En passant à Fréteval, nous avions remarqué un convoi bien menacé par l'ennemi (nous croyons qu'il a été coupé un peu plus loin) et qui comprenait plusieurs voitures de vêtements.

» Nous armant d'audace, avec le capitaine de la 6ᵉ, et d'ailleurs prenant comme complice notre chef de bataillon, nous demandons à notre commandant de nous délivrer des bons signés de lui seulement.

» Avec ces pièces parfaitement irrégulières, nous allons rôder autour du convoi et, après avoir fait notre choix, remplissant les bons au crayon suivant ce que nous avions trouvé, nous nous sommes adressés aux paysans conduisant les voitures réquisitionnées et nous en avons détourné ainsi plusieurs qui contenaient des souliers, des pantalons, des caleçons et des gilets de flanelle pour tout le bataillon. Arrivés à Mont-Henry nous avons vidé les voitures au milieu

---

[1] *Mobiles de l'Orne*, 1ʳᵉ édition, p. 111.

des champs et remis gravement nos bons aux paysans, heureux d'être libres et de rentrer bien vite chez eux.

» Un rapport fut naturellement dressé... Ne disons point comment il a fait fausse route et comment il nous est tombé entre les mains.

» Ah! pour un militaire, cela n'est pas régulier du tout, nous dira-t-on peut-être. Songeons à la situation de nos malheureux Mobiles! Pensons enfin que le reste du convoi a dû tomber entre les mains des Prussiens; qui nous jettera la première pierre? [1]

Avant tous les autres, dans la nuit du 14 au 15, M. de Maleyssie avait mis encore moins de ménagements pour arriver bon gré malgré à vêtir son bataillon. Il avait pris avec lui le sergent Argand et vingt-cinq hommes pour aller piller le convoi sur la route du Mans et choisir ce qui lui convenait. A cinq heures du matin il était de retour avec ses voitures.

Aux premières lueurs du jour, ayant rangé ses Mobiles en bataille, il commande de former les faisceaux et fait distribuer les uniformes neufs; puis, sur un signe de leur chef, les hommes jettent leurs loques avec joie dans les fossés et revêtent ces habits qui les défendront un peu mieux, du moins, des intempéries de la saison.

« Bientôt, écrit M. de Maleyssie, j'avais en ligne un bataillon superbe; tous les autres n'étaient encore vêtus que de haillons. Aussi quand plus tard, le 6 janvier, j'allai recevoir au Mans, à la caserne de la Mission, les chassepots pour mes hommes, les habitants leur firent une ovation tant leur tenue était belle et leur marche, tambour battant, différente de celle des autres troupes. »

Les autres commandants employèrent peut-être les mêmes moyens pour habiller leurs Mobiles, mais tous nos bataillons reçurent à ce moment des vêtements d'hiver.

« La journée d'hier, 15 décembre, écrit M. Maurice de Possesse, du 2e bataillon, s'est passée à distribuer enfin à nos malheureux soldats, vareuses, pantalons, gilets, ceintures de

---

[1] *Réveil de Dreux*, 7 mai 1890.

flanelle, caleçons et havre-sacs attendus depuis bien longtemps. Ils sont dans le ravissement de se sentir vêtus un peu plus chaudement. »

Puis signalant en quelques mots les conséquences des fatigues, des misères, du dénûment endurés jusque-là, il ajoute : « Pauvres gens, il en est resté un grand nombre de malades dans les ambulances ces jours derniers ! Combien en sortiront ? »

Les commandants se trouvaient forcés d'employer des moyens analogues pour nourrir leurs hommes. Dans la nuit du 11, alors que ses Mobiles, privés de nourriture depuis longtemps, mouraient de faim, M. de Maleyssie n'avait pas hésité à détourner du convoi un troupeau de moutons qu'il emmena au milieu de la colonne. Après avoir raconté le fait, il écrit simplement : « Mes vivres étaient assurés pour quelques jours. »

Tels étaient les procédés auxquels nos officiers furent trop souvent obligés de recourir pour procurer le vêtement et la nourriture à leurs hommes.

C'est en ce même jour, 15 décembre, que M. l'abbé Piauger, vicaire de Saint-Pierre à Chartres, envoyé par Monseigneur Regnault, arriva au camp pour relever M. l'abbé Robé et M. l'abbé Piau de leurs fonctions d'Aumôniers.

« Oh ! avec quel serrement de cœur et quel regret, écrit M. l'abbé Piau, nous nous séparâmes de nos chers Mobiles ! Certes il ne fallait rien moins qu'un ordre de notre Evêque pour nous déterminer à un tel sacrifice.

» En reprenant la route de notre ville de Chartres, nous avions du moins la consolation de laisser derrière nous pour continuer notre œuvre, l'infatigable compagnon de nos labeurs, M. Hervé, et, avec lui, M. l'abbé Piauger, dont le dévouement, si je puis dire, tout jeune encore, suppléerait excellemment à notre absence. »

Le 16 au soir, nos Mobiles quittaient Mont-Henry, et la retraite interrompue depuis deux jours était reprise dans les plus tristes conditions ; elle se continuait, à travers champs, pendant la nuit et toute la matinée du lendemain.

Les terres étaient tellement détrempées qu'on enfonçait souvent jusqu'aux genoux ; bien des hommes n'ayant pas de guêtres, étaient obligés d'aller chercher à cinquante centimètres en terre leur soulier qui n'avait pas suivi le pied. D'autres, comme le sergent-major Coutanceau, du 1er bataillon, avaient les pieds tellement souffrants à la suite des grands froids qu'ils ne pouvaient supporter aucune chaussure et marchaient pieds nus dans la boue.

Le 17, après un court instant de repos à Beauchêne, on arrive à Mondoubleau où régnait un immense désordre : l'artillerie, les bagages, les vivres, les troupes, tout était confondu. On parvient enfin à passer, quoique difficilement ; et, à la nuit, les hommes qui ont pu suivre gagnent Baillou, pour repartir le lendemain par le Luart, et, le 20, par Connerré.

Les pays traversés étaient composés de petits bordages et de nombreux carrefours dont beaucoup étaient occupés par une croix. Oh ! que la rencontre fréquente de ce signe sacré, dans ces circonstances si pénibles, devait faire de bien à ceux qui savaient comprendre son muet langage !

« En passant à Connerré, raconte M. André Vivien, je vis le vieux marquis de Maleyssie et ses deux fils Arthur et Conrad, l'un commandant du premier bataillon des Mobiles d'Eure-et-Loir, l'autre capitaine, réunis tous trois pour lutter contre les ennemis de la France. Le patriotisme de ce vieillard à cheveux blancs fit une vive impression sur moi. »

Mais pour quelques exemples réconfortants que de scènes désolantes il nous faut montrer !

« Le principal défaut de la retraite, nous dit le capitaine de Possesse, a été le désordre dans le campement par le fait du manque de prévoyance des officiers d'état-major. Hier soir encore, nous avons fait sous la pluie une pause de deux heures, attendant la désignation du champ où nous devions dresser nos tentes. Cet ordre n'est pas venu. Les hommes murmurent de cette façon d'agir et aussi un peu les officiers. On se met où l'on peut ; c'est le désordre. »

Après toutes les misères et les fatigues que nous venons de décrire, on ne s'étonnera pas d'apprendre qu'il y ait eu des défaillances parmi nos troupes. Les corps étaient épuisés et les volontés affaiblies.

« Il y a un profond découragement chez le soldat, rapporte le même en parlant de ces derniers jours. Quelques-uns se font sauter volontairement l'index pour ne plus pouvoir se battre. D'autres se laissent prendre par l'ennemi ; ils préfèrent la captivité à une vie si dure. Mais j'ai remarqué que toutes les fois qu'il y a alerte et qu'on annonce les Prussiens, leur première pensée est de visiter la batterie de leur fusil et de se défendre le cas échéant. Je crois donc qu'on peut encore compter sur eux. Mais il ne faudrait pas beaucoup de fausses manœuvres pour les dégoûter complètement du métier des armes.

» On voit très rarement les chefs; je n'ai jamais vu Chanzy. C'est une faute ; la présence des chefs et leurs paroles encouragent. »

A ce moment du moins et avec des soldats exténués par quinze jours de combats continuels, les Allemands hésitaient à s'avancer vers l'ouest. Pour un instant les hostilités firent place au repos nécessaire. Les troupes françaises, résolues à défendre le Mans, allèrent se cantonner aux environs de cette ville; les nôtres campèrent à Sargé, à droite de la route, tandis que la 2ᵉ brigade occupait la gauche.

A leur arrivée, le 21 décembre, « le froid était redevenu très vif, écrit le sous-lieutenant Vivien. De tous côtés, dans le moindre local clos, nous avions abrité nos soldats malades, et ils étaient nombreux. A vrai dire nous étions tous plus ou moins invalides ; la dysenterie principalement sévissait parmi nous. »

» Quant aux hommes un peu mieux portants, ils avaient dû dresser leurs tentes et s'en contenter malgré les frimas. Nous autres officiers, nous occupions une grange bien garnie de paille. »

Le lendemain 22, le capitaine Maurice de Possesse s'étant rendu au Mans auprès de son frère, le capitaine Lucien de Possesse[1], souffrant depuis quelques jours, nous montre à quel

---

[1] PROMOTIONS. — Par délégation du ministre de la guerre, le général de division, commandant en chef le 21ᵉ corps et les forces de Bretagne, en vertu des pouvoirs qui lui sont délégués, nomme au grade de capitaine :

point nos Mobiles avaient besoin de repos et décrit ainsi la situation :

» On ne peut se faire une idée du bien moral et même physique que m'ont fait ces quelques instants de vie civilisée. J'ai rencontré bien des amis, des connaissances du monde, et tout cela a mis un peu de baume sur mes plaies. J'en étais arrivé à un degré d'abrutissement tel que je me figurais ne plus revoir personne.

» La physionomie du Mans est très curieuse et d'une grande animation; c'est un vrai camp dans lequel tout le monde est en uniforme.

» Il y a une immense concentration de troupes aux environs, et c'est évidemment en avant de la ville que va se jouer pour notre armée la partie décisive. Les Prussiens qui avaient déjà une fois renoncé à y attaquer des forces inférieures à celles dont nous disposons aujourd'hui, chercheront certainement à en finir avec nous d'ici quelques jours.

» Frédéric est du côté de Vendôme et y attend sans doute des renforts; il laisse reposer son armée qui doit, aussi bien que nous, être fatiguée de la campagne de Beauce.

» Hélas! quelles que soient les espérances que l'on puisse

8e Cie. MM. Doullay Georges, lieutenant au 1er bataillon.
7e — Leroy Edouard, lieutenant au bataillon.
6e — Boussenot Charles, lieutenant au bataillon.
2e — De Possesse Lucien, id.
4e — Chevreuil Emile, sous-officier au 3e régiment de zouaves.

Au grade de lieutenant :

8e Cie. MM. Dupesant, sous-lieutenant au bataillon.
4e — Coutant Jules, id.
2e — Habert Louis, id.
6e — Quinton Albert, id.
1er — Girard Henry, id.

M. Goussard Georges, lieutenant au bataillon, est nommé officier-payeur du bataillon hors cadre.

Sargé, le 27 décembre 1870.

Le général de division commandant en chef le 21e corps et les forces de Bretagne.

Signé : JAURÈS.

Pour copie conforme :
Signé : LAVATER.

Pour le capitaine, commandant la 7e compagnie,
TH. TOUREAU.

concevoir, il faut bien reconnaître que la plupart des régiments qui sont près de nous ne valent pas grand'chose. La ligne n'est composée que de jeunes gens de la classe 70 ; la Mobile est exténuée aussi bien que la première ; quant aux Mobilisés ce sont des troupes détestables, généralement mal armées, très indisciplinées et peu patriotes.

» Mais nous sommes si nombreux que nous pourrons peut-être nous défendre. »

A la même date, plusieurs des sous-lieutenants du 2e bataillon récemment promus, MM. Fessard, Bonnet, Toubeau et Vivien, avaient également obtenu la permission d'aller au Mans pour se procurer l'équipement nécessaire à leur nouvelle position.

Dès le 16 décembre, ils avaient quitté le 1er bataillon de nos Mobiles pour rentrer au 2e.

Ils eurent le malheur de rencontrer au Mans un marchand qui profitait de la présence des troupes en ces tristes circonstances pour s'assurer des gains exagérés, car ils durent payer un sabre et un ceinturon le triple au moins de leur valeur réelle.

On fut bientôt à Noël. La nuit de cette solennité, les Aumôniers prièrent à l'autel pour leurs soldats ; mais le matin venu, ce fut le tour des soldats eux-mêmes dont beaucoup, suivis par un certain nombre des nôtres, firent la sainte Communion.

A partir de cinq heures jusqu'à midi, la modeste église du village vit se succéder devant le berceau de l'Enfant-Dieu, les braves marins, les zouaves pontificaux qui avaient communié dans leur camp à la messe de minuit, les Mobiles de la Vendée, les habitants de la paroisse, et enfin nos quatre bataillons d'Eure-et-Loir pour lesquels deux messes furent célébrées avec allocution.

Le général Collin voulut donner l'exemple. Il vint dans le chœur, accompagné de son état-major ; et un de nos capitaines, artiste distingué, sut tirer d'un médiocre harmonium des sons qui charmèrent toute l'assistance.

Aussi le 28 décembre, à l'approche du nouvel an, dans une lettre où ils présentaient leurs vœux à Mgr l'Evêque de Chartres, nos deux Aumôniers lui racontaient avec joie cette fête qui les avait consolés de bien des misères et leur avait redonné l'espérance.

Puis ils ajoutaient ces traits caractéristiques : « Nos soldats sont pleins de respect pour leurs Aumôniers. L'autre jour les Mobiles d'Eure-et-Loir ont failli faire un mauvais parti à un paysan qui insultait le Père Le Gall, second Aumônier des zouaves pontificaux.

« Les zouaves du Saint-Père font l'admiration de toute l'armée. Leur bravoure et leur piété sont proverbiales ; chez eux le blasphème est puni de quatre jours de garde au camp. »

Les signatures de cette lettre nous apprennent que M. l'abbé Hervé, fidèle aux Mobiles de Châteaudun, était spécialement attaché à nos 2e et 3e bataillons, tandis que le 1er et le 4e avaient alors pour Aumônier M. l'abbé Piauger.

Mais avec un hiver rigoureux les troupes ne pouvaient continuer d'habiter sous la tente ; la santé des hommes déjà si éprouvée exigeait plus de soins. Comme à Sargé les logements faisaient défaut, beaucoup de nos Mobiles durent s'éloigner de cette localité pour aller les uns à Savigné-l'Évêque, les autres à Saint-Corneille.

C'est dans ce dernier pays, le mercredi 28 décembre, que fut envoyé notre 2e bataillon.

« On nous a fait quitter Sargé, lisons-nous dans les *Lettres* de M. de Possesse, afin que nos hommes soient un peu mieux casés. Malgré la distance des cinq lieues qui nous séparent du Mans, je ne peux m'en plaindre, car nous habitons un pavillon dépendant du château de la Périne, appartenant à M. Haentjens, le député bien connu de la Sarthe.

« Nos hommes sont installés dans les communs et peuvent s'y préserver du froid qui redouble d'intensité. »

Le même écrivait à la date du 1er janvier 1871 : « La popote tient bon. On rit, on joue même le soir ; dans la journée on travaille. Je fais au corps d'officiers la lecture du service en campagne que nous aurions dû tous apprendre par cœur avant de partir. Malheureusement ce petit livre est lettre morte pour beaucoup, même pour ceux qui sont censés l'avoir appris.

» Je crois à un départ assez prochain, car nous avons eu

deux revues ces jours passés et on nous a envoyé soixante paires de chaussures pour sept cents hommes. Nous sommes donc en mesure de tout affronter. Ceux qui ne seront pas chaussés marcheront pieds nus dans la neige, et puis voilà.

» Le Mans est rempli d'approvisionnements de toutes sortes, mais ce n'est jamais pour nous. Il y avait des chassepots ; on les a donnés à je ne sais qui, malgré la promesse ancienne de nous en livrer lorsqu'il y en aurait de disponibles ; nous allons donc repartir avec nos tabatières qui ne marchent plus du tout. »

Le 2ᵉ bataillon fut, en effet, obligé de garder son armement défectueux [1], mais le 1ᵉʳ bataillon reçut des chassepots, le 3ᵉ des sniders et le 4ᵉ prit ce qui restait, de sorte qu'il se trouva avoir trois modèles différents : sniders, chassepots et tabatières.

« Nous nous rendons au Mans, écrit à la date du 7 janvier, le capitaine Vidière, du 3ᵉ bataillon, pour recevoir à la gare un envoi de fusils sniders qui nous était destiné. A minuit nous rentrons dans nos cantonnements.

» Nous avons donc reçu nos fusils la nuit. On dévissait les caisses, on faisait à tâtons la distribution. Beaucoup de baïonnettes ont été échangées ; nous en verrons plus tard une des conséquences. Ces fusils sortaient de fabrique, sans être repassés, et fonctionnaient difficilement.

[1] *Au camp de Saint-Corneille, le 8 janvier 1871.*

M. le capitaine Doullay est chargé de la surveillance de la comptabilité journalière des compagnies. Il indiquera chaque jour au rapport le moment auquel deux sergents-majors au moins devront présenter leurs écritures dans les moindres détails à sa vérification. M. le capitaine Doullay remettra un rapport sur ce sujet, le lundi matin de chaque semaine.

M. Edelin est chargé de la surveillance de la somme du bataillon, en remplacement de M. Quinton qui abandonne ce service. Il remettra également un rapport tous les lundis.

M. Fessard est chargé, sous l'autorité de M. l'officier-payeur, des détails concernant l'habillement, l'équipement et l'armement du bataillon.

Ces officiers ne seront dispensés d'aucun de leurs devoirs réglementaires. Toutefois M. Fessard est dispensé des corvées de vivres, paille et bois.

Le chef de bataillon,
LAVATER.

Le capitaine,   *Le lieutenant,*   *Le sous-lieutenant,*
DUPESANT.   GUILLERY.

» En rentrant aux cantonnements nous trouvons l'ordre de départ pour Connerré le lendemain à cinq heures du matin. »

Notre 1ʳᵉ brigade allait donc recommencer les hostilités; mais elle n'avait pas à sa tête le lieutenant-colonel de nos Mobiles d'Eure-et-Loir. Un nouveau régiment, le 56ᵉ de marche, était venu combler les vides faits dans les effectifs par les fatigues et les maladies de toutes sortes; il était commandé par le colonel Villain plus ancien que M. de la Marlier; c'était à lui que revenait de droit le périlleux honneur de remplir les fonctions de général de brigade.

Tandis que nos troupes se reposaient, recevaient des vêtements, des armes, complétaient leurs effectifs, et se préparaient ainsi à reprendre la lutte, Chanzy songeait aux moyens de délivrer la capitale le plus tôt possible, et, dans ce but, faisait secrètement explorer la Beauce occupée par les Allemands [1].

Le général Trochu, commandant militaire de Paris, lui avait envoyé par ballon, le 22 décembre, le capitaine d'état-major de Boisdeffre pour lui porter ces graves nouvelles :

---

[1] C'est alors et pour favoriser les projets de Chanzy en venant reconnaître les forces de l'ennemi dans nos contrées, qu'un sergent de notre 1ᵉʳ bataillon, Léon Lefebvre, de Chauvilliers, commune de Saint-Léger, fut envoyé à Chartres par M. de Maleyssie.

A l'occasion de la mort prématurée de ce sous-officier, et près de sa tombe entr'ouverte, M. l'abbé Hervé disait, le 12 février 1893 :

« Nous l'avons vu à l'œuvre dans la triste guerre de 1870 (je fais appel ici à ceux qui ont partagé comme moi ses fatigues et ses dangers), et nous pouvons rendre le témoignage qu'il s'est conduit en homme de cœur, en homme de devoir, en brave soldat, j'allais dire en héros.

» Y avait-il un poste difficile à occuper, une corvée pénible à remplir, un danger à affronter, il était là, toujours le premier, toujours à son devoir, bien plus, toujours au dévouement. Ne l'a-t-on pas vu traverser les lignes ennemies, déguisé en ouvrier, faire une marche longue, dure et périlleuse, tout seul, sans souci de sa santé ni de sa vie, pour donner à ses chefs de précieux renseignements dont ils avaient besoin ?

» Non, il ne comptait point avec les sacrifices, il ne se ménageait pas, il ignorait ce que c'était de penser à lui. Il a souffert avec un courage qui ne s'est jamais démenti les privations de tout genre; privations de nourriture, de sommeil, d'abri ; les marches et contre-marches ; et ce qui est le pire de tout pour un soldat de cœur comme lui, les revers, les humiliations de la défaite.

» Laissez-moi croire qu'il a contracté dans cette malheureuse campagne le germe des infirmités précoces dont il était affligé et qui ont amené cette fin prématurée. Saluons, Messieurs, saluons encore ici une victime de la guerre, une victime du dévouement, un vrai soldat, un brave. »

« En mettant en œuvre toutes ses ressources, Paris ne pouvait tenir que jusqu'à la fin de janvier ; mais à partir du 20 janvier, il faudrait évidemment traiter, les jours suivants suffisant à peine pour préparer l'approvisionnement de la population.

» De plus, l'armée de Paris ne pouvait à elle seule faire une trouée dans le cercle ennemi qui l'investissait ; il fallait que des armées de province vinssent immédiatement lui apporter un secours énergique pour la débloquer. »

Cette communication, en redoublant le zèle patriotique de Chanzy, l'engageait à marcher en avant. Selon lui le succès était possible, à la condition que Faidherbe et Bourbaki à la tête de leur armée, l'un du nord, l'autre du sud-est, eussent l'ordre de combiner leurs mouvements avec les siens dans un élan commun et prochain vers la capitale.

Il fit part de ce projet au ministre de la Guerre ; mais Gambetta avait d'autres vues : persuadé que Paris pouvait encore tenir assez longtemps, il voulait attendre, réunir un plus grand nombre de mobilisés, menacer les communications de l'ennemi avec l'Allemagne en faisant occuper les Vosges par Bourbaki, et ne marcher sur Paris qu'à la tête de masses formidables, vers le 15 janvier au plus tôt.

Les ordres du ministre étaient formels : l'armée de l'est poursuivrait ses opérations, celle du nord continuerait son premier programme, le mouvement simultané sur Paris était pour le moment inexécutable. En attendant la date fixée, Chanzy n'avait qu'à exercer ses troupes et se fortifier solidement sur ses positions.

Aussi eut-il soin de faire préparer en avant du Mans soit pour l'établissement de ses batteries, soit pour la protection de ses hommes, de nombreux travaux de défense auxquels nos Mobiles s'employèrent courageusement.

Chanzy ne tarda pas à voir combien ces ouvrages étaient nécessaires, car les Allemands étaient pressés d'en finir. Sachant qu'ils n'avaient plus guère à craindre du côté de Paris presque réduit à l'impuissance, ils se retournaient en plus grand nombre vers les armées de province qu'ils avaient hâte d'exterminer, afin d'assurer et de compléter leur victoire.

Telle était la situation lorsque les petites troupes d'avant-garde chargées par Chanzy de rayonner au loin, furent vers le 5 ou le 6 janvier plus vivement pressées et refoulées sur le Mans. Il devenait certain que l'ennemi cherchait à nouveau à engager une action décisive qui, vu les circonstances, pouvait peut-être encore tourner à notre avantage.

XI

BATAILLE DU MANS, CONNERRÉ ET SAINT-CORNEILLE

SOMMAIRE. — Retour offensif. — La neige. — Notre artillerie. — Un homme gelé. — Attaque de la gare de Connerré. — Le couteau au canon. — Au bord de l'Huisne. — Les pointeurs prussiens. — Notre 1ᵉʳ bataillon. — La 8ᵉ compagnie. — Les blessés. — Le château de Loresse. — Froid de loup. — Le pont improvisé. — C'est ici, mon brave. — Sargé n'est pas loin. — Mobiles désarmés. — Grave nouvelle et mission périlleuse. — L'étrenne des chassepots. — Une ferme bien défendue. — Au plateau d'Auvours. — La prise du Mans et les Mobilisés. — L'ambulance de la Longraie. — Tombes militaires. — A la recherche de voitures. — Le feu de joie. — Au milieu des flammes. — Au château de Montfort. — Fête de l'Epiphanie. — Heureuse imprudence. — L'Aumônier rejoint ses Mobiles bien-aimés.

Pour renforcer ses trois corps d'armée très éprouvés dans la précédente campagne, Chanzy n'avait eu que des recrues d'assez médiocre valeur. Il espérait toutefois réussir à défendre le Mans, et avait disposé ses troupes comme à Josnes. Le 16ᵉ corps formait la droite vers le midi, le 17ᵉ était au centre, et notre 21ᵉ, placé à gauche, avait pour mission de protéger la partie nord-est de la ville.

Le prince Frédéric-Charles, ayant sous ses ordres quatre corps d'armée complètement reconstitués, comptant 180,000 hommes, était parti de Vendôme; et, selon la tactique bien connue des Allemands, dirigeait ses têtes de colonnes sur le Mans, de trois côtés à la fois, au sud par Château-du-Loir, à l'est par Saint-Calais, au nord-est par Nogent-le-Rotrou et

Bellême. C'est dans cette dernière direction que le général Rousseau avait conduit une avant-garde chargée de barrer la route au Grand-duc de Mecklembourg, venant de Chartres.

Le 6 janvier 1871, la rencontre eut lieu pour la seconde fois à la formidable position de la Fourche, au-dessus de Nogent-le-Rotrou; mais la fortune nous fut contraire, et les nôtres se retirèrent précipitamment en suivant la vallée de l'Huisne.

Une deuxième résistance tentée, le 7, auprès du Theil, n'eut pas malheureusement plus de succès. Devant des forces considérables, les nôtres durent se replier, le 8, sur la Ferté-Bernard et Connerré.

A cette nouvelle, nos Mobiles des 2ᵉ et 4ᵉ bataillons recevaient l'ordre de se porter en avant pour arrêter la marche de l'ennemi, et partaient vers huit heures du soir, les uns de Savigné-l'Evêque, les autres de Saint-Corneille.

Chemin faisant ils rencontrèrent à Montfort les francs-tireurs de Cathelineau et des troupes diverses, débris de la colonne Rousseau, qui pêle-mêle fuyaient vers le Mans.

Enfin, au milieu de la nuit, nos Mobiles du 2ᵉ bataillon dressèrent leurs tentes entre la ferme du Petit-Chailloir à gauche et le hameau de Galande à droite.

Nos deux autres bataillons, avec le reste de la division, exécutèrent le même mouvement, le matin du 9, et furent placés sur les hauteurs, en arrière du hameau des Grands-Veaux, tandis que d'autres bataillons de la 1ʳᵉ brigade se rapprochaient encore de Connerré.

La 2ᵉ brigade de la division Collin allait continuer la ligne de défense sur la route de la Chapelle-Saint-Rémy.

Le 9 janvier, la neige tombait en abondance et couvrait rapidement la terre d'une couche de trente centimètres d'épaisseur.

Avec le jour s'éleva bientôt dans le lointain, sur un espace énorme, une épouvantable canonnade. A n'en plus douter, le Mans était attaqué dans une direction différente de la nôtre, et l'ennemi avait rencontré nos troupes sur les hauteurs qui sont en avant de la ville.

De la colline qu'ils occupaient, nos Mobiles purent alors reconnaître le pays. Ils voyaient à leurs pieds, dans la vallée large de deux kilomètres, d'abord une petite route conduisant à Connerré, à côté le chemin de fer de Bretagne, puis la rivière d'Huisne, et enfin la route nationale de Paris au Mans. La position était belle parce qu'elle dominait tous les passages ; mais sans artillerie, il était impossible d'en profiter.

La petite ville de Connerré, de l'autre côté de la rivière, était déjà au pouvoir des Allemands ; toutefois la gare du chemin de fer placée sur notre rive, était encore occupée par les Français qui gardaient le passage du pont.

Nos jeunes gens n'eurent pas à combattre dans cette journée qui leur fut cependant bien pénible.

« Il nous faut prendre position dans la neige, dit la lettre d'un Mobile publiée par le *Journal de Chartres*[1], ne pas faire de feu, rester dissimulés, couchés ou agenouillés dans cette neige qui nous glace, et avec cela assister, de neuf heures du matin à une heure du soir, au défilé d'une partie de l'armée prussienne, passant à quinze ou dix-huit cents mètres, allant attaquer le Pont-de-Gennes pour passer l'Huisne qui les sépare de nous, et tourner notre division, qui aurait été prise entre deux feux, attaquée qu'elle était déjà du côté de Connerré.

» Les Prussiens repoussés vivement de Pont-de-Gennes défilent de nouveau devant nous, mais en sens inverse. Une batterie de mitrailleuses placée où nous étions, leur aurait causé des pertes énormes et les aurait, j'en suis sûr, empêchés de forcer ensuite nos lignes du côté de Connerré. »

Malheureusement l'artillerie, nécessaire en pareille circonstance, ne vint pas aider nos soldats à utiliser leurs positions. Les chemins étaient si glissants, la campagne si encombrée de neige, nos attelages surtout et nos chevaux en si mauvais état que, pour ne pas exposer nos canons à tomber aux mains des Prussiens, nos chefs préféraient les garder en arrière.

« Faute de clous à glace, écrit M. de Maleyssie, les chevaux

[1] *Journal de Chartres*, 16 mars 1871.

ne pouvaient traîner les canons et tombaient à chaque pas. »

L'imprévoyance des artilleurs devint funeste aux nôtres dans ces combats, où ils se trouvèrent toujours en face d'un ennemi plus nombreux, armé de meilleurs fusils, et qui savait faire usage de ses canons.

Le mardi 10 janvier, le bruit de la bataille recommençait avec le jour. Mais déjà la température sibérienne qui continuait de sévir faisait des victimes dans les rangs de nos Mobiles.

« A ce moment, écrit M. Maurice de Possesse, on m'apporte un de mes hommes se mourant de froid. Je requiers un lit, et l'y étends; malgré les soins assidus du docteur, de l'Aumônier et les miens, il a été impossible de le réchauffer et de lui faire reprendre connaissance. Le lendemain ce malheureux était mort, littéralement tué par le froid. »

Cependant nos compatriotes pensaient que pour eux la lutte était proche. Les Allemands, en effet, étaient parvenus à franchir la rivière et à s'emparer de la gare de Connerré.

Il était certain que la 17e division du 13e corps d'armée prussienne, battue à Pont-de-Gennes, viendrait chercher là un passage, pour jeter ses bataillons sur nos troupes d'avant-garde.

Aussi le général Collin qui, d'après les instructions de Chanzy, devait en personne diriger l'attaque, résolut-il de réunir sa première et sa deuxième brigade pour essayer de reprendre la gare et repousser les Allemands au delà de l'Huisne.

Il envoie donc l'ordre à M. des Moutis, des Mobiles de l'Orne, d'amener toute la deuxième brigade sur ce point, et fait engager l'action vers les trois heures, par le 56e de marche. Le lieutenant-colonel Villain, commandant la première brigade, reçoit l'ordre de placer nos Mobiles près du Petit-Frilou, pour appuyer au moment donné les soldats de la ligne.

« Après une marche assez longue dans des sentiers affreux et remplis de neige, lisons-nous dans les *Lettres* du capitaine de Possesse, on nous fit ranger dans un chemin creux. La fusillade était commencée à trois cents mètres de nous, et des balles prussiennes venaient à chaque instant siffler à nos oreilles.

» Nous étions là, l'arme au pied, prêts à marcher au premier signal. Le feu était des plus nourris, on venait de lancer un nouveau bataillon de ligne en avant.

» Les blessés passaient nombreux devant nous, rapportés par des camarades qui les déposaient dans une grange voisine transformée en ambulance. Là, nos Aumôniers et l'aide-major Ballay rivalisaient de dévouement, mais n'y pouvaient suffire.

» Je profitai de mon inaction pour prendre les chassepots et les cartouches des morts et des mourants que l'on apportait, et je laissai à la place nos mauvais fusils; le moment était trop grave pour ne pas chercher à mieux armer une partie de mes hommes. »

Le commandant de Maleyssie et son bataillon, placés non loin de là pour soutenir l'artillerie, assistaient à la lutte en spectateurs, et attendaient d'y prendre part.

De la Chapelle-Saint-Rémy, où étaient les Mobiles de l'Orne, à la gare autour de laquelle se trouvait un régiment de ligne, on se battait vaillamment. La fusillade était crépitante; mais les balles passaient au-dessus des hommes de notre 1er bataillon, abrités qu'ils étaient dans un chemin creux.

Les Prussiens, venant de la route de Saint-Rémy à la gare, dessinent une attaque à fond pour enlever le plateau. Selon leur excellente habitude, ils avancent, tambours battant, en poussant de formidables hourra.

Le régiment de ligne fut assez rapidement repoussé. A cette vue, notre artillerie prit peur et se hâta de se retirer.

La nuit approchait, une panique était à craindre; il fallait remonter les courages et résister à tout prix.

Alors M. de Maleyssie traverse les rangs de ses Mobiles; il dit aux tambours et clairons : « Allez en tête! préparez-vous à nous faire de la belle musique! » Puis s'adressant aux hommes il leur crie : « Le couteau au canon! Nous allons enfin les voir de près ; criez fort et frappez ferme ! Le bataillon est favorisé, car on lui a réservé la bonne place ! »

Se retournant ensuite vers le prêtre qui était là, il ajoute :

Monsieur l'Aumônier, je vous prie de monter ici et de donner l'absolution à mes Mobiles, car nous allons culbuter les Prussiens ; mais il y aura de la casse. »

Aussitôt, M. l'abbé Piauger, adressant quelques mots vibrants à ces hommes pour élever les âmes à Dieu, trace un signe de croix sur nos bataillons et donne une absolution générale.

Mais les apprêts d'une charge désespérée faits sous leurs yeux avaient forcé les Prussiens à réfléchir. Ils venaient, en effet, de voir une de nos compagnies, la 1re du 4e bataillon, leur enlever vigoureusement à la baïonnette une ferme qu'ils occupaient. Comprenant alors qu'ils allaient perdre le fruit de leur journée en voulant pousser plus loin, ils s'arrêtèrent.

De notre côté, nous avions espéré mieux, et la lutte menée d'abord avec entrain promettait un succès ; mais la deuxième brigade, qui devait prêter son concours, ne parut pas ; M. des Moutis[1] déjà aux prises avec les Prussiens à la Chapelle-St-Rémy ne put venir à la gare de Connerré ; et le général Collin, déçu dans ses plans, n'ayant pas sous la main sa réserve divisionnaire, dut, malgré la vaillante conduite des troupes mises en avant, se retirer à la nuit close.

Il écrivit aussitôt au général Jaurès : « J'ai l'honneur de vous rendre compte que je viens de rentrer au moment où la vive fusillade que j'ai eu à soutenir de trois à six heures finissait. Des ordres envoyés à une heure à M. des Moutis pour l'attaque de Connerré n'ont pas eu de ce côté le moindre commencement d'exécution ; au moment où l'un de mes officiers est arrivé à la Chapelle-Saint-Rémy, la brigade des Moutis était engagée sur ce point, et soutenait depuis plusieurs heures déjà un feu assez nourri sur toute l'étendue de son front. »

[1] *Mobiles de l'Orne*, par le lieutenant-colonel des Moutis, 1re édition, p. 120.

Nos Mobiles suivirent le général et regagnèrent, après bien des circuits, leur cantonnement sur la colline. Mais les factionnaires laissés dans la vallée étaient si rapprochés des Prussiens que souvent le *Wer-da* répondait au qui-vive.

Le capitaine Maurice de Possesse, dont la compagnie cette nuit-là était de grand'garde dans une ferme, au delà du chemin de fer, auprès de l'Huisne, nous décrit sa situation en quelques lignes.

« Je m'installe donc, à dix heures du soir, en plaçant force sentinelles de tous côtés, mais surtout sur le bord de la rivière gelée qui pouvait servir de passage à ces messieurs les Allemands, campés sur l'autre rive, à huit cents mètres. Je les voyais autour de leurs grands feux de bivouacs et je les entendais chanter et rire ; gaîté provoquée sans doute par les succès de la journée.

» De temps en temps mes sentinelles répondaient aux coups de feu tirés par les Prussiens au-dessus de la rivière. Je n'ai heureusement pas eu un homme de blessé.

» Je me suis mis en rapport avec la grand'garde du 4ᵉ bataillon d'Eure-et-Loir que j'aperçus aux premières lueurs du jour, quittant son poste dans des conditions qui m'effrayaient beaucoup, car je distinguais avec ma lorgnette les hommes se sauver et passer un à un sur un pont de chemin de fer, et des balles qui leur étaient évidemment destinées venaient tomber à mes pieds.

» Le brave lieutenant Silvy qui commandait me fit dire qu'il avait fait le coup de feu toute la nuit sur la gauche, et que sa position était assez critique, s'attendant à une vraie attaque d'un moment à l'autre. Mais il venait de recevoir l'ordre de se replier. »

Quelques instants plus tard la même consigne arrivait à M. de Possesse. Il était temps, car sa compagnie avait à peine gravi, en se dissimulant, la moitié de la pente qui devait la mener au bataillon, que les Prussiens incendiaient avec leurs obus la ferme tout récemment abandonnée par elle.

Le général Collin qui n'avait pu la veille repousser les

Allemands de la gare et du pont de Connerré, voulut de nouveau incliner de ce côté la deuxième brigade et la réunir à la première dans un commun effort contre les assaillants qui traversaient la rivière ; mais cette fois encore il ne fut pas possible au lieutenant-colonel des Moutis de suivre ce mouvement sans s'exposer à tout compromettre, car des masses ennemies l'attaquaient dans une autre direction.

En effet, deux divisions de l'armée prussienne, la 22e et la 17e du 13e corps, marchaient en cette journée contre nos deux brigades. Qu'allaient devenir les nôtres, vu leur infériorité numérique, si l'artillerie et la réserve ne se décidaient à les secourir ?

En ce mercredi 11 janvier, disent les *Lettres* du capitaine de Possesse, « la bataille recommençait de toutes parts. La batterie prussienne à laquelle je venais d'échapper si heureusement était placée juste en face de nous, sur l'autre côte. Elle fouillait en tous sens les pentes que nous occupions, tandis que l'infanterie cachée par les bois avançait sur notre gauche.

» Déjà les 1er et 4me bataillons d'Eure-et-Loir sont engagés, la fusillade se répand et devient de plus en plus vive. Comme nous étions l'extrême droite de la division Collin, ordre est donné de soutenir la retraite, et de se déployer en tirailleurs perpendiculairement au quartier de la division alors établi au château de Loresse. Déjà les nôtres se rapprochaient à gauche, le mouvement de retraite était bien visible.

» Notre rôle était de ne pas laisser l'ennemi monter de la route à la position que nous occupions, car nous aurions été enveloppés de toutes parts.

» Notre 2e bataillon ne fut attaqué que par la batterie que j'ai déjà signalée. Grâce à un bon épaulement qui nous protégeait, nous n'eûmes guère qu'une dizaine d'hommes mis hors de combat, et encore par la faute d'un capitaine qui démasqua maladroitement sa troupe. Jamais pointeurs prussiens n'ont tiré avec plus de précision que ce jour-là.

» Quelques coups de fusil tirés par mes hommes à qui nous avions pu procurer des chassepots contiennent les ennemis que nous apercevions au bas du côteau.

» Petit à petit, notre gauche de plus en plus repoussée nous repoussait à son tour, et nous nous rapprochions du quartier général ; nous y arrivions vers quatre heures, après avoir traversé des champs où la neige était plus épaisse que jamais. »

C'est ainsi que les masses prussiennes, soutenues par leur artillerie, avaient forcé le centre de notre division à reculer.

» Jugeant qu'il ne pourrait conserver toutes ses positions trop étendues pour le nombre de troupes dont il disposait, écrit Chanzy, le général Collin se décida à se replier sur la seconde ligne qui lui avait été assignée. Ce mouvement s'exécuta avec beaucoup d'ordre sous la protection de trois bataillons d'Eure-et-Loir échelonnés sur les crêtes à l'ouest de Grands-Veaux [1]. »

Mais notre 1er bataillon n'avait pas suivi ce mouvement de retraite et continuait de défendre obstinément le point du côteau qui lui avait été assigné.

Pendant que l'artillerie fouillait le terrain par zones de trente mètres de large pour préparer l'assaut, le commandant de Maleyssie avait placé ses 1re et 6e compagnies au-dessus d'un bois de sapins et disposé ses 7e et 8e pour les flanquer à droite. Le reste de sa troupe était en réserve.

Quatre fois l'assaut fut donné à la colline et quatre fois repoussé. Le bois était littéralement noir de Prussiens tombés sous nos balles ; il y en avait plusieurs au pied de chaque arbre.

C'est là que le capitaine Philippe, de la 1re compagnie, se distingua par son intrépidité et mérita la croix d'honneur ; là que le sous-lieutenant Delarue eut le poumon droit traversé par une balle ; là que le sergent Hémard, à chaque coup de feu, abattait un Allemand [2].

---

[1] Chanzy. *La deuxième armée de la Loire*, p. 334.

[2] Le sergent Hémard, emporté par son ardeur dans la lutte, n'abandonna pas à temps la position qu'il occupait et fut fait prisonnier.
En 1895, dans une réunion du Comité central pour l'érection d'un monument

D'après le rapport du maire de Connerré, plus de 700 Prussiens ont été tués dans ce bois par nos quatre compagnies qui, malheureusement, perdirent beaucoup d'hommes tués, blessés ou prisonniers, car l'ennemi, de plus en plus nombreux, avait fini par les tourner en partie.

La retraite de la brigade qui devait se faire par la droite, s'étant faite par la gauche, le 1er bataillon ne fut pas averti ; de sorte que le capitaine de Saint-Laumer fut obligé de se dévouer à la nuit pour venir lui donner l'ordre de se replier.

Une compagnie de notre 3e bataillon, la 8e, placée dans une sapinière à gauche des Grands-Veaux, avait également été oubliée.

Quand le lieutenant Vidière qui la commandait s'aperçut de son isolement, il avait en face de lui les Prussiens s'avançant à l'abri des arbres et déjà près de ses hommes.

Se souvenant de la consigne que lui avait donnée le général Collin, d'attendre un ordre formel pour battre en retraite, notre lieutenant était bien résolu à défendre la position. Pour tâcher d'y réussir, il se place dans un chemin creux où il croit trouver un abri ; mais il est aussitôt débordé à sa droite.

Commandant alors à ses compatriotes un changement de direction par le flanc gauche, il engageait résolument le feu, quand deux Mobiles viennent lui apporter l'ordre de se retirer.

Mais il était trop tard ; du moins, il le semblait, car les

à la mémoire des Enfants d'Eure-et-Loir morts pour la Patrie pendant la campagne de 1870-1871, M. de Maleyssie disait :
» Je ne peux oublier le sergent Hémard, aujourd'hui conseiller général de la Seine et capitaine de l'armée territoriale.
» En 1870, je lui avais donné, après Marchenoir, le commandement des hommes qu'on armait avec les chassepots des marins tués.
» Jaurès nous les donnait, car il nous considérait comme sa troupe d'élite.
» En 1894, je l'ai retrouvé le cœur aussi chaud. C'est grâce à son concours si je suis au milieu de vous. » — *Supplément à l'Union Agricole*, 15 février 1895.
Enfin au moment où nous imprimons, nous lisons dans les notes de M. le marquis de Maleyssie : « M. Hémard, vice-président du conseil général de la Seine, attend encore la croix, comme l'adjudant Martin et le capitaine Villars. »

Prussiens avaient déjà presque gagné le côteau de droite par où seulement les nôtres pouvaient maintenant s'échapper.

Pour écarter l'ennemi, M. Vidière eut l'idée de s'élancer à la baïonnette. « Mais, mon lieutenant, dit un homme qui était derrière lui, il y en a la moitié qui ne s'emmanchent pas. »

C'était malheureusement vrai. On se rappelle, en effet, que le 3º bataillon ayant touché ses fusils la nuit et à tâtons, n'avait pu ajuster ces armes.

Il ne restait qu'une ressource et le lieutenant y eut recours : faire des feux nourris, se retirer par échelons, arriver au côteau et franchir en courant le bois qui couvrait sa pente.

Lorsqu'elle atteignit le bois, la 8ᵉ compagnie était absolument prise dans un fer à cheval formé par l'ennemi à cent mètres au plus. Le nombre de balles tirées sur elle pendant qu'elle gravissait le côteau est incalculable. Mais les Prussiens tiraient trop haut ; les branches coupées tombaient sur la tête des nôtres comme un ouragan de grêle.

Tous les Mobiles cependant ne purent franchir le côteau : quinze furent faits prisonniers.

De plus la compagnie qui avait 140 hommes au matin de cette journée, comptaient trois morts et trois blessés. Ces derniers reçurent plus tard la médaille militaire et le lieutenant fut nommé capitaine [1].

M. l'abbé Hervé estime qu'une quinzaine de nos compatriotes tombèrent morts sur le champ de bataille dans cette journée, et que le nombre de nos blessés fut beaucoup plus considérable.

Le matin notre Aumônier avait laissé dans les bois le troisième bataillon d'Eure-et-Loir qui, sans nourriture aucune et transi de froid, attendait le moment d'entrer en ligne.

Après avoir passé par la ferme des Grands-Veaux, il se dirigeait en priant sur la Longraie, quand il vit un soldat

---

[1] Le capitaine Vidière écrit en 1890 : « Nous avons eu trois hommes tués : Grégoire, de Maintenon ; Galerne, de Bréchamps ; Godard, de Néron, qui a succombé à ses blessures ; — trois blessés : Godet, de Dreux ; Flé, de Nogent-le-Roi ; Lépine, de Nogent-le-Roi. Notre camarade Lépine souffre encore beaucoup de sa blessure. — *Réveil de Dreux*, 7 mai 1890.

accourir à lui et chercher à attirer son attention. Le malheureux, qui avait une balle dans la gorge, n'articulait aucune parole, mais ses gestes suppléaient à la voix, et manifestaient son pieux désir.

« Il me prend les mains, écrit M. l'abbé Hervé, il les couvre de baisers, les arrose de son sang; il fait à plusieurs reprises le signe de la croix, et demeure dans la plus vive inquiétude jusqu'à ce que je l'aie rassuré, en lui disant qu'il pouvait recevoir l'absolution, bien qu'il ne parlât pas.

» Sans plus tarder, je lui donne le pardon de ses fautes, et il m'en remercie avec effusion de cœur.

» Il me fait ensuite comprendre qu'il voulait un crayon. Je lui présente le mien; et, sur un papier rougi de son sang, que je suis chargé de remettre à destination, il écrit ces simples mots, si chrétiens et si touchants ;

« Mes chers parents, priez pour moi. »

« Après cette recommandation, il attend tranquillement la mort, souffrant comme un martyr, résigné comme un saint.

» De ma vie je n'oublierai ce cher enfant que je me réjouis de revoir au ciel.

» Ce même jour, poursuit M. l'abbé Hervé, deux autres soldats arrivent à l'ambulance. Le premier, tout pâle et tout défait, me paraît être à ses derniers moments; vite je le confesse, suivant son désir. Le second, plus fort et plus robuste, ne me donne pas les mêmes craintes. Les médecins le pansent, et, à peine ont-ils terminé, qu'il expire.

» Quelle n'est pas ma douleur lorsque, retournant à lui, je ne trouve plus qu'un cadavre! Pour me rassurer, j'aurais voulu lui voir quelque image de la Sainte Vierge, mais je cherche en vain; tandis que j'aperçois le scapulaire sur la poitrine du premier qui s'était si bien confessé.

» Il est donc vrai, me disais-je, qu'on ne meurt point en péché mortel, quand on a le scapulaire. J'espère pourtant que le pauvre soldat qui ne s'en était point muni aura trouvé grâce devant Dieu ; la veille, il avait reçu l'absolution générale que son courageux Aumônier, M. Piauger, avait donné au bruit de la fusillade. »

Mais laissons, pour quelque temps, M. l'abbé Hervé au

chevet de ses blessés, à l'ambulance, et revenons à nos troupes que nous avions accompagnées dans leur retraite auprès du quartier général.

Outre les balles prussiennes, le froid et l'épuisement continuaient à faire des victimes.

A ce moment, près du château de Loresse, écrit le sergent Eugène Bay, de notre premier bataillon, j'ai vu beaucoup de Mobiles qui avaient les pieds gelés, et qui tombaient de fatigue sur la neige sans pouvoir se relever. »

M. de Possesse ajoute : « On nous laisse geler là sur place pendant des éternités ; quelques bataillons de la réserve avaient les faisceaux formés et se chauffaient tranquillement. »

Le soir lorsque la nuit fut venue, le général Collin voulut essayer de faire reprendre à ses bataillons les hauteurs qu'ils avaient abandonnées. On parvint à réoccuper les fermes du Cassoir, de la Chaussée et du Chêne, dans la vallée de Puyseaux. Mais ce mouvement n'eut pas de suite.

« On a sans doute reconnu le danger qu'il y avait à faire une pareille attaque, écrit M. Maurice de Possesse, et on nous a donné l'ordre de nous retirer. Nous repassâmes alors près de Loresse, et on nous fit entrer dans un bois pour pouvoir y faire un peu de feu sans être trop en vue.

» Là se trouvait toute l'artillerie du corps qui n'avait pas donné de notre côté.

» Il faisait un froid de loup, et pour nous chauffer nous n'avions que le bois vert tout couvert de neige. J'ai passé toute la nuit assis sur un fagot, le dos gelé et les pieds dans le feu. De temps en temps je me retournais ; alors les pieds étaient à la glace et le dos rôti à point.

» Par dessus le marché une faim de quinze heures et rien à manger. Une âme charitable me donne un biscuit que je couvre de neige pour le faire attendrir, et je le mets sur le feu. Voilà quel a été mon régal. »

Tandis que nos Mobiles, assis ou étendus sur des branchages pour éviter l'épaisse couche de neige qui tapissait la terre, attendaient ainsi, sans goûter de repos, la fin de cette pénible nuit, un courrier vint apprendre à la division Collin qu'elle était cernée de trois côtés, et qu'elle devait se replier immédiatement avec les plus grandes précautions.

Il fallait gagner Saint-Corneille, gardé par le troisième bataillon des zouaves pontificaux : la première brigade passerait à gauche par les bois de Mondoublerain, et éviterait Montfort déjà au pouvoir de l'ennemi ; la seconde inclinerait à droite, prenant les chemins les plus courts et les plus dérobés.

Le 12 janvier, à 4 heures du matin, le départ de nos Mobiles s'effectua heureusement sans attirer l'attention des sentinelles prussiennes. Des sentiers affreux et couverts de verglas rendaient la marche très difficile.

Un ruisseau profond arrêta même un instant la colonne ; mais le commandant de Maleyssie ayant fait abattre deux peupliers et jeter des fagots dessus, les troupes passèrent assez rapidement sur ce pont improvisé.

Ce fut vers neuf heures seulement que la seconde brigade faisait halte au delà de Saint-Corneille, prête à continuer sa marche en arrière, tandis que les nôtres, succédant aux zouaves pontificaux dans la défense de cette position, s'arrêtaient près du château de la Hire, aux abords du village, pour le protéger et couvrir le mouvement de retraite.

Ils s'installèrent à gauche de la route, dans les chemins creux ou derrière quelque abri, et se mirent à préparer le café du matin.

« Sur la route en avant de Saint-Corneille, écrit le capitaine Vidière, un bon paysan conduisant une voiture nous fait demander à quel endroit il doit se rendre.

— Qu'avez-vous dans votre voiture ?

— Du pain.

— Du pain ! mais c'est ici, mon brave, vous êtes arrivé.

— Ah ! tant mieux.

» Puis faisant un signe aux hommes, en moins de temps qu'il n'en faut pour l'écrire, la voiture fut vidée.

» Encore une distribution bien peu régulière ! Mais que voulez-vous ? La compagnie, engagée la veille jusqu'au soir, n'avait pu prendre aucune nourriture de la journée. Nous n'avons pu résister au désir de faire piller la voiture.

14

» Disons aussi que si ce brave paysan n'avait pas été dévalisé par nous, il l'aurait été un peu plus loin ; car il s'avançait sans protection au milieu d'un grand nombre de ventres diantrement affamés [1]. »

M. Maurice de Possesse profite du repos accordé aux Mobiles pour nous raconter ses impressions et ses espérances :

« Il fait un soleil radieux, écrit-il, et on ne peut croire à une attaque immédiate. Nous nous rapprochons du Mans ; la concentration des troupes sera plus grande ; la résistance me semble plus facile, l'espace étant plus restreint.

» Sargé n'est pas loin derrière nous, les positions y sont très fortes : le quartier général du 21ᵉ corps y a été pendant longtemps, les généraux doivent bien connaître leur terrain. On dit en outre que c'est un véritable entonnoir, et que le plan de Chanzy consiste à y attirer l'ennemi pour l'y écraser.

» C'est sans doute dans ce but qu'on ne nous a pas envoyé de renforts, et qu'on nous a laissé repousser de nos positions de Connerré.

» Voilà quelles étaient mes réflexions que je communiquais à mes camarades, tout en grignotant un maigre biscuit. Mais ma conversation est interrompue par une vive fusillade, à quelques centaines de mètres de nous, dans le bois par lequel nous étions arrivés. »

La grand'garde était aux prises avec les Prussiens ; il fallait songer à se défendre.

Cette alerte fut cause que nombre de nos soldats se trouvèrent désarmés.

A l'arrivée de la brigade, le colonel Villain avait enjoint à une compagnie par bataillon de former les faisceaux, de déposer les sacs et d'aller aux provisions. M. de Maleyssie comprit tout le danger d'une pareille conduite en face de l'ennemi et recommanda aux siens de garder leur fusil. Sa prudence fut récompensée ; dans le trouble de la surprise les faisceaux et les sacs furent abandonnés, et plusieurs compagnies se trouvèrent par là même hors d'état de combattre.

[1] *Réveil de Dreux*, 7 mai 1890.

Heureusement que nos autres Mobiles, oubliant leurs fatigues et le déjeuner inachevé, se préparaient à recevoir vigoureusement l'ennemi.

A ce moment, vers 10 heures, M. de Maleyssie, appelé à la ferme de la Pommery où se tenait l'état-major, y apprenait une grave nouvelle et y recevait une mission périlleuse.

« Commandant, lui dit le colonel Villain, le Mans est pris; mais il faut garder le secret le plus longtemps possible, pour ne pas démoraliser les troupes. Je vous donne l'ordre d'assurer la retraite en luttant ici pendant quatre heures avec tous les Mobiles d'Eure-et-Loir ; faites-vous enlever, s'il le faut.

» Prévenez M. Lavater, que je mets sous vos ordres. Un bataillon du 40e de ligne gardera la ferme à votre gauche : vous vous retirerez ensemble. »

M. de Maleyssie s'empressa d'exécuter sa consigne et d'avertir le commandant de notre 2e bataillon. Mais M. Lavater voulut aller prendre personnellement les instructions du colonel et il fut suivi par la moitié de ses hommes.

Par bonheur quelques soldats énergiques, tels que M. Maurice de Possesse et M. André Vivien, comprenant la situation, eurent assez d'ascendant sur leur troupe pour retenir autour d'eux la valeur de quatre compagnies, et contribuer par leur résistance à permettre au général Collin de sauver sa division et son matériel.

Dans cette circonstance, écrit le capitaine Maurice de Possesse, je donnai les ordres « les plus sévères aux officiers qui se trouvaient avec moi, mon grade et mon ancienneté m'y autorisant; et comme il fallait toujours penser à la fameuse question de responsabilité, j'allai décharger la mienne dans le sein du brave commandant de Maleyssie, du premier bataillon, qui était non loin de là.

» Il me félicita de ma conduite, ce à quoi je fus excessivement sensible, me dit que je n'avais qu'à placer mes hommes à la suite de sa ligne, et qu'il me transmettrait les ordres qui lui seraient donnés.

» C'est là que, bien abrités par un solide épaulement, mes

Mobiles firent, pendant près de deux heures, une fusillade des plus intenses sur une ligne de tirailleurs prussiens, cachés à deux cents mètres derrière des arbres dans des broussailles.

» Jamais je n'ai vu nos Moblots tirer avec autant d'ardeur et de sang-froid. Les chassepots que j'avais pu procurer à toute ma compagnie leur donnaient confiance et ils étaient heureux de l'occasion qui leur permettait de les étrenner. J'eus en tout 4 hommes tués et 7 ou 8 blessés.

» Vers trois heures, je reçus l'ordre de suivre le mouvement de retraite qui s'opérait sur Savigné. Déjà le village de Saint-Corneille était au pouvoir de l'ennemi qui s'avançait sur la gauche pour tâcher de nous couper la retraite. Le 53ᵉ de marche se sauve un peu précipitamment ; il a l'air serré de près. C'est lui qui nous protège de ce côté ; puisqu'il n'y est plus, il n'y a pas de temps à perdre pour nous. Une fois sur le plateau nous serons à l'abri d'une poursuite trop vigoureuse. »

Alors, en commandant à ses hommes de se mettre en file par un, le prudent capitaine fut assez heureux pour les faire sortir du chemin creux où ils étaient et gravir, au milieu des balles, un sentier rapide et découvert qui les menait sur la colline, sans qu'aucun d'eux ne fût atteint.

« C'est à cette occasion, écrit le commandant de Maleyssie, que je proposai le capitaine Maurice de Possesse pour la croix d'honneur. »

M. André Vivien, dans ses *Souvenirs*, nous a laissé d'intéressants détails sur cet épisode critique.

« Après avoir retenu, lisons-nous, presque toute ma compagnie qu'un exemple contagieux menaçait d'entraîner, j'aperçois le capitaine Maurice de Possesse qui se multiplie pour rassembler les débris de notre deuxième bataillon. Je m'approche de lui pour savoir où me placer, et je rencontre le commandant de Maleyssie qui indiquait les positions.

» Cet officier me donne quelques hommes pour renforcer ma petite troupe et me dit : Retournez à la ferme par où vous venez de passer. Occupez-la, si elle ne l'est pas ; essayez de vous en emparer, si l'ennemi s'y trouve. — Bien, mon commandant, répondis-je. Je vous prie de vous souvenir que je suis là : je ne me retirerai que quand vous enverrez me le dire.

» Tandis que nos Mobiles de Chartres, échelonnés sur ma droite, ripostent par une fusillade bien nourrie au feu de l'ennemi, je gagne la ferme désignée, m'y établis solidement et organise la défense.

» Déjà l'ennemi était dans un verger tout près. Je voyais ses soldats s'avancer sur la route que nous avions suivie le matin. Ils étaient toutefois retardés par une petite troupe qui, retraitant par échelons, leur disputait le terrain pied à pied.

» J'indiquai le côté menaçant au sergent Hénault, d'Auneau, qui s'était embusqué dans une écurie où se trouvaient des ouvertures formant créneaux.

» Bientôt un de mes hommes est tué sur la glace d'une petite mare; un second succombe dans une autre direction; un troisième est grièvement blessé. Je cours de côté et d'autre pour stimuler l'ardeur des combattants ou signaler les points menacés.

» Vous allez vous faire tuer, me crie le sergent Trochard.
— Nous sommes ici pour cela, si c'est nécessaire, lui répondis-je sans hésiter. »

C'est en revenant, par ordre, de cette ferme, où il avait conduit une section de sa compagnie pour appuyer les défenseurs, que le lieutenant Roger Durand, du premier bataillon, tombe avec les siens aux mains de l'ennemi.

Aussi grande fut l'inquiétude de l'auteur des *Souvenirs* quand le sergent Buron, d'Unverre, vint de la part de M. de Maleyssie lui ordonner de suivre le mouvement de retraite.

» J'eus un moment d'inexprimable angoisse, raconte-t-il, car nous étions totalement cernés. En cette extrémité et tandis que j'installe dans une chambre mes deux morts et mon blessé, je m'adresse à mon Ange gardien, le priant de me guider ; puis je commande de se retirer en combattant.

» Les balles nous arrivaient de tous côtés, à droite, à gauche, en avant, en arrière ; mais elles passaient sans nous toucher.

» Une traînée de débris, sacs, fusils, sabres baïonnettes,

lambeaux divers qui jonchaient le sol, nous indique bientôt la direction prise par nos compatriotes et nous suivons cette piste au milieu d'une grêle de balles.

» C'est pour moi un fait inexplicable, autrement que par une protection divine, qu'aucun de nous n'ait pas même été blessé dans cette retraite. Ma prière avait été exaucée. »

Pour résister pendant quatre heures, comme le lui avait demandé le colonel, M. de Maleyssie avait eu soin de ménager ses munitions. Ses meilleurs tireurs, abrités dans les fossés, avaient seuls la permission de faire feu. Il atteignit ainsi le délai fixé ; puis, voyant Saint-Corneille aux mains des assaillants, et les masses ennemies s'avancer sur la route pour le cerner, il ordonna la retraite par la droite.

Le long du chemin, on rejoignait des blessés et des éclopés, entre autres M. Coutant, lieutenant au deuxième bataillon. Pris à l'improviste par une crise rhumatismale qui le paralysait à moitié, il se traînait péniblement au bras d'un de ses hommes, et essayait d'échapper aux Prussiens.

D'autres soldats, mourants de faim, quittaient leurs rangs et se précipitaient dans les maisons qu'ils rencontraient pour avoir quelque nourriture. Mais un assez grand nombre de ces retardataires tombèrent au pouvoir de l'ennemi.

Il était environ 5 heures, lorsque nos Mobiles apprirent avec stupeur, à Savigné-l'Evêque, le terrible désastre qui venait anéantir les dernières espérances de la patrie.

A mon passage, lisons-nous dans les *Lettres* de M. de Possesse, « Gontaut m'annonce la nouvelle saisissante de la prise du Mans dont je ne me doutais pas, et la retraite de toute l'armée de Chanzy. Sa figure à l'envers me disait assez quelle était son inquiétude. »

La veille cependant le jour avait semblé finir sur un brillant fait d'armes. Dans une charge aussi mémorable que celle de Loigny, mais plus heureuse, les Zouaves Pontificaux, et quelques compagnies d'élite avaient chassé les Prussiens du plateau d'Auvours, et contraint le prince Frédéric-Charles à désespérer un instant de forcer jamais les lignes françaises.

Un peu plus tard, hélas! à 8 heures du soir, sous l'impulsion d'une inconcevable panique, sans tirer un coup de feu, les Mobilisés Bretons avaient abandonné aux Allemands les hauteurs de la Tuilerie, qui dominent la ville au sud-est, et entraîné des régiments sur leur passage. La voix des chefs n'était plus écoutée.

« Nous avons vu de près ces troupes débandées, écrit le lieutenant-colonel des Mobiles de l'Orne, M. des Moutis ; nous pouvons donc parler de la honte et de la colère ressenties ce jour-là. »

Les Mobilisés, les *vieux gars* comme on les surnommait, nous l'avons dit, ressemblaient beaucoup moins à des soldats que nos Mobiles. Ils étaient plus âgés, avaient été appelés plus tard, étaient encore plus misérablement vêtus et plus mal armés.

Ceux de Bretagne qui, lors de la levée en masse, avaient tous quitté leurs foyers avec tant de patriotisme, étaient demeurés plus de deux mois au camp de Conlie, couverts de boue ou de neige, dans une déplorable oisiveté. On voit les épouvantables conséquences de cette conduite.

Mais le malheur était irréparable, et la bataille du Mans, qui jusque-là nous présageait un succès, était irrémédiablement perdue. Le général Chanzy n'avait plus qu'à chercher un autre terrain pour y préparer à nouveau la défense.

Pendant cette dernière série de combats, nous dit M. de la Marlier, nos pertes avaient été sensibles ; nous comptions, en effet, 44 morts, 10 disparus, 161 blessés dont 1 officier, le sous-lieutenant Delarue, et 83 prisonniers, parmi lesquels 8 officiers ; ce qui réduisit singulièrement l'effectif de nos bataillons déjà bien affaiblis par les calamités et les luttes que nous avons précédemment racontées.

Nous suivrons bientôt nos Mobiles dans leur retraite : mais il nous faut d'abord revenir en arrière et raconter quelques épisodes que nous avons dû tenir en réserve pour ne pas nuire à la marche de ce récit.

Dans l'après-midi du 11 janvier, tandis que nos Mobiles se retiraient auprès du château de Loresse, nous avons laissé

M. l'abbé Hervé prodiguant ses soins aux soldats qui se trouvaient à l'ambulance.

« Après le départ de nos troupes, écrit-il, je restai seul dans la ferme de la Longraie, près de Connerré, avec ma trentaine de blessés que les médecins, obligés de suivre l'armée dans sa fuite, y avaient abandonnés.

» Parmi ces pauvres blessés, il y en avait un auquel on venait de couper un bras et une jambe, Un autre avait aussi besoin de l'amputation, mais le temps sans doute avait manqué pour la lui faire.

» Après m'être occupé des âmes, j'essayai de faire quelques pansements indispensables. Les Prussiens me surprirent dans cette pieuse et pénible besogne, et ils la respectèrent.

» Un de leurs chefs me donna même plusieurs de ses hommes pour enlever les morts qui se trouvaient mêlés aux blessés et transporter ceux-ci dans un appartement plus commode.

» Au reste, les Allemands, assez compatissants pour nos pauvres victimes, furent en revanche impitoyables à mon égard. Ils me virent manger devant eux mon morceau de pain sec, et ils ne m'offrirent pas une miette de leur table, qui était pourtant abondamment servie.

» On devine assez quelle nuit je passai ainsi au milieu des morts et des mourants.

» Le lendemain, 12 janvier, je dus m'occuper de la sépulture des morts. Je ne pouvais sortir, ni faire un pas dans la campagne sans rencontrer des cadavres qui n'étaient pas encore inhumés. L'encombrement des routes par l'ennemi ne permettait pas de les transporter au cimetière ; je bénissais donc les endroits qui me paraissaient les plus favorables à leur sépulture, puis je priais les paysans de les enterrer. Ils accomplirent pieusement mes intentions, plantèrent sur toutes ces tombes, ainsi disséminées au milieu des champs, de petites croix qui permirent, en des jours meilleurs, à plus d'une famille affligée, d'y venir vénérer des restes chers et précieux. »

Une fois ce premier devoir accompli, M. l'abbé Hervé fit observer à l'officier dont il a été parlé plus haut, qu'on ne pouvait laisser ainsi des blessés privés de tout secours, et qu'il fallait ou leur procurer les soins indispensables ou les conduire dans une ambulance plus à portée des médecins.

L'Allemand consentit à cette demande. Il chargea notre Aumônier d'aller lui-même à Connerré chercher les voitures nécessaires au transport des blessés et lui donna un sauf-conduit pour sa sûreté personnelle.

Malgré le verglas qui rendait la marche difficile, le prêtre se rendit en toute hâte à la petite ville, et fit les plus vives instances, soit auprès du maire, soit auprès du Curé; mais ni l'un ni l'autre ne voulurent assumer la responsabilité de réquisitionner ou de quêter des voitures qui peut-être ne reviendraient jamais.

Le temps pressait cependant, car de pauvres blessés attendaient. M. l'abbé Hervé résolut d'agir seul. Il se présente dans une ferme, explique le but de sa visite, montre le sauf-conduit prussien qui l'autorise à faire ces démarches, et fait comprendre que si on refuse de prêter, de bon cœur, une voiture, il faudra la donner de force.

L'argument en toucha enfin quelques-uns, et notre Aumônier en revenant à son point de départ était accompagné de plusieurs conducteurs qui veillaient sur leurs attelages.

A cette vue le fermier de la Longraie, lui aussi, se décida à donner sa carriole, et il y eut alors assez de places pour emporter tous les blessés.

On se dirigea sur Pont-de-Gennes où quelques blessés trouvèrent un asile, puis le convoi se disposa à continuer sa route jusqu'à Montfort.

Les rues du village, à cette heure de l'après-midi, étaient encombrées de Prussiens; beaucoup se divertissaient autour d'un feu de joie qu'ils entretenaient pour célébrer la prise du Mans. L'Aumônier sait maîtriser la patriotique douleur qui l'étreint à cette vue et demande doucement aux soldats de laisser un libre passage à ses voitures de blessés. Mais le moment était peu favorable. Les Teutons dérangés dans leurs amusements regardent d'un air soupçonneux le prêtre français, et lui désignent le poste avec ordre d'y aller faire viser ses papiers.

Un instant la scène semble même devenir tragique. Un Prussien qui avait trop bu de ce fameux cognac tant réclamé par les envahisseurs, se précipite sur M. Hervé et le pousse rudement au milieu des flammes du bûcher. Des exclamations malveillantes et des rires sauvages parcoururent la brutale assemblée tandis que le pauvre Aumônier, surpris mais non déconcerté, se retirait du brasier et secouait promptement les charbons qui trouaient déjà ses habits.

L'officier du poste, attiré par ce bruit, parut aussitôt pour se rendre compte de ce qui se passait. Sa présence rétablit le calme. Il interroge le prêtre, examine le sauf-conduit dont il est porteur, gronde vivement le soldat qui l'a traité si indignement et donne l'ordre de laisser passer les voitures.

M. l'abbé Hervé put alors, sans nouvel incident, mener ses blessés jusqu'à Montfort, où M. le Marquis de Nicolaï offrait chez lui aux victimes de la guerre une chrétienne et généreuse hospitalité. Mais le château et ses dépendances étaient tellement encombrés de blessés et de malades que l'on crut d'abord impossible de recevoir les nouveaux venus.

Le prêtre se voyait déjà obligé d'aller frapper de porte en porte aux maisons du village, quand sur ses instantes prières Mme la Marquise chercha les moyens de ne pas refuser les malheureux soldats qui réclamaient son assistance et finit par les caser assez commodément. Aussi ils étaient entourés des meilleurs soins et tout consolés lorsque l'Aumônier les quitta pour ramener les voituriers à leur point de départ et revenir le soir coucher à la ferme des Quesnières où il avait été précédemment hébergé.

Après s'être acquitté de ses devoirs envers ses morts et ses blessés, M. Hervé ne songea plus qu'à rejoindre ses chers Mobiles dont il se trouvait à nouveau séparé. Mais aurait-il autant de chance que la première fois? La Providence écarterait-elle encore tous les obstacles?

Résolu de tenter l'entreprise, il revient le 13 au matin célébrer la sainte Messe à Pont-de-Gennes, où, malgré la présence de l'ennemi, l'excellente paroisse, en cette octave de l'Epiphanie, marquait son jour d'adoration solennelle du Saint-Sacrement, en redoublant de supplications pour la France.

Bientôt, continuant son voyage, il rencontra les Prussiens aux abords de Lambron. Malgré ses réponses précises et le sauf-conduit dont il était porteur, les soldats l'emmenèrent à leurs chefs. C'était heureusement les mêmes officiers qui l'avaient vu la veille. Ils reconnurent aussitôt M. l'abbé Hervé et l'accueillirent avec déférence. Pourtant notre Aumônier se sentait mal à l'aise auprès d'eux. Aussi il s'esquiva le plus tôt possible et poursuivit sa marche en toute hâte.

Dans l'espérance d'échapper à la surveillance de l'ennemi, il prit à travers bois ; mais en débouchant sur la route, il tomba de nouveau au milieu des Prussiens qui, sur le vu de sa carte, le laissèrent cependant passer.

Il arrive enfin à Saint-Corneille, voit le bon Curé désolé du pillage de son église, entre à l'ambulance où parmi les nombreuses victimes des derniers combats il reconnait Habert, un de ses anciens élèves au Petit-Séminaire de Nogent-le-Rotrou.

Les médecins militaires qui soignaient les blessés sont effrayés de l'audacieuse tentative de notre Aumônier pour franchir les lignes Allemandes ; ils lui font observer à quels dangers il s'expose, lui conseillent de retourner sur ses pas, de suivre leur exemple, de gagner la Belgique pour de là revenir par mer sur les côtes de Bretagne, et rejoindre nos bataillons. Mais le zèle dont brûlait le digne prêtre ne s'accommodait guère de ces précautions méticuleuses, de ces longs et prudents détours. Aussi, après avoir passé la nuit à l'ambulance, à côté même des soldats allemands, il partait bien tranquillement le lendemain pour Savigné-l'Evêque, où les médecins de l'ambulance essayaient encore, mais vainement, de le retenir.

Arrivé à Ballon, M. Hervé se trouve de nouveau au milieu des envahisseurs. On le prend pour un curé des environs s'en allant visiter quelque confrère voisin ; grâce à cette méprise, il fait route avec l'ennemi et gagne ainsi Beaumont-sur-Sarthe dont les rues, selon son expression, étaient noires de Prussiens. Il passe toutefois sans que nul ne l'inquiète, et se présente au presbytère. Là également, après le plus cordial accueil, on le supplie de renoncer à son projet. « Comment espérait-il traverser sans encombre une armée si soupçonneuse et si vigilante ? Il serait certainement arrêté, jeté en prison et peut-être fusillé. »

Rien n'ébranlait notre Aumônier, car le dimanche matin, 15 janvier, après avoir célébré la sainte Messe pour ses Mobiles et pour la France, il se hâta de poursuivre son voyage. A son grand étonnement, sa sortie de la ville, devant les sentinelles ennemies, n'offrit pas de difficulté, et depuis il ne revit aucun Prussien.

Il eut pourtant une vive alerte avant d'arriver à Ségrie. Un paysan rencontré sur la route lui apprit qu'on attendait à chaque instant l'arrivée d'un corps de dix mille Allemands. La crainte accéléra sa course, il eut le bonheur de devancer les envahisseurs et de trouver dans le village, non des troupes wurtembergeoises, mais une arrière-garde française dont le capitaine recueillit avec soin les renseignements fournis par notre Aumônier sur le nombre et la marche de l'ennemi.

La bataille, en effet, ne tarda pas à s'engager ; mais le général Rousseau, que nous avons vu moins heureux aux deux combats de la Fourche, près Nogent-le-Rotrou, prit ce jour-là à Sillé-le-Guillaume une consolante revanche.

Pour M. Hervé qui revenait ainsi dans nos lignes françaises au moment même où le danger était si grand, il entendit, pendant qu'il s'éloignait rapidement, la fusillade et le canon s'élever en arrière ; mais, sans difficultés nouvelles, il eut la joie de rencontrer bientôt les Mobiles d'Ille-et-Vilaine, de trouver au presbytère de Montreuil-le-Chélif quelques Aumôniers du 21ᵉ corps et de rejoindre enfin ses Mobiles bien-aimés.

Cette fois encore la divine Providence lui avait fait traverser sans aucun dommage les bataillons ennemis et l'avait heureusement conduit au milieu des siens.

XII

RETRAITE SUR MAYENNE

SOMMAIRE. — Situation critique. — Combat de Courcebœufs. — Une pauvre veuve. — Prisonnier pour un moment. — Le pont de Beaumont-sur-Sarthe. — Eloge du 21ᵉ corps. — La première troupe, ce sera l'ennemi. — Journée épouvantable. — Combat de Sillé-le-Guillaume. — Voiture perdue. — Encouragements du général Collin. — Arrivée à Mayenne. — Brives. — Bonne humeur. — Encombrement des ambulances. — Blessés et malades abandonnés. — Un sermon de charité. — Notre-Dame de la Vallée. — Le lieutenant-colonel Barille.

Le jeudi matin 12 janvier, avant que les Prussiens aient pu se rendre un compte exact de notre situation critique, beaucoup de nos troupes, averties à temps par les envoyés du général en chef, purent franchir la Sarthe sans être inquiétées et se mettre ainsi à l'abri de poursuites trop vigoureuses.

Il n'en fut pas de même pour le 21ᵉ corps et surtout pour la division Collin qui, placée dans le combat aux avant-postes les plus éloignés, se trouvait par là même en arrière-garde dans la retraite. Aussi fut-elle obligée, pour éviter trop de pertes, de contenir de multiples assaillants, comme nous l'avons vu au combat de Saint-Corneille.

Grâce à l'énergique résistance de nos bataillons d'Eure-et-Loir qui reçurent en ce jour les félicitations du colonel Villain, le danger était moins pressant en arrière ; toutefois les troupes, l'artillerie, les bagages n'étaient pas sauvés pour cela.

Au moment, en effet, où la nouvelle de la prise du Mans parvenait à la connaissance de nos Mobiles, on leur annonçait aussi que leur retraite devait s'effectuer sur Ballon, mais que l'ennemi leur barrait le passage.

Notre deuxième brigade, qui n'avait pas combattu dans la journée, et qui se retirait en tenant la tête du convoi avec le général Collin, avait rencontré les Prussiens à Courcebœufs.

« Devant nous, sur la route que nous devions suivre, écrit le capitaine Maurice de Possesse, on entendait parfaitement la fusillade d'un combat assez vif. C'était la trouée qui s'opérait. Nous marchions pour passer, si la voie était libre, ou pour prêter main-forte aux combattants, s'il en était besoin.

» L'engagement me parut durer une heure environ et cesser à la nuit close. Nous n'eûmes pas à y prendre part.

» A notre passage sur le lieu du combat, nous reconnûmes aux cadavres assez nombreux qui gisaient de tous côtés que la Mobile de l'Orne avait donné, avec les francs-tireurs manceaux.

» Deux compagnies du 41e de marche, sous le commandement du capitaine Lévy, avaient décidé le succès par une charge à la baïonnette. Le général Collin avait dit à Lévy : « Passez ; la croix est de l'autre côté. » Il passa fort heureusement.

» Le général de brigade des Moutis a eu une contusion à l'épaule et un cheval tué sous lui ; le général Collin en a été quitte pour quelques balles dans sa capote.

» Toute la nuit nous marchons sur la neige ; le ciel était noir et la terre blanche. Rien de lugubre comme cette retraite. Le froid, la faim, la fatigue, et la crainte de trouver Ballon occupé par des forces supérieures nous accablaient des idées les plus tristes. »

Mais la contrée vers laquelle ils se dirigeaient, déjà visitée il est vrai par les Prussiens, était par bonheur libre en ce moment.

« Le lendemain 13 janvier, à 4 heures du matin, écrit le sous-lieutenant Vivien, nous arrivions à Saint-Mars-sous-Ballon où nous nous arrêtions pour nous reposer un peu. Je n'avais pour mon compte pris aucune nourriture depuis la surveille au soir.

« En compagnie des autres officiers du 2ᵉ bataillon, je frappe à la première porte venue. Une pauvre veuve nous reçoit, et, tandis que nous nous étirons, elle a déjà fait bouillir une grande marmite de lait. Nous avons une soupe, la plus délicieuse que j'aie jamais mangée. »

Mais s'il était encore parfois question de nourriture, on ne parlait plus de sommeil, car il fallait constamment veiller et se défendre.

A 6 heures du matin, nos Mobiles de Châteaudun reviennent se placer en avant du village, à l'intersection de deux routes ; jusqu'à midi, ils y restent sur le qui-vive, l'arme au pied et face à l'ennemi qui les harcèle, pour donner aux troupes qui les précèdent le temps de passer la rivière.

Dans la soirée, ils se rendent à Beaumont-sur-Sarthe, tandis que nos Mobiles de Chartres placés en arrière-garde ont beaucoup de mal pour contenir les nombreux cavaliers qui veulent nous inquiéter et prendre notre convoi de vivres.

« J'étais alors si fatigué, raconte le sergent Eugène Bay, du 1ᵉʳ bataillon, que je perdais du pas malgré moi et me trouvais à cent mètres en arrière de la colonne. A un moment, j'entendis des cavaliers approcher et, croyant avoir affaire à des Français, je ne me retournai pas. Bientôt un commandement retentit : Rendez-vous ! Je me réveille comme en sursaut et regarde : c'étaient des Uhlans.

« J'étais seul et incapable de résister ; je me crus prisonnier pour longtemps. Il n'en fut rien, car l'imprudence des Allemands me sauva aussitôt. Ils voulurent, en effet, augmenter leur butin et poursuivre mes camarades. Mais ils furent reçus de telle manière qu'ils se hâtèrent de fuir sans songer à moi, et je pus rejoindre mon bataillon. »

C'est après minuit seulement que nos compatriotes franchirent des derniers la rivière.

« Le passage du pont suspendu sur la Sarthe, d'une très grande portée, demande un temps énorme, lisons-nous dans les *Lettres* du capitaine de Possesse. Je ne pouvais m'empêcher de songer à la fameuse catastrophe du pont d'Angers. Les compagnies passaient une à une, et les voitures du convoi ne s'engageaient sur le tablier du pont que lorsque la précédente l'avait quitté. On peut donc juger de la durée de l'opération. »

Cette retraite du 21ᵉ corps au milieu d'un hiver implacable et d'ennemis acharnés fit que beaucoup songèrent à la fameuse retraite de Russie. C'était un grand mérite pour le chef de l'avoir dirigée et pour les troupes de l'avoir accomplie. Chanzy eut soin, dès le 13 janvier, d'en féliciter les auteurs.

« Le général en chef est heureux, disait-il dans un ordre à l'armée, d'exprimer toute sa satisfaction au général Jaurès pour la façon dont il a couvert, pendant les journées des 11 et 12, sa retraite devenue difficile par la dispersion de ses divisions, les distances à parcourir et les combats à livrer.

Il félicite également les troupes du 21ᵉ corps qui, dans cette opération, ont fait preuve d'ordre, de discipline, de ténacité, de vigueur, alors que se produisaient, dans certaines portions de l'armée, des défaillances qui ont amené la retraite du Mans, au moment où nous avions les meilleures chances de battre l'ennemi [1]. »

Chanzy recommande ensuite de donner aux troupes un repos relatif en ne leur demandant qu'une marche de dix ou douze kilomètres ; puis il indique que la direction générale à suivre ne doit plus être sur Alençon, comme on le pensait d'abord, mais vers la rive droite de la Mayenne, en avant de Laval où l'appelle un ordre du gouvernement.

Jaurès s'empressa de communiquer à ses troupes les paroles élogieuses dont on les honorait: « Il faut, dit-il, que ce 21ᵉ corps qui n'a jamais été entamé, continue à montrer de l'ordre dans les marches et de la fermeté devant l'ennemi. »

Après le passage de la Sarthe à Beaumont, nos Mobiles espéraient être moins inquiétés par les Allemands. Il n'en fut rien, car les mobilisés de la Mayenne qui gardaient le pont et devaient le faire sauter à leur départ, n'avaient pas, malheureusement, exécuté cet ordre.

[1] *La deuxième armée de la Loire*, par le général Chanzy, p. 365.

Effrayés, le 14 au matin, par la démonstration d'une reconnaissance ennemie, ils avaient abandonné, en désordre et sans rien détruire, cette position importante et par là même donné aux Allemands toute facilité de nous poursuivre.

Aussi les nôtres qui formaient toujours l'arrière-garde ne purent aucun instant se sentir en sûreté. C'est ainsi qu'à Ségrie où ils arrivèrent d'assez bonne heure, ils durent, à cause des alertes fréquentes, se tenir en éveil ou se coucher sur la neige.

Ils repartirent de nuit, et, par une marche dans les bois, sur une couche de neige épaisse et non frayée, ils atteignirent le matin du 15 le village de Montreuil-le-Chélif. Mais là encore impossible de songer au repos. La soupe à moitié faite, il faut renverser la marmite et grimper sur de hautes collines pour attendre l'ennemi signalé à Fresnay, à une lieue de là.

Afin d'éviter une surprise, M. de Maleyssie avait eu soin, dès son arrivée, d'envoyer le sous-lieutenant Vivien en avant-poste sur la route de Fresnay avec cette consigne : « Faites attention, l'armée se repose sur vous de ce côté. La première troupe que vous apercevrez, ce sera l'ennemi. Si les Prussiens ne sont pas nombreux, essayez de les faire prisonniers. Si au contraire ils sont en force, arrêtez-les le plus longtemps possible afin de permettre à notre armée de prendre ses dispositions. »

Excité par ces graves paroles, l'énergique sous-lieutenant avait emmené sa compagnie à un kilomètre de Montreuil, l'avait cachée dans une carrière à droite de la route, avait installé sa grand'garde à 500 mètres plus loin, et, toutes ses mesures prises pour exécuter les ordres reçus, commençait à partager la soupe d'un fermier complaisant, quand le factionnaire vint l'avertir que la sentinelle avancée se retirait et qu'une troupe était en vue.

Le brouillard empêchait de bien apprécier l'importance de cette troupe, mais on distinguait des cavaliers allant au pas. Ils paraissaient nombreux et étaient peut-être l'avant-garde d'une colonne.

Aussitôt les armes sont chargées et les Mobiles échelonnés

sur le bord de la route derrière une haie, car la consigne donnée était formelle : la première troupe, c'est l'ennemi.

Pourtant le jeune officier redoute une erreur toujours possible et veut aller personnellement reconnaître ces cavaliers. « Vous ne tirerez pas, dit-il à ses hommes, sans que j'aie commandé : feu ! » Et, soutenu par une muette prière, le revolver au poing, il se porte résolument sur le milieu de la chaussée, et crie : — Qui vive ! — France ! lui répond le chef du détachement.

C'était, en effet, des dragons français. Partis en reconnaissance jusqu'à Fresnay, ils revenaient par cette route pour explorer plus de pays et auraient été fusillés par des compagnons d'armes, sans le courage et le sang-froid d'un sous-lieutenant de Mobiles.

Quelques instants après cette scène émouvante, la grand'-garde était rappelée et suivait le bataillon sur les hauteurs voisines, car le canon grondait au loin et une attaque paraissait imminente.

Cette journée fut épouvantable à cause de l'inaction complète de nos Mobiles derrière des remparts de neige, et de l'intensité du froid. Beaucoup d'hommes eurent les membres gelés et quelques-uns furent emportés sans connaissance.

Le ministre de la guerre désirait que l'on disputât pied à pied le sol de la patrie et que la forêt de Sillé-le-Guillaume fût la limite extrême de la retraite.

Chanzy essaya de réaliser ce programme et, dans cette journée du 15, ordonna à ses trois corps d'armée de résister à tout prix et le plus longtemps possible.

La victoire fut complète du côté de notre 21e corps, commandé par Jaurès, grâce au courage des troupes et à l'énergie des généraux de Villeneuve et Rousseau.

Ce dernier surtout prit à Sillé-le-Guillaume une éclatante revanche de ses insuccès dans notre Perche. Un de ses bataillons du 58e, dans une charge à la baïonnette au cri de : Vive la France ! avait entraîné nos soldats, mis l'ennemi en déroute et amené de nombreux prisonniers dont un chef de bataillon.

Nos Mobiles d'Eure-et-Loir, il est vrai, placés à l'extrême gauche, n'avaient pris qu'une part indirecte à la lutte en maintenant les colonnes prussiennes et en chassant vers le soir quelques cavaliers. Mais la gloire d'un corps d'armée rejaillit sur tous ses membres, et lorsque peu après, pour récompenser tous ses soldats dans la personne de leur chef, on nomma Jaurès général de division, les considérants du décret signalaient à toute la France la belle conduite du 21e corps dans les journées du 10 au 15 janvier autour du Mans et à Sillé-le-Guillaume.

Si l'aile gauche de l'armée de Chanzy avait été victorieuse, l'aile droite de son côté, avec l'amiral Jauréguiberry, avait brillamment combattu à Saint-Jean-sur-Evre. Malheureusement le centre, épuisé par les rigueurs exceptionnelles de la température, n'avait pas tenu ses positions. Aussi, pour ne pas diviser l'armée et exposer les vainqueurs à être entourés, il fallait continuer la retraite.

Jaurès reçut l'ordre de se replier pendant la nuit et il le fit non sans regret, devant un ennemi décontenancé ; car tandis que le 21e corps se retirait avec calme et régularité, les Prussiens, n'osant nous poursuivre, regagnaient Conlie.

A deux heures de la nuit on se remettait en marche. La route était couverte d'une neige fine et glissante qui se dérobait sous les pieds ; un brouillard épais annonçait le dégel. Les pauvres Mobiles harassés de fatigue se couchaient à chaque halte que l'on faisait pour livrer passage à l'artillerie. Il fallait alors employer les prières ou les menaces pour ne pas les laisser périr et les décider à se relever.

En cours de route, nos bataillons retrouvaient peu à peu bon nombre d'hommes et d'officiers disparus depuis l'affaire de Saint-Corneille.

A deux heures de l'après-midi, après avoir traversé Mont-Saint-Jean, Saint-Germain et Trans, nos Mobiles s'arrêtaient à Bais, où, chose inconnue depuis de longs jours, ils eurent un peu de paille pour dormir.

On touchait heureusement au terme de tant de misères.

Notre lieutenant-colonel, M. de la Marlier, jetant un coup

d'œil sur cette pénible retraite, nous dit que son régiment y perdit une voiture de bagages, qui, démontée d'un cheval, ne put suivre le convoi ; mais, ajoute-t-il, les hommes, bien qu'exténués et manquant de vivres, marchaient cependant en bon ordre ; aucun ne nous quitta pour se retirer plus vite.

C'est à Bais que le général Collin fit parvenir aux siens des éloges et des encouragements dans les lignes suivantes :

« Le général commandant la 2ᵉ division porte à la connaissance des troupes placées sous ses ordres qu'il est très satisfait de la façon dont s'est opéré le mouvement de retraite que nous venons de faire.

» La rigueur de la saison, les marches de nuit que nous avons été contraints d'exécuter en présence de l'ennemi, après une lutte de trois jours, augmentaient singulièrement les difficultés d'un mouvement toujours pénible.

» Le général est heureux de reconnaître que chacun dans cette circonstance a rempli son devoir avec courage et dévouement, et il en témoigne hautement ici toute sa reconnaissance.

» Il demande pour demain un dernier effort : vouloir à tout prix que les troupes de sa division qui se sont toujours fait remarquer par leur bon ordre dans les marches et leur bonne contenance au feu, se montrent aux habitants de Mayenne non pas comme des troupes vaincues et en déroute, mais bien comme une colonne que l'insuccès d'un corps voisin a contraint de se replier.

» Le présent ordre sera lu aux troupes de la division demain matin à l'appel de huit heures avant le départ. »

Nos Mobiles, presque reposés par une bonne nuit, eurent moins de peine à suivre les recommandations qui leur étaient faites. Ils partirent allègrement, le 17 janvier, vers 10 heures, passèrent au village d'Aron, traversèrent, bien en rangs, Mayenne à la nuit tombante et allèrent, le plus grand nombre du moins, loger le soir même au delà, assez loin de la ville, dans des villages et des fermes qu'ils devaient habiter plus de trois semaines.

« Le pays est pittoresque, nous dit M. de Possesse en par-

G. DE LA MARLIER DE LA SAUVERIE

Lieutenant-colonel du 63e régiment de marche,
1er, 2e et 3e bataillons de la Garde Mobile d'Eure-et-Loir.

lant de cette dernière étape, la neige fondue presque complétement et le soleil radieux. On est un peu remis de ses fatigues et il semble que la nouvelle phase dans laquelle on entre ne peut être aussi pénible que ce que nous avons eu à traverser jusqu'à présent.

» Nous passons la Mayenne sur un pont prêt à sauter à la première alerte, puis nous traversons la ville et nous allons cantonner à un kilomètre au delà dans une grande ferme près de Brives où s'établit le général Collin. »

Afin que l'ordre régnât dans les cantonnements, le général Jaurès avait interdit formellement aux troupes l'accès de la ville de Mayenne qui était gardée par un seul bataillon de la réserve. Les officiers eux-mêmes ne pouvaient y entrer que sur permission écrite et signée des généraux de brigade.

La poursuite de l'ennemi, après son échec de Sillé-le Guillaume, était devenue moins hardie, et nos Mobiles, protégés par la Mayenne, purent enfin songer au repos.

Une lettre adressée alors à ses parents par un des nôtres, parle d'abord des misères passées, et nous dit ensuite que la bonne humeur ne tarda pas à revenir dans les cantonnements de nos compatriotes.

« Au retour, écrit-il, car j'espère bien ne pas laisser ma dépouille entre les mains des Prussiens, j'essayerai de vous retracer quelques épisodes de notre campagne. Je suis persuadé à l'avance que vous vous refuserez à croire ce que je pourrai ou ce que d'autres pourront vous dire relativement aux souffrances que nous avons endurées, depuis deux mois surtout ; mais je puis dès aujourd'hui vous affirmer que nous avons plus souffert que les soldats qui sont restés plus d'un an en Crimée.

» Il y en a d'ailleurs quelques-uns parmi les remplaçants qui ont fait cette campagne et qui avouent n'avoir jamais rien vu de pareil. Notre dernière retraite, surtout, au point de vue des souffrances supportées, peut être considérée comme une seconde retraite de Russie, moins la durée et le chiffre des pertes.

» Vous le dirai-je ? Quelques jours seulement ont passé sur

ces journées néfastes, et c'est à peine si l'on croit à la possibilité de résister à de pareilles souffrances. Après la pluie, le beau temps. Quelques bons jours font oublier les mauvais. Les souffrances ont disparu : l'on rit et l'on chante, l'ennui de l'inaction se fait sentir, l'immobibité pèse.

» De temps en temps le bruit des chants et des rires me fait mal, je m'éloigne en songeant à ceux qui souffrent de mon absence, et ma pensée se reporte vers le pays où sont les personnes aimées, d'autant plus fréquemment qu'il est plus loin [1]. »

Ainsi, ceux de nos Mobiles qui n'étaient que fatigués et éclopés se remirent promptement ; mais il n'en fut pas de même pour tous, car les privations continuelles, la violence du froid, la variole et la dysenterie avaient fait chez beaucoup de terribles ravages et amené l'encombrement des ambulances.

Pourtant les dévouements ne manquaient pas. Bien des maisons particulières s'ouvraient devant ces intéressantes victimes et leur offraient une hospitalité qui les a préservées de la mort. Pour ne citer qu'un exemple, c'est grâce aux soins persévérants reçus au presbytère de Mayenne que M. Pèlerin, de Montigny-le-Chartif, eut la joie de revenir à la santé.

Mais au milieu du désarroi qui régnait alors, les meilleures volontés furent un instant débordées, et le sort d'une partie de ces pauvres malades resta quelque temps bien dur.

Il s'en trouvait surtout un grand nombre que l'on avait entassés à Mayenne dans le Palais de Justice. Les malheureux étaient dans le dénûment le plus complet ; ils n'avaient ni pain pour se nourrir, ni lit, ni même un peu de paille pour se reposer. Nul ne s'occupait d'eux, si ce n'est la pauvre concierge de l'établissement, qui se décourageait de ne pouvoir soulager tant de douleurs à la fois. Plusieurs étaient déjà morts faute de soins.

[1] *Journal de Chartres*, 16 mars 1871.

Nos deux Aumôniers de la Mobile d'Eure-et-Loir, MM. les abbés Hervé et Piauger, tout entiers à leurs bataillons logés assez loin de la ville, occupés du matin au soir avec leurs soldats ou avec les malades des ambulances établies à Montaigu et à la Poissonnière, ne connurent qu'après plusieurs jours cette détresse navrante.

Ils s'émurent aussitôt d'une sainte compassion et, comme c'était un dimanche, M. l'abbé Hervé obtint du curé de Saint-Martin la permission de monter en chaire pendant les Vêpres et de faire un appel à la charité publique. L'homme de cœur fut persuasif en exposant de pareilles misères.

Aussi dans Mayenne, ville pauvre, mais pleine de foi et par là même bienfaisante, il y eut d'admirables élans de générosité. Bientôt l'ambulance du Palais de Justice fut abondamment pourvue de gardes volontaires et de provisions de toutes sortes pour soigner les malades.

Écoutons M. Hervé nous raconter sa visite aux diverses ambulances de la ville et de la campagne :

« Les malades, dont le nombre était considérable, écrit-il, nous consolaient par leurs bonnes dispositions ; sans même être en danger, ils revenaient volontiers au bon Dieu, et toujours ils se sentaient heureux de voir les Aumôniers qu'ils comprenaient être leurs meilleurs amis. »

De l'ambulance nos deux Aumôniers passaient au camp où Mobiles et officiers leur faisaient tour à tour un cordial accueil. Ils restaient avec eux de longues heures qui leur paraissaient toujours trop courtes; à l'approche de la nuit, ils se retiraient dans un presbytère avec la consolation d'avoir fait aimer le prêtre et par là même le Dieu dont il est le ministre.

Aussi chaque jour, quelque temps qu'il fît et quelque mauvais que fussent les chemins, ils ne manquaient pas d'aller visiter les malades aux ambulances et les troupes dans leurs cantonnements souvent très éloignés les uns des autres.

Le dimanche nos Aumôniers réunissaient les soldats pour la

sainte Messe dans une église de village ou dans le sanctuaire de Notre-Dame-de-la-Vallée. Ils aimaient cette chapelle rustique, lieu de pèlerinage célèbre dans toute la contrée ; ils y répandirent souvent auprès de la Vierge Consolatrice des affligés leurs prières les plus ferventes pour nos compatriotes et pour la France.

Cependant nos bataillons profitaient du répit qui leur était accordé pour refaire les santés, réparer les vêtements, changer les armes et se tenir prêts à repousser les attaques de l'ennemi quand les hostilités reprendraient.

Alors nos Mobiles furent complètement armés, les 1er, 2e et 4e bataillons, de chassepots, et le 3e, de fusils sniders ; un nouveau commandant, le lieutenant-colonel Barille, du 50e de marche, fut mis à la tête de notre 1re brigade ; les manœuvres et l'instruction des hommes reprirent avec activité[1] et, le 28 janvier, une revue fut passée par le général Collin.

Nos compatriotes étaient enfin organisés, formés et conduits comme on les auraient souhaités au commencement de la guerre, lorsque le 29, dans l'après-midi, on apprit qu'un armistice de vingt et un jours avait été conclu la veille entre Bismarck et ses victimes.

XIII

ARMISTICE, PAIX ET RETOUR

SOMMAIRE. — Ce que pensaient nos Mobiles. — Le vote. — Les prisonniers. — La caserne de Blois. — Le camion et l'homme de peine. — Une évasion. — Si vous voulez la paix, préparez la guerre. — Pays vignoble. — Dissais. — Adieux de Jaurès au 21e corps. — Lettre des officiers du 2e bataillon à M. l'abbé Hervé. — Retour au foyer. — La Commune. — Combien manquent à l'appel ! — Vue de Châteaudun. — Arrivée à Chartres. — Ordre du jour au 1er bataillon. — Service à la Cathédrale. — Un discours bien écouté. — On licencie les bataillons. — Portrait du Beauceron. — Le Ministre de la guerre et le Curé de Loigny. — Deux réponses de Monseigneur Regnault. — Une ovation.

L'annonce de l'armistice fut un deuil parmi nos Mobiles. Pourtant ils ne se faisaient pas illusion. Les partisans de la guerre à outrance, prônée par Gambetta, étaient rares dans les régiments et sous la tente. Si un général tel que

---

(1) 2e BATAILLON DES MOBILES D'EURE-ET-LOIR
Tableau du travail journalier à partir du 1er Février 1871.

								DISTRIBUTION	
Le réveil et l'appel aussitôt....... 6 h. 30		Appel sac au dos et inspection des capitaines accompagnés des officiers de section.. 11 h. 30			Retraite........ 6 h.			Vivres............. 6 h. 30	
Corvée de propreté et visite du docteur. 7 h.		Soupe du soir............ 4 h. 30			Appel du soir........ 6 h. 30			Bois.............. 9 h.	

| JOURS | EXERCICES | | | THÉORIE PRATIQUE pour les officiers sous-officiers, caporaux et élèves caporaux | THÉORIE | | THÉORIE | THÉORIE dans les chambres de 8 à 9 heures du matin. | ÉCOLE des clairons | OBSERVATIONS |
	École de tirailleurs	École de peloton	École de bataillon		Capitaines	Lieutenants et Sous-lieut.	S.-officiers	Caporaux et élèves			
Lundi . .	12 à 2				3 à 4	3 à 4	3 à 4	3 à 4	Service des places. Id. Id. Service en campagne. Marques extérieures de respect. Entretien des armes. Théorie pratique sur le tir.	Tous les jours pendant les exercices.	On rentrera les armes pendant le temps de pluie. Le samedi soir, halage des couvertures et des effets d'habillement ; les hommes mettront tous les effets dans le meilleur état de propreté. A 3 heures, visite sanitaire. MM. les officiers devront assister à tous les exercices et théories.
Mardi . .				8 h. 30 à 9 h. 30							
Mercredi .	12 à 2										
Jeudi . .	12 à 2				3 à 4	3 à 4	3 à 4	3 à 4			
Vendredi .				8 h. 30 à 9 h. 30							
Samedi . .											

Approuvé : Le Général de Brigade,
Signé : BARILLE.

Le capitaine,
DUPESANT.

Le lieutenant,

Le sous-lieutenant,
GUILLERY.

Chanzy, si quelques officiers, comme le commandant Lavater [1], en affirmaient la nécessité et la préparaient avec ardeur, c'était surtout, croyons-nous, par tactique et dans l'espoir que la nation obtiendrait de l'ennemi, fatigué lui aussi, des conditions meilleures en se montrant bien décidée à continuer la lutte plutôt que de subir une paix humiliante.

Mais ceux qui avaient combattu et souffert dans les rangs, comprenaient généralement mieux que les hommes politiques l'impossibilité pour nos soldats de reprendre les armes avec chance de succès.

Voici en quels termes M. Maurice de Possesse appréciait la situation :

« La stratégie de Chanzy a peut-être pu nous sauver deux ou trois fois d'un désastre complet, mais je certifie que si une fois de plus nous avions à combattre Frédéric-Charles,

---

[1] Voici l'ordre que le commandant Lavater écrivait à son bataillon à l'occasion de l'armistice :

« En lisant aujourd'hui l'ordre du jour du général Chanzy, en date du 31 janvier, vous avez dû être complètement éclairés sur la situation où la France est plongée. C'est que, jusqu'à présent, en effet, nous avons presque toujours laissé le champ libre à l'invasion. Mais, à l'étranger, qui nous a parfois chassés à coups de boule de neige, il n'est pas venu à la pensée que la génération actuelle pourrait quelque jour sortir de sa somnolence et punir les insolents que des succès assez faciles ont enivrés. Ce moment est venu. En même temps que l'armée ennemie s'affaiblit et se démoralise, le sentiment de la dignité nationale se réveille en nous avec véhémence ; nous sommes déterminés à chasser de nos foyers domestiques des ennemis cruels qui en ont expulsé nos parents et les traitent en esclaves.

» Il paraît certain qu'au terme de l'armistice nous allons reprendre les armes ; nous sommes maintenant parfaitement aguerris, et nous n'aurons plus à essuyer des fatigues semblables à celles que notre inexpérience nous a occasionnées. Nos armes seront en excellent état. Je n'ai pas à vous exhorter à faire consciencieusement votre devoir, non seulement comme des militaires bien disciplinés, mais encore comme des citoyens qui veulent venger leur patrie désolée, et chasser du sein de leurs familles des bandits qu'une politique infernale avait déchaînés sur notre beau pays.

» Quant à moi, dont l'âge et l'expérience sont pour vous des garanties de prudence, si je me montre inexorable dans l'accomplissement du devoir sacré de sauver la patrie, vous pouvez du moins être assurés que je n'exposerai pas votre vie plus que la mienne, si le sacrifice n'en est utile à la délivrance de notre beau pays.

Vive la France ! Mort à l'ennemi ! »

Camp de Notre-Dame-de-la-Vallée, le 2 février 1871.

Le commandant du 2ᵉ bataillon,
LAVATER.

notre vainqueur ne ferait qu'une bouchée de nos malheureuses troupes fatiguées, affamées, déguenillées et démoralisées au dernier point. Nous avons lutté jusqu'à la dernière extrémité et l'honneur doit être sauf, pour ceux qui ont combattu au moins ; car pour ceux qui dirigeaient !.....

» Avoir tant souffert, dit-il encore, pour arriver à un pareil résultat, c'est horrible ! »

Une des conséquences de l'armistice fut l'élection, fixée au 8 février, d'une assemblée nationale pour consentir aux préliminaires de la paix et en accepter les conditions. Il fallait se hâter, afin que les députés pussent se réunir dès le 15 février à Bordeaux. Vu les circonstances, nos Mobiles étaient électeurs.

« Nous avons dû voter, écrit M. de Possesse, bien qu'il nous ait été impossible de nous procurer la liste des candidats d'Eure-et-Loir. Nous avons dressé la liste de ceux qui à notre connaissance avaient été candidats au mois d'octobre et de ceux qui auraient pu l'être. C'était en tout vingt-six noms affichés à la porte du scrutin, qu'en ma qualité de plus âgé des électeurs je présidais. Comme il y avait six députés à élire, ce sont les six premiers noms de la liste, les meilleurs, qui passèrent à la presque unanimité.

» Nos hommes n'étaient pas Gambettistes et avaient assez de la guerre. »

C'est pendant cette période de calme, où les hostilités avaient cessé, nous dit M. de la Marlier, que l'on vit revenir à nos bataillons un certain nombre d'officiers et de Mobiles faits prisonniers dans nos plus récents combats, en soutenant la retraite, le 11 janvier, près de Connerré, et le 12, à Saint-Corneille.

Nous avons vu, en effet, par les récits du capitaine Maurice de Possesse et du sous-lieutenant Vivien, avec quelle énergie nos Mobiles fidèles avaient résisté dans ce dernier combat, mais aussi avec quelle difficulté, quand on ordonna la retraite, ils réussirent à se dégager.

Beaucoup d'autres malheureusement ne purent les imiter et tombèrent aux mains de l'ennemi.

De ce nombre fut le lieutenant Silvy qui, pendant la maladie de son capitaine, commandait la 7e compagnie du 4e bataillon. En mainte occasion, M. Silvy avait fait preuve d'un courage et d'un sang-froid extraordinaires. Ce jour-là, selon sa coutume, il s'était prodigué à la tête des quelques hommes qui lui restaient, à côté des soldats de la ligne. Mais vers 3 heures, au moment où les nôtres se retiraient, il était complétement cerné.

Malgré des efforts héroïques, il est désarmé dans une lutte corps à corps par cette multitude d'assaillants, et fait prisonnier avec son sous-lieutenant, M. Lelasseux, son sergent-major, M. Couronnet, et dix-huit de ses Gardes Mobiles.

Les vainqueurs sans pitié dévalisèrent aussitôt ces hommes des couvertes, bidons, chaussures qu'ils tenaient en réserve et les conduisirent à Montfort-le-Rotrou, où ils furent enfermés avec beaucoup d'autres dans la belle église de ce chef-lieu de canton, depuis ce jeudi soir jusqu'au dimanche.

La paille qu'on leur donna en petite quantité était insuffisante pour les défendre du froid. Un morceau de pain et de l'eau étaient toute leur nourriture.

Ils furent ensuite dirigés sur le Mans, Saint-Calais, Vendôme, et Blois où ils arrivaient le 23 janvier pour être internés dans la caserne de cette ville.

« A ce moment, raconte le sergent-major Couronnet, des Messieurs charitables prièrent les officiers et sous-officiers de faire placer les hommes sur deux rangs, afin qu'il leur fût possible de procéder avec ordre à une distribution de vivres. Chacun fut heureux de recevoir du pain à volonté et un demi-litre de vin. Puis on se retira dans les chambres où, selon la remarque que j'en fis, les Allemands ne pénétraient jamais.

» Ils se contentaient d'occuper la grille, le corps de garde et les appartements du casernier.

» L'idée me vint alors de chercher à fuir avant le départ qui devait avoir lieu pour Beaugency.

» Le lendemain matin les mêmes personnes charitables étant revenues nous apporter des aliments, j'aborde à l'écart un de ces Messieurs et lui fais part de mon projet.

» Allez, me dit-il sans paraître surpris, allez à la charrette que vous voyez là-bas et demandez le paquet au conducteur.

» Je fais aussitôt la démarche, reçois d'un air indifférent le paquet mystérieux et rentre à la chambre.

» C'est là que, loin des regards des Prussiens et avec l'aide de mes camarades, je suis en quelques minutes revêtu d'habits civils et déguisé en ouvrier.

» Revenu dans la cour, je m'occupai avec zèle et comme homme de peine de la distribution des vivres qui se faisait, tout en me demandant comment je parviendrais à sortir de la caserne.

» Pour continuer mon rôle, je veux m'atteler à un camion qui portait un fût vide ; mais l'homme qui tient les brancards refuse de me les céder. Sur mes instances et après l'aveu que je lui fais de ma situation, il me répond qu'il est dans le même cas.

» Force m'est donc de le laisser à son poste et de me placer à l'arrière, afin de paraître pousser la petite voiture. Là encore nouvelles difficultés ; les deux hommes qui s'y trouvent déjà sont comme moi des prisonniers désirant s'évader.

» Le nombre de mes imitateurs commençait à m'inquiéter.

» On part cependant en se dirigeant vers la sortie. Déjà nous n'étions plus qu'à quinze pas de la rue, quand un Prussien s'avance et ferme la grille. Un frisson me passa par tout le corps : étions-nous découverts et perdus ?

» Pourtant il n'en fut rien, car un garçon d'une douzaine d'années, à qui j'avais confié tous mes papiers, s'en va tranquillement, de l'air le plus naturel du monde, ouvrir la grille afin de laisser passer notre camion, et, tandis qu'un d'entre nous demandait du feu à la sentinelle pour rallumer sa pipe, nous sortons sans qu'un seul mot nous soit adressé.

» J'eus vite fait, continue M. Couronnet, de changer mes nippes dans un magasin de nouveautés et de courir à la mairie où la bienveillance des autorités m'accorda le certificat que je désirais.

» Je pus alors me présenter à la commandature et obtenir

des Allemands, comme employé de commerce occupé aux approvisionnements de la ville de Blois, un permis de circulation pour me rendre à Vendôme. De là ce fut une joie pour moi de gagner Nogent-le-Rotrou et d'embrasser ma famille, heureuse et surprise de me revoir si tôt.

» Un armistice entre les belligérants ayant été conclu sur ces entrefaites, j'en profitai pour prendre quelques jours de repos bien mérités.

» Puis comme la plus grande inquiétude régnait au sujet de l'avenir et qu'on parlait de recommencer la lutte, je voulus être à mon poste et me mis à la poursuite de mon bataillon. Mais il avait beaucoup voyagé et je ne parvins à le rejoindre qu'à Dissais auprès de Poitiers. »

C'est qu'en effet, pour parer à toutes les éventualités et appuyer au besoin nos réclamations en face des vainqueurs, il avait été nécessaire d'organiser la résistance comme si la lutte eût dû continuer.

Aussi avait-on décrété, pour la défense de l'Ouest, la formation d'une deuxième armée de Bretagne, forte de 100.000 hommes, sous le commandement du général de Colomb, qui emmenait le 17º corps, tandis que Chanzy, avec la deuxième Armée de la Loire, composée désormais des 16º, 19º et 21º corps d'armée, comptant alors plus de 150.000 hommes, descendrait entre Tours et Poitiers afin de couvrir Bordeaux, siège du gouvernement.

C'était là, prévoyait-on, qu'allait se porter le principal effort des Allemands.

En exécution de ce plan, nos Mobiles se mirent en route le 12 février [1]. Ils quittèrent leurs cantonnements près de Mayenne par une pluie battante qui ne promettait rien de bon pour la série d'étapes. Les routes défoncées des bords

---

[1] D'après une note du lieutenant-colonel de la Marlier, voici quel était au 12 février l'effectif de son régiment :

1ᵉʳ bataillon	8 officiers	497 hommes
2º —	21 —	579 —
3º —	20 —	605 —

de la Mayenne et des environs de Contest en particulier, rendirent la marche très pénible le premier jour. Mais le lendemain le beau temps était revenu et jetait une note gaie sur le pays traversé par nos troupes.

Ils passèrent successivement à Laval, Château-Gontier, Angers pour s'arrêter, le 23, un peu au delà de Loudun et occuper les positions qu'ils devaient défendre en cas de reprise des hostilités.

Ils se trouvaient en plein pays vignoble, aux champs séparés par de petits murs de pierres ; le vin blanc à bon marché les dédommageait un peu des privations supportées jusque-là.

Et pourtant une incertitude douloureuse pesait sur tous les esprits. Etait-ce la guerre ou la paix qui se décidait à Versailles et à Bordeaux ?

Le 26, nos bataillons étaient en armes, prêts à continuer la lutte. Ils l'eussent préférée, si le gouvernement l'eût voulue, à la vie d'attente et d'ennui qu'ils menaient depuis tant de jours. Mais la prolongation de l'armistice vint bientôt leur montrer que les tendances belliqueuses n'étaient plus guère en faveur.

Les préliminaires de la paix furent ratifiés le 1er mars, et le 5, nos Mobiles recevaient l'ordre de quitter leurs positions pour arriver le lendemain à Dissais, sur la ligne du chemin de fer entre Poitiers et Châtellerault. Ils y virent passer de nombreux trains d'approvisionnement pour Paris ; et se dirent qu'on les avait rapprochés de cette voie rapide pour faciliter leur désarmement et leur rapatriement.

Le 7 mars, ils apprirent que le Ministre de la Guerre, Le Flo, avait donné l'ordre au général Chanzy de licencier la deuxième armée de la Loire et de la remercier au nom du pays tout entier.

Les Gardes Mobiles eurent leur part spéciale d'éloges dans une proclamation du ministre ; mais pour ne pas répéter des félicitations qui se trouvent dans les différents ordres du jour parus à cette époque, contentons-nous de citer les adieux du général Jaurès à ses soldats.

« Avant de me séparer des troupes du 21e corps, je dois

leur exprimer toute ma satisfaction pour le dévouement, la discipline et la solidité dont elles ont constamment fait preuve.

» Organisés en quelques jours, vous avez, dès votre sortie du Mans, marché comme de vieilles troupes et à vos premiers combats de Saint-Laurent-des-Bois, de Poisly et de Lorges, vous vous êtes montrés inébranlables au feu.

» Depuis lors, à Fréteval, à Morée, à Montfort, à Lombron, à Savigné-l'Evêque, vous avez toujours vigoureusement repoussé l'ennemi, et jamais le 21e corps n'a quitté ses positions que par ordre et pour suivre un mouvement général.

» Partout, vous vous êtes bien conduits.

» Si vos efforts n'ont malheureusement pas suffi pour assurer le salut de notre chère patrie, ce ne sera pas sans fierté que chacun de vous pourra dire : « J'étais du 21e corps et j'ai fait mon devoir ! »

Les officiers de notre Garde Mobile se firent à leur tour un devoir de remercier les Aumôniers volontaires qui les avaient suivis et encouragés pendant leur pénible campagne. Quatre d'entre eux, MM. Paty, Robé, Piau et Piauger, avaient été successivement rappelés par leur Evêque. Dans ces derniers jours, où le péril s'était éloigné, où l'œuvre était plus facile, un seul restait, M. l'abbé Hervé.

C'est à lui que s'adressèrent les officiers du deuxième bataillon, auquel il avait été spécialement attaché dès son arrivée, et ils firent l'éloge de tous les Aumôniers d'Eure-et-Loir en racontant ce que ce modeste et saint prêtre avait été au milieu d'eux.

« Monsieur l'Abbé,

» Nous ne voulons pas nous séparer de notre cher Aumônier sans lui donner un témoignage de notre affection et de notre vive admiration. Non seulement vous avez rempli avec un zèle qui ne s'est jamais démenti vos fonctions sacrées, mais vous avez été pour nous un bon camarade et un ami dévoué. Toujours le premier là où était le danger, vous avez partagé avec nous toutes nos souffrances et nos privations.

» Combien de fois nous est-il arrivé de vous admirer, alors

que la terre était couverte d'une neige épaisse et que vous marchiez au milieu de nous avec des paroles de consolation et d'encouragement aux lèvres ! Nous vous admirions, M. l'Abbé, car vous n'étiez pas le soldat enrôlé et rémunéré par l'Etat; le dévouement seul, l'amour et le soulagement de vos semblables vous guidaient dans cette belle carrière.

» Aussi est-ce au nom de tous, du blessé que vous avez pansé, du malade que vous avez soigné, du Moblot enfin que vous avez encouragé par votre exemple et vos bonnes paroles, que nous vous remercions du fond du cœur, et vous prions d'agréer l'assurance de notre sincère attachement et de notre profond respect.

» *Les officiers du 2e bataillon des Mobiles d'Eure-et-Loir :*

Le commandant : Lavater.

Les capitaines	Les lieutenants	Les sous-lieutenants
Maurice de Possesse.	C. Goussard.	Gâtineau.
Edouard Leroy,	L. Habert,	E. Hédelin.
Doullay,	Girard,	G. Fessard,
Chevreuil,	Besseteaux,	A. Vivien,
A. Legrand,	Coutant,	Guillery,
Bourgon,	Th. Toubeau,	A. de Prunelé.
L. de Possesse,	A. Quinton.	
Ricois,		
Dupesant,		
Boussenot,		
Marquis d'Argent.		

Cette lettre est datée du camp de Puy-Grenier, le 17 mars 1871.

Le lendemain de ce jour nos Mobiles recevaient l'ordre du retour au foyer. Tout en regardant avec envie ce chemin de fer sur lequel ils avaient compté pour arriver plus rapidement, ils prenaient à pied la route de Châtellerault et se rendaient à la manufacture d'armes pour être désarmés.

Au départ, on forma deux colonnes : M. de la Marlier, avec nos 1er et 2e bataillons, prit la route de Sainte-Maure, Tours, Vendôme, Châteaudun et fut à Chartres le 26 mars;

e commandant Etasse et nos deux derniers bataillons passèrent par La Haye, Loche, Amboise, Oucques, Châteaudun, et n'arrivèrent à Chartres que le 27.

Cependant les événements qui s'étaient passés le 18 mars à Paris et le triomphe de la Commune jetaient l'épouvante dans les provinces. Le général commandant à Tours s'était vu obligé de faire réarmer un bataillon des Mobiles de l'Orne pour assurer l'ordre dans cette ville. On parlait de redonner également des armes à nos compatriotes pour les envoyer contre l'insurrection qui venait d'éclater.

Mais le gouvernement de Versailles trouva bientôt assez de soldats dans l'armée régulière pour dompter les rebelles, et, après quelque hésitation, il laissa les Mobiles remettre à l'autorité militaire leurs divers objets de campement, continuer leur route et rentrer dans leurs foyers.

A son passage à Vendôme, le 23 mars, le capitaine Maurice de Possesse faisant fonction de commandant en l'absence de M. Lavater, obtint du colonel que le deuxième bataillon serait licencié à Châteaudun.

« Pas un de mes hommes n'aurait été jusqu'à Chartres, écrit-il, ils sont désarmés et il n'y a plus moyen de les tenir. Ils sentent leur *home* et toutes les nuits il y en a qui prennent les devants pour embrasser plus vite une mère ou une femme.

» Mais combien manquent à l'appel ! La moitié environ de notre effectif du commencement est tué, blessé, malade ou prisonnier. Il en mourra encore beaucoup au pays, car ces pauvres enfants sont épuisés par nos atroces fatigues [1]. »

Le surlendemain ils étaient à Châteaudun et contemplaient émus le triste spectacle de ces murs démolis par les boulets, de ces maisons brûlées par l'incendie au pétrole.

En face de ces ruines, M. Maurice de Possesse ne peut retenir son indignation : « Quelle horrible chose que Châteaudun où nous arrivions le 25 ! Comment en plein XIXe siècle se trouve-t-il des gens assez infâmes pour oser accomplir froi-

---

[1] Voici, comme points de comparaison, les chiffres donnés par le capitaine Vidière pour le 3e bataillon : « L'effectif du bataillon, qui était au départ de 1,200 hommes, n'était plus le 18 mars que de 554. » (*Réveil de Dreux*, 7 mai 1890).

dement une telle œuvre de destruction ! Les larmes me sortaient des yeux en parcourant cette petite ville si coquette autrefois, si désolée maintenant.

» Nos parents nous attendaient sur la place et vous pensez quelle fut notre joie à tous de nous embrasser après ces six mois si remplis de tristesses et de dangers. »

Pendant que les jeunes gens de l'arrondissement de Châteaudun se dispersaient dans leurs familles, notre 1er bataillon continuait sa route, et, le lendemain, dimanche de la Passion, 26 mars, arrivait à Chartres vers midi.

Entre le bourg de Luisant et les premières maisons de la ville, le colonel de La Marlier se retournant vers ses Mobiles leur montra les clochers de la cathédrale, leur dit qu'ils étaient le terme de leurs douloureuses étapes, que bientôt ils seraient libres de rentrer dans leurs familles, avec tristesse sans doute, puisque le succès n'avait pas couronné leurs efforts, du moins avec la satisfaction d'avoir lutté sans défaillance et noblement accompli leur devoir.

Un peuple nombreux s'était porté à leur rencontre ; toute la rue de Bonneval était bordée d'amis et de spectateurs accueillant avec une joie silencieuse, comme les circonstances l'exigeaient, les braves jeunes gens qui avaient tant souffert pour la patrie.

Puis le 1er bataillon prenait la direction de ses cantonnements, et M. l'abbé Hervé, revenu avec lui jusqu'à Chartres, songeait, le cœur serré à la vue des troupes qui s'éloignaient, à regagner sa modeste chambre de professeur. Sa première visite fut pour Notre-Dame du Pilier, sa seconde, pour les maîtres et les élèves de l'Institution Notre-Dame qu'il avait quittés depuis plus de cinq mois.

« Avant que j'aille les saluer, écrit-il, Notre-Dame de Chartres avait reçu déjà mes actions de grâces et mes vœux pour nos Mobiles dont je me séparais avec regret, mais aussi avec l'espérance de les retrouver là où je leur ai donné rendez-vous, dans la céleste patrie ; car j'aime à croire que leurs souffrances si dures et si longues leur mériteront la grâce de mourir en vrais chrétiens. »

Parmi les différents ordres du jour qui furent alors adressés à nos Mobiles, citons celui de M. le comte de Maleyssie, commandant du 1ᵉʳ bataillon d'Eure-et-Loir, qui rend si bien la pensée de tous.

« Officiers et Mobiles,

» Avant de nous séparer, je veux vous remercier du concours loyal et énergique que vous m'avez prêté en toutes circonstances.

» Je veux dire combien j'ai été fier de conduire au combat des hommes aussi braves ; par votre obéissance, par votre dévouement et votre bravoure, vous avez conquis dans l'armée cette réputation de solidité qui fait la gloire des plus vieilles troupes.

» Le 8 décembre, à Lorges, vous avez mérité sur le champ de bataille même les félicitations de tous vos généraux. Le 9 et le 10, vous avez supporté avec calme le feu terrible de l'artillerie ennemie. A Connerré et à Saint-Corneille, vous avez défendu vos positions avec opiniâtreté, et, je le dis à votre honneur, jamais vous ne vous êtes retirés que sur un ordre donné par votre général.

» A Ballon, on vous avait confié le périlleux honneur de soutenir la retraite ; là encore nous avons abandonné le terrain longtemps après les autres. Vous pouvez donc, malgré vos revers, rentrer chez vous la tête haute et raconter fièrement ce que vous avez fait et ce que vous avez courageusement souffert.

» Si jamais notre malheureuse patrie a encore besoin de vous, les enfants de la Beauce montreront qu'ils sont toujours de vrais soldats, qu'ils savent souffrir, obéir et combattre.

» Au milieu du bonheur de retrouver les vôtres, n'oubliez pas ceux de nos compagnons d'armes moins heureux qui ont succombé sur les champs de bataille ou sur les lits de douleur des hôpitaux ; venez donc tous au service que les officiers du 63ᵉ de Mobiles font dire pour eux à la cathédrale.

» Je vais enfin vous demander de penser quelquefois à votre Commandant qui a toujours été et sera toujours pour vous un ami sincère et dévoué. »

Le service auquel M. de Maleyssie invitait tous ses hommes avait, en effet, été demandé par le colonel et les officiers des quatre bataillons de la Garde Mobile d'Eure-et-Loir, pour leurs compagnons d'armes et leurs soldats décédés pendant la campagne.

Il eut lieu à la cathédrale, dans le chœur de paroisse, le mardi 28 mars, à 8 heures du matin.

La grande nef et les nefs latérales étaient remplies d'une foule silencieuse et recueillie. M. de Chamberet, général commandant le département, M. Le Guay, préfet d'Eure-et-Loir; MM. Boutet et Bonnard, adjoints, représentant le Maire, M. Delacroix, député à l'Assemblée nationale, et les conseillers municipaux s'étaient joints à tous les officiers des quatre bataillons, aux nombreux Mobiles présents à Chartres et à leurs familles, afin de rendre plus touchant ce tribut d'hommages à la mémoire des victimes, plus efficaces les prières offertes pour le repos de leurs âmes.

La présence de Monseigneur l'Evêque et d'un très nombreux clergé donnait à la cérémonie toute la solennité possible.

Ils étaient là surtout, les cinq Aumôniers qui avaient encouragé nos Mobiles sur les champs de bataille : MM. Robé et Paty, partis les premiers ; MM. Piau et Piauger qui leur avaient succédé ; enfin M. l'abbé Hervé qui n'avait pas quitté nos compatriotes depuis le soir du combat d'Epernon jusqu'au retour à Chartres.

Ce fut l'un d'eux, M. l'abbé Robé, premier vicaire de la Cathédrale, qui monta en chaire après l'évangile. Il aimait nos soldats et le leur avait prouvé au milieu des fatigues et des périls de la guerre. Aussi laissa-t-il tomber de ses lèvres, ou plutôt de son cœur, une allocution des plus touchantes.

L'orateur les remercia d'abord de venir payer la dette d'amitié, faite de regrets et de prières, que comme Français et comme chrétiens ils devaient à leurs compagnons d'armes moissonnés par la mort pendant ces tristes jours.

« Ils sont nombreux, hélas ! Messieurs, les vides qui se sont faits dans vos rangs ! Nos bataillons d'Eure-et-Loir ont payé à la patrie un large tribut de sang, et l'on peut dire que les victimes en ont été semées sur toutes les routes. Epernon, Tréon, Marchenoir, Fréteval, Connerré, le Mans, tour à tour, vous les avez vus tomber ces chers enfants de notre pays ; vos bois, vos collines, vos plaines, vos chemins creux ont été arrosés de leur sang et ont recueilli leurs dépouilles.

» Là ont succombé les braves commandants Lecomte et Bréqueville, les courageux capitaines Roche et Bastide et tant d'autres officiers, sous-officiers et soldats, nobles cœurs, âmes généreuses, qu'une balle meurtrière ou un boulet plus impitoyable encore a ravis trop tôt à l'affection de leurs familles et à la reconnaissance de leur pays. »

Puis, il les félicita d'imiter l'exemple de Judas Machabée qui, après une suite de combats sanglants, eut soin de songer à ses soldats tombés devant l'ennemi, et envoya douze mille drachmes au Grand Prêtre pour faire offrir un sacrifice à l'intention de ses chers défunts ; il leur rappela ensuite la fin généreuse de tous ces jeunes gens « morts non seulement en français mais encore en chrétiens », et consola les familles par l'espérance que le soldat mourant pour sa patrie trouve plus facilement grâce au tribunal de la divine miséricorde.

Après avoir pleuré et prié sur les victimes de la guerre, l'orateur s'adressa aux survivants de la lutte, à ceux qui avaient échappé aux dangers sans nombre de cette longue campagne. Il leur dit toute la reconnaissance due à Dieu qui les avait sauvés de la mort et réservés pour l'heure du retour au foyer, l'heure de la liberté et de la joie.

« Ce bonheur, vous le devez à Dieu... à Dieu qu'ont prié pour vous vos mères et vos sœurs... à Dieu que vous avez aussi prié vous-mêmes bien des fois, Messieurs, je le sais... Au jour du danger, son souvenir qui n'était pas éteint mais seulement endormi dans vos âmes, s'est réveillé de nouveau ; vous avez mis en lui votre confiance, vous l'avez invoqué ; il a entendu votre prière et il a exaucé vos désirs... Remerciez-le donc ce Dieu par votre fidélité à le servir.

» Joignez-y le respect et l'attachement pour le représentant de Dieu sur la terre, le prêtre que vous avez appris à mieux connaître et à mieux apprécier... que vous avez vu affronter avec vous et comme vous les dangers des batailles, coucher avec vous sur la terre nue, se faire tout à la fois le

AUMONIERS MILITAIRES DE LA GARDE MOBILE D'EURE-ET-LOIR

1870-1871

médecin des corps et des âmes... et que vous trouverez toujours prêt à vous indiquer le chemin du devoir envers les hommes comme du devoir envers Dieu. »

L'orateur était ému ; il sut à son tour et si profondément émouvoir que ses auditeurs gardèrent avec soin le souvenir de ses enseignements ; nous les avons lus, écrits en entier à la main, dans le carnet d'un Mobile.

« Après les larmes du matin, nous dit M. Maurice de Possesse, le colonel nous a réunis le soir autour d'une table bien servie et a ensuite offert un punch d'adieu. Dîner et soirée furent tristes, car au passé déjà bien sombre les événements de Paris ajoutaient encore les tristesses de l'heure présente. »

Les bataillons furent licenciés le lendemain et les jours suivants.

A l'occasion de ces retours au foyer, de nombreuses cérémonies funèbres eurent lieu dans les paroisses de notre diocèse. C'était un devoir et une consolation de prier pour les siens ou pour les enfants de la commune victimes de la guerre.

Nous ne pouvons les mentionner toutes. Citons pourtant le service célébré à la Madeleine de Châteaudun, le jeudi 30 mars ; le 2ᵉ bataillon l'avait demandé en souvenir de ses deux premiers commandants morts à l'ennemi et de tous ses défunts. Son Aumônier, M. l'abbé Hervé, y montra en chaire à ses Mobiles le cœur et le dévouement qu'ils avaient eu tant de fois occasion de remarquer sur les champs de bataille.

Sur la tombe des soldats, après cette campagne, la parole du prêtre était toujours et justement consolante, car les misères et les périls endurés avec la patience que nous avons décrite, étaient certainement d'un grand poids dans la balance divine.

La patience est la qualité maîtresse de nos populations. Quand nos Mobiles voyaient approcher la mort, ils se résignaient avec un calme admirable, remettant leur âme à Dieu, immolant leur corps à la patrie et étonnant les spectateurs par leur impertubable sang-froid.

« Voilà bien le Beauceron, disait un jour leur Aumônier, M. l'abbé Robé, en parlant de nos Mobiles et des gardes nationaux de Jouy, voilà bien le Beauceron, froid et héroïque quand il le faut. Ne lui demandez pas les grandes démonstrations, les élans, l'exaltation, l'enthousiasme, tout cela n'est point dans sa nature. Mais en revanche ayez confiance dans sa solidité, son énergie, son indomptable fermeté.

» Tels ils se sont montrés à Jouy, tels nous les avons vus partout. Oui, nous qui les avons suivis dans cette néfaste campagne, ces chers enfants de la Beauce, depuis Epernon et Maintenon jusqu'à Marchenoir, Saint-Corneille et Le Mans, nous pouvons leur rendre témoignage que nous les avons toujours trouvés pleins d'énergie et d'endurance dans les fatigues, pleins de calme et de résignation dans la souffrance et jusque dans la mort même.

» Quel est celui qui me disait, atrocement mutilé et sur le point de rendre le dernier soupir. « Monsieur l'Aumônier, dites à mes maîtres que j'ai fait mon devoir et que je me suis conduit en bon Français. »

» Que ne puis-je dire la part qu'ont prise à cette campagne de 1870 nos Mobiles d'Eure-et-Loir, et en particulier les Enfants de la Beauce auxquels je me trouvais plus particulièrement mêlé.

» Ce n'étaient que des Mobiles, des soldats improvisés, et vous n'y verriez point précisément de hauts faits d'armes et des actions d'éclat, mais vous y trouveriez du moins ces qualités puissantes dont je parlais tout à l'heure, qualités qui, font le soldat résistant, sur lequel on peut compter, et auxquelles de vieux généraux se sont plu à rendre hommage.

» O noble pays de la Beauce! oui, tu peux être fier de tes enfants. Ils sont ta gloire, comme tu es la leur. Ils t'aiment, ils aiment tes plaines riches et fécondes ; ils sont profondément attachés à ce sol que de bonne heure ils ont appris à apprécier et auquel, dès leur plus tendre jeunesse, ils ont donné leurs sueurs. Et ils aiment aussi par là même la grande Patrie, la France dont tu es un des joyaux les plus précieux. Aussi, pour elle, il n'est pas de sacrifice qu'ils ne soient prêts à accomplir.

» Ah! ce n'est pas dans leurs rangs que viendra se recruter jamais l'armée de ces hommes inavouables, rebut de l'humanité et son plus détestable fléau, qui s'intitulent les sans-patrie, parce qu'ils sont sans courage pour la défendre et sans cœur pour l'aimer ! »

En parcourant la liste donnée plus loin de ceux qui ont été récompensés pour leur belle conduite pendant cette longue et pénible campagne, on s'étonnera sans doute de ne pas trouver les noms d'un ou de plusieurs de ces Aumôniers militaires que nous avons vus si oublieux de leur vie, si prodigues de leurs forces et de leurs soins, si dévoués, si attentifs pour nos Mobiles au milieu des balles et des boulets comme au chevet des moribonds.

Le gouvernement désirait qu'une croix d'honneur au moins leur fût attribuée et il en fit la proposition pour l'un d'eux ; le trait suivant nous dira pour quel motif il ne put donner suite à ses avances.

Le 11 octobre 1871, Châteaudun célébrait par une cérémonie funèbre l'anniversaire du combat qui l'a immortalisé, et le Ministre de la guerre, le général de Cissey, entouré d'un brillant cortège d'officiers, honorait de sa présence l'héroïque cité.

Or, au soir de ce même jour, vers dix heures, deux gendarmes sonnaient à la porte du presbytère de Loigny et, remettant une dépêche à M. l'abbé Theuré, curé de cette paroisse, lui annonçaient que son Excellence le Ministre de la guerre le priait de venir le voir le lendemain matin à la préfecture de Chartres.

Cette communication ne troubla nullement le bon curé de Loigny, habitué qu'il était depuis près d'un an à traiter avec les plus hauts personnages. Plusieurs fois notamment on lui avait écrit du ministère de la guerre, au nom des parents des soldats disparus, pour obtenir, ou du moins essayer d'avoir des renseignements. Il pensa que le Ministre voulait l'entretenir à ce sujet afin de recueillir de vive voix quelques indications précieuses pour les familles.

Le lendemain matin, à l'heure fixée, il allait entrer à la

préfecture de Chartres, lorsqu'une sentinelle l'arrêta : « J'ai pour consigne, dit le soldat, de ne laisser passer personne, excepté le curé de Loigny. — C'est moi, répondit simplement le prêtre. »

Il était aussitôt introduit et invité à déjeuner en compagnie du Ministre, du Préfet et de tous les officiers qui accompagnaient son Excellence.

La conversation roula sur l'ensemble de la guerre franco-prussienne ; on ne parla de Loigny que d'une manière incidente.

Mais au dessert sur un signe du général, un officier d'ordonnance prit un écrin, en sortit une croix d'honneur et l'attacha sur la poitrine de M. l'abbé Theuré, tandis que le Ministre le complimentait sur son infatigable dévouement pendant et après le combat du 2 décembre 1870 et que les assistants applaudissaient.

» Monsieur le Ministre, répondit l'humble prêtre, je n'ai fait que mon devoir ; tout autre de mes confrères eût agi de même, à ma place. »

» Oui, nous le savons, repartit M. de Cissey, tout le Clergé, qu'il porte soutane blanche ou noire, s'est conduit admirablement pendant la guerre. Aussi c'est le Clergé que nous voulons honorer en votre personne. J'avais la mission de vous décorer hier à Châteaudun où j'espérais vous rencontrer. Mais ne vous ayant point vu, je vous ai fait venir ici parce que je ne voulais céder à nul autre la joie de vous proclamer chevalier de la Légion d'honneur. »

Le Préfet invita alors M. le Curé à se rendre de suite à l'Evêché en portant ostensiblement sur sa soutane la croix qui venait d'y être attachée ; il le chargea en même temps d'exprimer à Monseigneur tous les regrets qu'éprouvait le Ministre de n'avoir pu, à l'avance, prévenir Sa Grandeur de la nomination d'un de ses prêtres au grade de chevalier de la Légion d'honneur.

Puis le Préfet ajouta : « Veuillez, M. le Curé, revenir au plus tôt à la Préfecture, car son Excellence qui se rend au Mans par le premier train, désire, avant son départ, connaître le résultat de votre entrevue avec Monseigneur. »

L'abbé Theuré fut alors mis confidentiellement au courant par M. le Préfet de ce qui s'était passé précédemment entre Monseigneur et le Gouvernement. Celui-ci avait fait pressentir Sa Grandeur au sujet d'une décoration qu'il se proposait d'offrir à l'un des Aumôniers des Mobiles d'Eure-et-Loir pendant la guerre, et, sur les observations de l'Evêque de Chartres, avait dû renoncer à son projet.

Le Curé de Loigny comprit de suite la position délicate dans laquelle il se trouvait.

Aussi en se présentant devant Monseigneur la poitrine ornée de sa croix, eut-il soin de lui raconter en quelques mots la manière précipitée avec laquelle il avait été prié de se rendre à la Préfecture, le déjeuner auquel il avait pris part, la surprise et l'honneur dont il avait été l'objet.

Il offrit ensuite les excuses de M. le Ministre de n'avoir pu prévenir à temps Sa Grandeur, et termina en disant :

« Quoi qu'il en soit, Monseigneur, cette croix qui vient de m'être remise, je suis tout prêt à ne la point porter si vous le trouvez mauvais et si vous y voyez le moindre inconvénient. »

C'est avec un bon sourire et une amabilité parfaite que le vénérable Prélat répondit : « Il est vrai, Monsieur le Curé, que je me suis montré opposé, il y a quelque temps, à la décoration de l'un des Aumôniers qui ont accompagné nos Mobiles.

» Ils sont, en effet, cinq prêtres ayant affronté les mêmes périls, subi des fatigues identiques, fait preuve d'un dévouement semblable ; s'ils ont prodigué leurs services plus ou moins de temps cela n'a pas dépendu de leur volonté, mais de la mienne ; ainsi leur mérite est égal et ils ont droit au même honneur. Dans ces conditions, il m'a paru pénible que l'on voulût choisir et faire une préférence en n'en récompensant qu'un seul.

» La même raison n'existe pas en ce qui vous concerne. Il n'y a qu'un curé de Loigny ; nul autre prêtre n'était avec vous à l'heure du danger et de la souffrance ; puisque vous avez été seul à la peine, vous serez seul à l'honneur. Aussi je donne bien volontiers mon assentiment à l'acte de M.

le Ministre, et je me réjouis de la haute marque d'estime qu'il vous a accordée. »

De retour à la Préfecture, M. l'abbé Theuré rapporta fidèlement les paroles de son Evêque et dit la paternelle approbation qu'il avait obtenue. M. de Cissey en fut enchanté, et libre alors de faire une ovation publique au nouveau décoré, il se fit accompagner par lui jusqu'à la gare, en voiture découverte, afin que la foule avertie pût acclamer l'humble mais héroïque curé de Loigny.

XIV

PERTES ET RÉCOMPENSES

SOMMAIRE. — Résumé des pertes. — Nos morts. — Retraités. — Prisonniers. — Une visite aux prisons d'Allemagne. — Officiers de la Légion d'honneur. — Chevaliers. — Médailles militaires. — Projets et notes de proposition.

1

RÉSUMÉ DES PERTES

	OFFICIERS		TROUPES		
	TUÉS	BLESSÉS	TUÉS	DISPARUS	BLESSÉS
Epernon	1	»	5	6	21
Tréon	2	1	8	6	48
Poisly	1	3	19	5	115
Connerré et St-Corneille	»	1	44	10	160
TOTAUX	4	5	76	27	344

Plusieurs tableaux, dont les totaux ne concordent pas, sont en ce moment sous nos yeux. Nous prenons les chiffres de

M. de la Marlier, mais en faisant remarquer qu'il compte les blessures graves et les blessures légères [1].

Dans ces chiffres ne sont pas compris :

1° Les hommes morts dans les hôpitaux et ambulances 207

2° Les hommes morts dans leurs foyers pendant et après la guerre, par suite de fatigues ou maladies contractées pendant la campagne. 40

3° Les hommes morts en Allemagne. 3

Total 250

---

[1] GARDE NATIONALE MOBILE D'EURE-ET-LOIR

2ᵉ BATAILLON.   6ᵉ COMPAGNIE.

Etat nominatif des hommes blessés pendant la campagne 1870-71.

Nᵒˢ matricules	NOMS ET PRÉNOMS	GRADES	NATURE DE LA BLESSURE	OBSERVATIONS
516	Melinet Flavien.	Caporal	blessé au pied	médaillé en 1871
140	Philippe Joseph.	Garde Mob.	blessé à la cuisse	
960	Genty Noël.	—	—	grièvement atteint
	Perruchon Louis.	—	blessé à l'épaule	
346	Louvancourt Edmond.	Caporal	id. au pouce	
655	Dubut Ernest-Henri.	Garde Mob.	id. à la cuisse	
312	Mercier Cyrille.	—	légèrement au coude	
	Troublard Narcisse.	—	pouce emporté	
971	Deslandes Magloire.	—	blessé à la cuisse	
	Peschard Auguste.	—	—	

Certifié conforme le présent Etat.
A Cloyes, le 29 juin 1871.

Le Commandant de la 6ᵉ Compagnie,
Le Marquis D'ARGENT.

Hommes retraités par suite de blessures :

Officier 1
Sous-officiers et soldats 31

                    Total 32

Hommes faits prisonniers :

Officiers 9
Troupe 164

                    Total 173

Les villes où furent internés les prisonniers sont : Leipsick, Neisse, Munich, Coblentz, Dresde, Rendeberg, Posen, Gross-Glogau, Ramberg, Colbert, Erfurth, Cologne, Darmstadt, Nuremberg, Stralsund, Postdam.

Pour donner une idée de la manière dont les Prussiens traitaient leurs prisonniers en Allemagne nous empruntons les lignes suivantes au *Moniteur universel* du 11 janvier 1871, édition de Bordeaux. Ce sont les envoyés d'un comité français de secours aux prisonniers qui parlent :

« Nous arrivons à Glogau mardi; nous trouvons dans cette ville 15.000 prisonniers, dont 1.000 malades.

» Nous partons après-midi visiter les camps, et notre impression, en y entrant, a été un sentiment d'horreur. Vous ne pouvez vous faire une idée de l'aspect affreux de ces hangars dans lesquels on accumule les hommes par milliers, entassés dix-huit dans ces compartiments de quatre mètres carrés, couchant à trois sur deux paillasses, dont la paille est toute mouillée; car la neige qui recouvre les toits se fond et vient tomber goutte à goutte dans ces taudis infects, sur la figure, sur le corps de nos soldats, pendant leur sommeil, si toutefois ils peuvent s'endormir.

» Ces bouges ne sont ni chauffés, ni éclairés, ou si faiblement qu'on a peine à y reconnaître quelqu'un. Ils se composent d'un sous-sol et d'un entresol très bas, manquant d'air, dans lequel ce qu'on respire ne doit vous conduire que promptement à l'hôpital, et le plus souvent de là au cimetière.

» La nourriture de ces hommes est insuffisante ; c'est de la soupe de gruau ou de riz, quelquefois un petit morceau de viande, un pain très noir et très lourd, et cela, une fois le jour, car il ne faut pas compter pour un repas l'eau chaude noircie de café qu'on leur donne le matin.

» La plupart de ces hommes n'ont ni chemise, ni tricots, ni chaussures, ni chaussettes ; il y en a qui n'ont qu'un pantalon de toile, et il fait ici un froid horrible, 24 degrés et 60 centimètres de neige. Nous gelons sur la place, nos jambes se refusent à marcher.

» De là, nous nous dirigeons vers les hôpitaux ; nous trouvons de nombreux malades du typhus, dysenterie et variole. Ces pauvres malheureux ont pour tout lit une paillasse et deux couvertures et lorsqu'ils meurent, un autre malade les remplace sans que la paille soit même changée. Les secours font défaut et les officiers ne peuvent rien pour soulager ces misères. Ainsi les médecins allemands ont pour système de ne pas donner de vin aux convalescents, l'eau est le seul cordial ordonné ; il est peu tonique, comme vous le voyez.

» Une autre mesure que nous trouvons encore bien triste : un malade sait à peine se tenir sur ses jambes qu'on le renvoie au camp ; il faut faire place à un autre, dit-on, et c'est là la cause de rechutes funestes, et cette cruelle mesure nous l'avons vue appliquer dans toute l'Allemagne.

» Il meurt tous les jours 8 à 10 malades ; on les place 4 dans une caisse, et voilà leur bière. Affreux ! affreux ! »

Le narrateur continue le récit de son voyage à travers ce pays de misères navrantes, puis il s'écrie :

« Des horreurs de ce genre sont indignes d'un grand peuple, et je ne puis comprendre, qu'en dehors de la soldatesque, un cri de réprobation ne s'échappe pas de toutes les poitrines allemandes, ou que du moins elles ne se dégagent de toute solidarité avec ces actes. »

II

DÉCORATIONS ACCORDÉES PENDANT ET APRÈS LA CAMPAGNE

Officiers de la Légion d'honneur :

MM. LAVATER Jonas, chef de bataillon, 27 juillet 1871.
    ETASSE,   —   10 octobre 1871.
    CASTILLON DE St-VICTOR Marie-Joseph, 10 octobre 1871.
    JOUSSE,   18 octobre 1871.

Nous lisons dans le *Journal de Chartres* du 19 octobre 1871 :

Au mois de septembre 1870, M. Jousse, âgé de 56 ans, s'engagea avec son fils comme simple garde. Par sa patience dans les marches, son courage et son sang-froid devant l'ennemi, il fut le modèle du bataillon dans lequel il servait et conquit successivement tous les grades jusqu'à celui de lieutenant. Il fut en quelque sorte le père de ses jeunes compagnons d'armes qui aujourd'hui encore ne parlent qu'avec admiration de son intrépidité aux journées de Lorges et de Saint-Corneille.

Chevaliers de la Légion d'honneur :

MM. DE LA MARLIER de la Sauverie, lieut.-col., 9 janvier 1871.
    DE MALEYSSIE Arthur, chef de bataillon,   id.
    BAYE, capitaine,   id.
    DESMAISONS Pierre-André, lieutenant,   5 mai 1871.
    CHEVREUIL Eusèbe, capitaine au 2e bon   5 mai 1871.
    CASTILLON Marie-Alexis, cap. adj.-maj., 10 octobre 1871.
    DE POSSESSE, capitaine,   id.
    PHILIPPE,   id.   id.
    BRÉAU, capitaine trésorier,   id.
    DE MALEYSSIE Conrad,   id.

MM. DE PONTOI-PONCARRÉ, capitaine,   9 décemb. 1871.
   BILLARD DE St-LAUMER Léon, lieut.,   31 mai 1872.
   D'ARGENT DES DEUX-FONTAINES, capit. [1], 9 janvier 1873.

Médailles militaires aux sous-officiers et soldats :

MM. ISAMBERT Zéphir, caporal,   9 janvier 1871.
    MILLOCHAU Gustave, sergent-major,   5 mai 1871.
    LUMIÈRE Maurice, fourrier,   id.
    MINEAU Alfred, fourrier,   id.
    BOUCHARD Henri, sergent,   id.
    VINCENT Henry, caporal,   id.
    MELINET Flavien,   id.
    NORMAND Victor,   id.
    POULAIN, sergent-major,   10 octobre 1871.
    CACHIN, sergent,   id.
    MORIN, sergent,   id.

[1] GARDE NATIONALE MOBILE D'EURE-ET-LOIR.
État de propositions pour
Ministère de la Guerre,

Noms et Prénoms.	Grades et emplois.	Relevé sommaire des services. Campagnes. Blessures. Actions d'éclat. Décorations. Médailles. Date de la dernière promotion. Age.
MM. d'Argent des deux Fontaines, Charles-Alfred.	Capitaine (2ᵉ classe).	1 an et 4 mois de services. — 1 campagne. — Cité 2 fois. — Capitaine du 9 juillet 1859. — Agé de 62 ans.
Billard de Saint-Laumer, Léon.	Adjudant-major	1 an et 4 mois de services. — 1 campagne. — Cité 2 fois. — Adjudant-major du 26 décembre 1870. — Agé de 26 ans.
Pellerin, James-Henry.	Lieutenant.	1 an et 4 mois de services. — 1 campagne. — Cité 2 fois. — Lieutenant du 12 août 1870. — Agé de 30 ans.

MM. Mouveau, caporal,	10 octobre 1871.
Micheau, garde mobile,	id.
Soreau, id.	id.
Chardonneau, id.	id.
Préveaux, id.	id.
Denise, id.	id.
Piqueret, id.	id.
Testeau, id.	id.
Bireaux, id.	id.
Pioche, id.	id.
Landrin, id.	id.
Hilaire, id.	id.
Béguin, id.	id.
Lépine, id.	id.
Plé, id.	id.
Lochereau, id.	id.
Gougis, id.	id.

— 63ᵉ Régiment de Mobiles
la *Légion d'Honneur*.
24 décembre 1871.

NOTES		Décision du Général en chef.
du Chef de corps.	du Général commandant la division.	
Très bon officier, s'est distingué au combat d'Épernon, le 4 octobre, et fut proposé pour la croix ; très énergique au combat de Marchenoir, à la suite duquel il fut de nouveau proposé.	Le Général, commandant la 2ᵉ division du 21ᵉ corps, serait heureux de voir accorder la distinction demandée en faveur de ces deux officiers. Il y a eu beaucoup de croix données dans ce régiment sans que les mémoires de proposition me soient soumis, et j'ai le regret de dire que beaucoup étaient moins méritants, ayant pu juger les hommes à l'œuvre. Je sollicite bien vivement la croix pour ces officiers, afin de rétablir le droit méconnu. G. Collin.	
Très brillant officier, vigoureux et plein d'entrain ; proposé pour la croix après Marchenoir, puis de nouveau après les combats devant le Mans ; il n'y a qu'une voix dans le régiment pour le signaler comme le plus méritant pour cette distinction.		
Très bon officier, vigoureux, énergique ; s'est fait remarquer pendant toute la campagne, surtout pendant les combats en avant du Mans.	Je demande une citation à l'ordre de l'armée pour cet officier. G. Collin.	
Le lieutenant-colonel, commandant la Garde Mobile d'Eure-et-Loir, G. de la Marlier.		

MM. Chollet,	id.	10 octobre 1871.
Gaudet,	id.	id.
Jungbluth,	id.	id.
Goussard,	id.	id.
Boucher,	id.	id.
Blanchard,	id.	id.
Desvaux,	id.	id.
Gombert,	id.	id.
Douin,	id.	id.
Métivier,	id.	id. [1]

Des différents projets et notes de proposition envoyés par les commandants de nos bataillons à la suite des combats livrés en avant de Marchenoir, les 8, 9 et 10 décembre 1870, nous relevons les indications suivantes :

Chevaliers de la Légion d'honneur :

Baye, capitaine au 1er bataillon, « s'est distingué en toutes circonstances par son extrême bravoure, son intelligence et son énergie. Blessé le 8 en conduisant brillamment ses tirailleurs. »

De Maleyssie Arthur, commandant au 1er bataillon, « sept ans de service dans l'armée, rentré dans la Mobile comme commandant, a maintenu et entraîné son bataillon au feu, quand le reste de la légion se repliait en désordre. »

D'Argent, capitaine au 2e bataillon.

Silvy Camille, lieutenant au 4e bataillon, 1re compagnie, « 36 ans, lieutenant du 11 août 1870, officier très énergique, s'est très bien conduit dans la journée du 8 ; a sauvé deux compagnies du 4e bataillon, entourées à Saint-Lubin-de-Cravant (Eure-et-Loir) par les Prussiens. »

---

[1] Nous regrettons vivement de n'avoir pu, malgré toutes nos recherches, compléter les listes des récompenses.

Médailles militaires :

Soran, fourrier, « blessé le 8, a continué malgré sa blessure à suivre sa compagnie qui se portait en avant. »

Couronnet Maximilien, 22 ans, « entré dans la Mobile comme appelé, sergent-major du 1ᵉʳ septembre, très bon sous-officier, a dressé avec intelligence les Mobiles de sa compagnie, a servi les pièces dans la journée du 8. »

Ossan, garde mobile.

Citations à l'ordre de l'armée :

Léon de Saint-Laumer et Villars, lieutenants au 1ᵉʳ bataillon.

Maurice de Possesse, capitaine, et Leroy, lieutenant au 2ᵉ bataillon.

Marie Levassort et Toubeau, sergents au 1ᵉʳ bataillon. Toubeau « a soigné les blessés avec dévouement et a entraîné ensuite ses hommes avec énergie. »

APPENDICE

Note A. — Tableau des circonscriptions de recrutement des bataillons et compagnies de la Garde nationale mobile d'Eure-Loir (4 bataillons). — 1ᵉʳ CORPS D'ARMÉE

BATAILLONS			Numéros des compagnies	EMPLACEMENT DES COMPAGNIES				Observations.
Circonscriptions de recrutement.	Chefs-lieux.	Centres de réunion		Circonscriptions de recrutement.	Chefs-lieux.	Centres d'exercice.	Centres de réunion.	
Arrondissement de Chartres (moins les cantons de Courville, Illiers, Maintenon).	Chartres. 1ᵉʳ Bataillon.	»	1ʳᵉ comp. 2ᵉ — 3ᵉ — 4ᵉ — 5ᵉ — 6ᵉ — 7ᵉ — 8ᵉ —	Canton d'Auneau 1/2 du canton N de Chartres 1/2 N de Chartres 1/2 E du canton S de Chartres 1/2 O — S de Chartres Canton de Janville 1/2 N du canton de Voves 1/2 S — de Voves	Auneau Chartres Chartres Chartres Chartres Janville Voves Voves	Auneau, Sainville Chartres Chartres Chartres, Sours Chartres, Morancez Janville, Rouvray Voves, Boisville Voves, Fains	Chartres. Morancez. Boisville.	Les 2ᵉ et 3ᵉ comp. pourront être réunies à Chartres. Les 4ᵉ et 5ᵉ à Morancez.
Arrondissement de Châteaudun	Châteaudun. 2ᵉ Bataillon.	»	1ʳᵉ comp. 2ᵉ — 3ᵉ — 4ᵉ — 5ᵉ — 6ᵉ — 7ᵉ — 8ᵉ —	1/2 E du canton de Bonneval 1/2 O — do Bonneval Canton de Brou 1/2 E du canton de Châteaudun 1/2 O — du Châteaudun 1/2 E — de Cloyes 1/2 O — de Cloyes Canton d'Orgères	Bonneval Bonneval Brou Châteaudun Châteaudun Cloyes Cloyes Orgères	Bonneval, Moriers Bonneval Brou Châteaudun, Lutz Châteaudun Cloyes, Romilly Cloyes, Courtalain Orgères, Loigny, Cormainy	Moriers. Bonneval. Brou. Lutz. Châteaudun. Romilly. Courtalain.	Les 1ʳᵉ et 2ᵉ comp. à Moriers.
Arrondissement de Dreux et le canton de Maintenon de l'arrondissement de Chartres.	Dreux. 3ᵉ Bataillon.	»	1ʳᵉ comp. 2ᵉ — 3ᵉ — 4ᵉ — 5ᵉ — 6ᵉ — 7ᵉ — 8ᵉ —	Canton de Maintenon — d'Anet — de Brezolles — de Châteauneuf 1/2 E du canton de Dreux 1/2 O — de Dreux Cant. de la Ferté-Vid. et Senonc. Canton de Nogent-le-Roi	Maintenon Anet Brezolles Châteauneuf Dreux Dreux Senonches Nogent-le-Roi	Maintenon, Armenonville Anet, Rouvres Brezolles, Laons Châteauneuf, Villette Dreux Dreux Nogent-le-Roi	Armenonville. Rouvres. Villette. Dreux. Nogent-le-Roi.	Les 5ᵉ et 6ᵉ comp. à Dreux.
Arrondissement de Nogent-le-Rotrou et les cantons de Courville et d'Illiers de l'arrondissement de Chartres.	Nogent-le-Rotrou. 4ᵉ Bataillon.	»	1ʳᵉ comp. 2ᵉ — 3ᵉ — 4ᵉ — 5ᵉ — 6ᵉ — 7ᵉ — 8ᵉ —	Canton de Courville 1/2 E du canton d'Illiers 1/2 O — d'Illiers 1/2 E du canton d'Authon 1/2 O — d'Authon Canton de La Loupe — de Nogent-le-Rotrou — de Thiron-Gardais	Courville Illiers Illiers Authon Authon La Loupe Nogent-le-Rotr. Thiron-Gardais	Courville Illiers, Épeautrolles Illiers Charbonnières Authon La Loupe, Champrond Nogent-le-Rotrou Thiron-Gardais	Courville. Épeautrolles. Illiers. Charbonnières. Authon. Nogent-le-Rotr. Thiron-Gardais.	

Note B.

Officiers du 1ᵉʳ bataillon à l'organisation.

Commandant DE LA MARLIER, ancien sous-lieut. de hussards.

1ʳᵉ compagnie : capitaine, CARRÉ.
— lieutenant, DE MALEYSSIE (Conrad).
— sous-lieut., THIROUIN.

2ᵉ compagnie : capitaine, LAVATER (ancien capitaine de la Garde Mobile en 1848).
— lieutenant, DE PONTON D'AMÉCOURT.
— sous-lieut., D'ARGENCE (Frédéric).

3ᵉ compagnie : capitaine, COMPAIGNON DE MARCHÉVILLE.
— lieutenant, DOULLAY.
— sous-lieut., PIÉBOURG.

4ᵉ compagnie : capitaine, BASTIDE.
— lieutenant, SISSON (ancien lieutenant aux zouaves pontificaux).
— sous-lieut., LEROY.

5ᵉ compagnie : capitaine, SAPIA.
— lieutenant, MARCOTTE DE QUIVIÈRES.
— sous-lieut., RICHARD D'ABNOUR.

6ᵉ compagnie : capitaine, VIGOUROUX (de l'armée active, 7ᵉ de ligne).
— lieutenant, PELLERIN.
— sous-lieut., D'ARGENCE (Hippolyte).

7ᵉ compagnie : capitaine, CAUDIER (de l'armée active, 8ᵉ de ligne),
— lieutenant, VILLARD.
— sous-lieut., DE SAINT-LAUMER (Paul).

8ᵉ compagnie : capitaine, CERVONI (de l'armée active, 8ᵉ de ligne).
— lieutenant, VALLOU DE LANCÉ.
— sous-lieut., DE SAINT-LAUMER (Léon).

Officiers du 2e bataillon à l'organisation.

Commandant M. Lecomte de la Perrine.

1re compagnie :	capitaine,	Bréqueville ✻.
—	lieutenant,	Goussard.
—	sous-lieut.,	de Prunelé, (Flavien-Alexis).
2e compagnie :	capitaine,	Du Temple de Rougemont.
—	lieutenant,	de Possesse (Henri).
—	sous-lieut.,	Habert.
3e compagnie :	capitaine,	de Possesse (Maurice).
—	lieutenant,	Ricois.
—	sous-lieut.,	Lesteur.
4e compagnie :	capitaine.	de Prunelé (Jules-Henri).
—	lieutenant,	de Gontaut-Biron.
—	sous-lieut.,	Coutant.
5e compagnie :	capitaine,	Legrand.
—	lieutenant,	Leroy.
—	sous-lieut.,	Girard.
6e compagnie :	capitaine,	d'Argent.
—	lieutenant,	Boussenot.
—	sous-lieut.,	Quinton.
7e compagnie :	capitaine,	Hanquet.
—	lieutenant,	Yvon.
—	sous-lieut.,	Pierre.
8e compagnie :	capitaine,	Rey ✻.
—	lieutenant,	Bourgon.
—	sous-lieut.,	Besseteaux.

Officiers du 3ᵉ bataillon à l'organisation.

Commandant MARAIS.

1ʳᵉ compagnie : capitaine, DESJARDINS.
— lieutenant, DE CASTILLON DE SAINT-VICTOR (Alexis).
— sous-lieut., LELONG.
2ᵉ compagnie : capitaine, MAUBERT (ancien maréchal des logis de gendarmerie).
— lieutenant, ROUVEAU.
— sous-lieut., SCELLE.
3ᵉ compagnie : capitaine, MONTEL (ancien brigadier aux Cent-Gardes).
— lieutenant, CHEVALIER.
— sous-lieut., GIBORY.
4ᵉ compagnie : capitaine, GILLARD (ancien brigadier à l'école de Saumur).
— lieutenant, LÉPARGNEUX.
— sous-lieut., REVEL SAINT-ANGE (Alfred).
5ᵉ compagnie : capitaine, MARÉCHAL.
— lieutenant, REVEL SAINT-ANGE (Jules).
— sous-lieut., REVILLON.
6ᵉ compagnie : capitaine, ROUZAUD (ancien sergent-major, 25ᵉ de ligne).
— lieutenant, GOUGIS.
— sous-lieut., POIRIER.
7ᵉ compagnie : capitaine, BERTHAUT (ancien sous-officier d'artillerie).
— lieutenant, GILLARD (Louis-Etienne).
— sous-lieut., LEBLOND.
8ᵉ compagnie : capitaine, ETASSE (ancien adjudant de gendarmerie).
— lieutenant, VIDIÈRE.
— sous-lieut., GILLARD (Henri).

Officiers du 4ᵉ bataillon à l'organisation.

Commandant M. LE COMTE DE CASTILLON DE SAINT-VICTOR, ✻.

1ʳᵉ compagnie : capitaine, Comte DE LOYNES.
— lieutenant, VEILLEUX.
— sous-lieut., MERCIER.

2ᵉ compagnie : capitaine, ROCHE.
— lieutenant, HUBERT.
— sous-lieut., Comte D'ILLIERS.

3ᵉ compagnie : capitaine, EDGARD DE GOUSSENCOURT.
— lieutenant, DE CHABANNES.
— sous-lieut., BAILLEAU.

4ᵉ compagnie : capitaine, MARCHANDON.
— lieutenant, CHARPENTIER.
— sous-lieut., MARTIN.

5ᵉ compagnie : capitaine, Georges MARIANI.
— lieutenant, DUMAS-DESCOMBES.
— sous-lieut., PRUNIER.

6ᵉ compagnie : capitaine, DE PONTOI-PONCARRÉ (Henri).
— lieutenant, DELAPORTE.
— sous-lieut., DABLIN.

7ᵉ compagnie : capitaine, FERGON (Henri).
— lieutenant, SILVY.
— sous-lieut., LELASSEUX.

8ᵉ compagnie : capitaine, PLANCQ.
— lieutenant, EIGENSCHENCK.
— sous-lieut., THIREAU,

1er BATAILLON A L'ORGANISATION

GRADES	1re COMPAGNIE	2e COMPAGNIE	GRADES	3e COMPAGNIE	4e COMPAGNIE
Serg.-Majors.	Petit, Charles-Henry.	Durand, Roger-Marie.	Serg.-Majors.	Ossude, Désiré-Paul-Florentin.	Garault, Ernest-Augustin.
Sergents.	Lefèvre, Marie-Léon-Alphonse.	Toureau, François-Aimé-Théoph.	Sergents.	Thibault, Jules-Paul.	Bouthemard, Hubert-Denis-Séb.
—	Bouchard, Henri-Carolus.	Lagrange, Louis-François-Alexis.	—	Lanteaume, Justin-Mérille.	Levasson, Marie-Joseph.
—	Martin, Ernest-Eugène.	Wagner, Florent-Désiré.	—	Durand, Louis-Gaston.	Rocque, Albert-Guillaume.
—	Milochau, Léon-Gustave.	Vivien, André-Joseph.	—	Hémery, Adolphe-Charles-Marie.	Roche, Joseph-Jean-Marie.
Serg.-Fourr.	Dugué, Louis-Adéodat.	Bonnet, Constant-Prosper.	Serg.-Fourr.	Bret, Charles-Auguste.	Saurand, Pierre-Armand.
Caporaux.	Hénault, Marie-Emile.	Rocher, Marie-Clément-Louis.	Caporaux.	Gassion, Alphonse-Emile.	Marais, Louis-Léon.
—	Vassory, Henri-Joseph.	Dumoutier, Marie-Auguste-Nar.	—	Baraillon, Hippolyte-Emile.	Boyer, Louis-James.
—	Maignan, Armand-Albert.	Jumentier, Louis-Etienne.	—	Mohin, Pierre-Victor.	Léger, Louis-Eugène.
—	Argaud, Paul-Adrien-Joseph.	Torcheux, Léon-Henri-Emile.	—	Paragot, Georges-Jules-Hyacinth.	Dubois, Eugène-Elie.
—	Lariche, Charles-Henri.	Bourgeot, Paul.	—	Bertholon, Sylvain.	Cahoreau, Louis-Arthur.
—	Perrot, Arsène-Aristide.	Poulard, Paul-François.	—	Jacquet, Marin-Eugène.	Pintard, Léon-Etienne.
—	Paragot, Jean-Alphonse.	Brière, Alphonse-Angèle-Désiré.	—	Jacques, Ferdinand-Alexandre.	Maillot, Emmanuel-Charl.-Arm.
—	Augand, Charles-Irénée.	Torcheux, Gabriel.	—	Estoup, Adolphe-Léon.	Gilbert, Marcel-Ferdinand.
Tambours.	Beaudoin, Louis-Auguste.	. . . .	Tambours.	. . . .	Buisson, Théodore-Frimaire.
Clairons.	Verdelet, Léon-Marcel.	Drouard, Victor.	Clairons.	Toutant, Etienne-Emile.	Baron, Arsène-Charles.
	. . . .	Genet, Joseph-Alcide.			

GRADES	5e COMPAGNIE	6e COMPAGNIE	GRADES	7e COMPAGNIE	8e COMPAGNIE
Serg.-Majors.	Ballay, Noël-Eugène.	Louvée, Paul-Eugène-Daniel.	Serg.-Majors.	Delarue, Paul-Alexandre.	Poulain, Alexis-Auguste-Eugène.
Sergents.	Trochard, Abel-Léopold.	Bourgeois, Paul-Marie.	Sergents.	Granveau, Louis-Dominique-Ed.	Vassort, Louis-Joseph-Gabriel.
—	Maurice, Louis-Emile.	Godin, Paul-Eugène.	—	Lemoult, Paul-Emile.	Houdkinne, Romain-Augustin.
—	Amblard, Arthur-Marie-Constant.	Nicourt, Henry-Constant.	—	Coireau, Paul-Louis-Marie.	Gommier, Romain-Charles.
—	Cochon, Léon-Charles-Joseph.	Hémart, Charles-Ariste.	—	Froger, Louis-Victor.	Lævasson, Marie-Désiré.
Serg.-Fourr.	Mauger, Auguste-Marcel.	Boivin, Louis-Jules.	Serg.-Fourr.	Delarue, Augustin.	Gérondeau, Jules-Gustave.
Caporaux.	Labbé, Marie-Félix.	Besnard, Désiré-Maxime-Narc.	Caporaux.	Fichot, Vincent-Henry.	Millochau, Jules-Désiré.
—	Totin, Jules-Octave.	Moreau, Louis-Joseph.	—	Fillon, Alexandre-Alphonse-Aug.	Dolléans, Auguste-Félix-Ernest.
—	Menou, Louis-Victor.	Daret, Jean-Baptiste-Désiré.	—	Hommasson, Albert-Edouard-Jos.	Desforges, Jules-Emile.
—	Guillaume, Joseph-Dieudonné.	Mineau, Alfred-Charles-Désiré.	—	Porthault, Alexandre-Dési.-Hil.	Boulé, Emile-Ludovic.
—	Savigny, Cyrille-Eugène.	Gandrille, Albert-Eugène.	—	Granveau, Eugène-Emile.	Fleury, Hyacinthe-Dumas.
—	Latouche, Louis-Narcisse.	Sigrist, Paul-Emile.	—	Michau, Antoine-Alfred.	Robinet, Augustin-Narcisse.
—	Gérondeau, Charles-Jérôme-Arm.	Bataille, Jean-Pierre-Honoré.	—	Jourdain, Joseph-Alfred.	Langlois, Gustave-Emile.
		Boivin, Adolphe-Gustave.	—	Chopparu, Pierre-Léon-Jules.	Beauharne, Moïse-Furcy.
Tambours.	Gauthier, Edouard-Augustin.	Filleau, Alcide-Benoni.	Tambours.	. . . .	Lemaire, Alcide-Donatien-Emile.
Clairons.	Domien, Louis-François-Léon.	Pillas, Rose-Célestin.	Clairons.	Delachaume, Joseph-Dési.-Louis.	. . . .

2ᵉ BATAILLON

GRADES	1ʳᵉ COMPAGNIE	2ᵉ COMPAGNIE
Serg.-Majors.	Fleury, Narcisse-Édouard.	Guillery, Louis-Henri.
Sergents.	Grouin, Jules-Cyprien-Alexandre.	Chesneau, François-Augustin.
—	Goussu, Gustave-Adrien.	Gombault, Paul-Henri.
—	Lemaitre, Léon-Ernest.	Laye, Ernest-Louis-Marie.
—	Manceau, Louis-Barthélémy-N.	Fossard, Adolphe.
Serg.-Fourr.	Paudelou, Anatole-Eugène.	Doudarnat, Alexandre-Jules.
Caporaux.	Fromont, Étienne-Juste.	Travaillé, Louis-Auguste-Désir.
—	Lambault, Philippe-Théodule.	Triquet, Louis-Hilaire.
—	Girard, Adrien-Auguste.	Bourgué, Louis-Félix.
—	Lenormand, Gustave-Alfred.	Aubry, Louis-Omer.
—	Lambault, Valère-Jean-Marie.	Cochinal, Édouard-Lucien.
—	Lhomme, Paul-Jules-Alexandre.	Challandan, Henri-Joseph.
—	Maupu, Clément-Albert-Henri.	Lorin, Joseph-Eugène.
—	Vellard, Anatole-Adonis.	Juré, François-Victor.
Tambours.	Goussu, Narcisse-Aristide.	Hateau, Auguste-Léon.
Clairons.	. . . .	. . . .

GRADES	5ᵉ COMPAGNIE	6ᵉ COMPAGNIE
Serg.-Majors.	Séré de Lanauze, Georges-Sim.	Coutanceau, Jacques-Théodore.
Sergents.	Chaillou, Victor-Joseph.	Paré, Marie-Ernest-Alphonse.
—	Laisné, Léon-Ernest.	Beauchamp, Émilien-Joseph.
—	Coignier, Albert-François-Émile.	Thubert, Arthur-Arsène.
—	Bourgeois, Ernest.	Coutanceau, Abel.
Serg.-Fourr.	Lumière, Auguste-Marie.	Mousset, Louis-Alfred.
Caporaux.	Guédon, Honoré-Eugène.	Mélinet, Flavien-Julien.
—	Guérinet, Auguste.	Douklier, Eugène.
—	Jumeau, Joseph-Fréjus-Adrien.	Infroy, Charles-Alexandre.
—	Petit, Fulgence.	Badaire, Moïse-Donatien.
—	Linulier, Germain-Henri.	Chavigny, Désiré-Camille.
—	Arnou, Auguste-François.	Loiseau, Gustave-Étienne.
—	Goujon de Beauvivier, Jul.-Alf.	Agnès, Louis-Auguste.
—	Plessis, François-Honoré.	Fouchard, Isidore-Athanase.
Tambours.	Ménage, Armand-Théophile.	Villette, Prosper.
Clairons.	. . . .	. . . .

À L'ORGANISATION

GRADES	3ᵉ COMPAGNIE	4ᵉ COMPAGNIE
Serg.-Majors.	Gatineau, Marie-Henri.	Bourgery, Henri-Raphaël.
Sergents.	Fontaine, Charles-Émile.	Deniau, Louis-Honoré.
—	Plisson, Édouard-Léon.	Pégurreau, Paulin-Zéphirin.
—	Cachin, Maurice-Florent.	Egasse, Charles-Jules-Modeste.
—	Buron, Louis-Alfred.	Fauchard, Joseph-Edmond.
Serg.-Fourr.	Ricois, Ernest-Félix.	David, Alexandre-Désiré.
Caporaux.	Cousin, Louis-Paul.	Bourgeois, Eugène-Célestin.
—	Chauveau, Julien.	Lecœur, Alfred-Arsène.
—	Savigny, Jean-Chrysostome-Alex.	Galerne, Edmond.
—	Renou, Marie-Louis-Eugène.	Jalat, Gustave-Armand.
—	Charron, François-Auguste.	Besnard, Georges-Henri.
—	Chapon, Césaire-Faustin.	Moulin, Louis-Léonard.
—	Jolly-Nivert, Marie-Louis-Em.	Gandier, Julien-Amédée.
—	Malécot, Arthur-Henri.	. . . .
Tambours.	. . . .	Joseph, Edmond-Frédéric.
Clairons.	Clairet, Ferdinand.	. . . .

GRADES	7ᵉ COMPAGNIE	8ᵉ COMPAGNIE
Serg.-Majors.	Charron, François-Désiré.	Mercier, Arthur-Jules.
Sergents.	Jomier, Élie-Alexis-Justin.	François, Désiré-Adolphe.
—	Hédelin, Charles-Édouard.	Rimbert, Dominique-Alexandre.
—	Thomassu, Ernest-Jules.	Dimier de la Brunetière, Jean.
—	Cochu, Marie-Edmond-Lucien.	Thomain, Léon-Paul.
Serg.-Fourr.	Menet, Achille-Émile-Benoist.	Côme, Benjamin-Émile.
Caporaux.	Remondière, Zéphirin-Auguste.	Corneau, Henry-Arthur.
—	Poirier, Germain-Alexis.	Rivierre, François-Auguste.
—	Lucas, Charles-Marc.	Ginouin, Auguste.
—	Isambert, Louis-François-Denis.	Guérin, Célestin-Augustin.
—	Cheramy, Henry-Auguste.	Bourgeon, Jules-Émile.
—	Geray, Désiré-Auguste.	Faucheux, Fulgence-Aristide.
—	Guillon, Émile.	Cottin, Jules-Henri.
—	Beauger, Louis-Honoré.	Couvret, Denis-Auguste.
Tambours.	. . . .	. . . .
Clairons.	. . . .	Bourée, Joseph-Auguste.

3ᵉ BATAILLON A L'ORGANISATION

GRADES	1ʳᵉ COMPAGNIE	2ᵉ COMPAGNIE	GRADES	3ᵉ COMPAGNIE	4ᵉ COMPAGNIE
Serg.-Majors.	Mauduit, Jules-Charles-Aimé.	Quérité, Prosper-Abel.	Serg.-Majors.	Braunard, Pierre-Georges.	Bigot, Jean-François-Désiré.
Sergents.	Petit, Louis-Théodore.	Delaisse, Isidore-Alphonse.	Sergents.	Mouche, Raoul-Arthur.	Crosson, Pierre-Eugène-Albert.
—	Labié, Jules-Arthur-Frédéric.	Douche, Charles-Victor-Arthur.	—	Hervieux, Albert-Victor.	Gasse, Charles-Eugène.
—	Jaleau, Hector-Charles.	Marais, Gustave-Oscar-Alphonse.	—	Portois, Pierre-Constant-Léon.	Bret, Aimé-Désiré.
—	Blanchard, Eléomène-Eugène.	Gasselin, Adolphe-Léopold.	—	Hatay, Joseph-Gustave.	Petit, Louis-Albert.
Serg.-Fourr.	Guillot, Achille-Étienne.	Debray, François-Aimé.	Serg.-Fourr.	Chapon, Albert-Charles-Gustave.	Boucher, Valéry-Charles-Désiré.
Caporaux.	Vallée, Pierre-Albert.	Noblet, Eugène-Alexandre-Phil.	Caporaux.	Guérin, François-Alexandre.	Morin, Augustin-Charles-Eloi.
—	Marchand, Jules-Albert.	Duval, Louis-François-Désiré.	—	Franchet, Laurent-Edmond.	Fontenelle, Alfred-Guillaume.
—	Chefdhôtel, Alphonse-Albert.	Perrier, Léonce-Théophile.	—	Mouveau, Arthur-Alexandre-G.	Buisson, Louis-Auguste-Désiré.
—	Cronier, François-Bruno.	Mallet, Edmond-Marie.	—	Renouard, Emile-Augustin-V.	Grevard, Paul-Emile.
—	Renault, Jacques-Théophile.	Lamare, Louis-Arthur-Camille.	—	Froment, Louis-Dieudonné.	Cantel, Auguste-Baptiste.
—	Javault, Louis-Pierre-Alexandre.	Klose, Joseph-Georges-Hippolyte.	—	Guille, Louis-Constant.	Fétu, Isidore-Désiré.
—	Hébert, Alphonse-Albert.	Quidenne, Adolphe-Arthur.	—	Dubois, Louis-Théodore.	Favé, Emile-Anatole-Ernest.
—	Alleaume, François-Gustave.	Chauvin, François-Léopold.	—	Deshais, Victor-Léon.	Belle, Victor-Désiré.
Tambours.	Dolant, Auguste-François.	Nion, Constant-Benjamin.	Tambours.	Jolly, Jacques-Edouard.	Locnet, François-Prudent-Aimé.
—	Beaunier, Henri-Anatole.		—	Singues, Louis-Gustave.	
Clairons.	. . . .	Thévent, Eugène-Désiré.	Clairons.	. . . .	Crette, Rémond-Théodore.

GRADES	5ᵉ COMPAGNIE	6ᵉ COMPAGNIE	GRADES	7ᵉ COMPAGNIE	8ᵉ COMPAGNIE
Serg.-Majors.	Delouis, Charles-Edouard.	Vigoureux, Julien-Alphonse.	Serg.-Majors.	Chabot, Alexandre-Constant.	Lahaye, Alexandre-Constant.
Sergents.	Papavoine, Jules-François.	Barret, Albert-Désiré.	Sergents.	Roux, Jules-Désiré.	Piébourg, François-Louis-Victor.
—	Vassart, Pierre-Joseph.	Billet, Paul-Gustave.	—	Chauvigny, Célestin-Isidore.	Plessis, Eloi-Hippolyte.
—	Seigneur, Eugène-Victor.	Demay, Eugène-Charles.	—	François, Charles.	Nadde, Prosper-Louis-Eugène.
—	Maréchal, Charles-Henri.	Goucis, Adolphe-Emile.	—	Cousin, Louis-Prudent.	Huet, Clément-Hippolyte.
Serg.-Fourr.	Buré, Charles-Louis.	Marnay, Albert-Léon.	Serg.-Fourr.	Guénard, Auguste-Dominique.	Belle, Alphonse-Sulpice.
Caporaux.	Rivé, Ernest-Octave.	Biotteau, Louis-Charles.	Caporaux.	Cocron, Louis-César.	Ollivier, Paul-Ariste-Ferdinand.
—	Leborgne, Louis-Julien.	Mercier, Adolphe-Charles.	—	Mary, Jean-Louis-François-D.	Mazière, Louis-Eugène.
—	Boucherx, François-Auguste.	Chevallier, Gaston-Albert.	—	Duthril, Palmire-Adolphe.	Huret, Hippolyte-Désiré.
—	Gigan, Charles-Alfred.	Marchand, Alexandre-Ernest.	—	Lauzon, Alphonse-Charles.	Viet, Isidore-Honoré.
—	Hermann, Désiré-Henri-Ernest.	Princet, Louis.	—	Cousin, Clovis-Prosper.	Martin, Sosthène-Louis-Charles.
—	Boisaubray, Alphonse-Armand.	Lefèvre, Eugène.	—	Duthril, Louis-Frédéric-Albert.	Guiard, Emile-Ernest-Adelbert.
—	Dhalande, Albert.	Letellier, Adrien-Gustave.	—	Lhuillery, Gustave-Charles.	Landais, Eugène-Gédéon.
—	Levasseur, Joseph-Albert.	Baudran, Paul-François-Léonard.	—	Omont, Alexandre-Adrien.	Allair, Armand-Léon.
Tambours.	Gaillard, Charles-Augustin.	Béranger, Léon-Louis-Emile.	Tambours.	Buchet, Auguste.	Groscœur, Adolphe-Joseph.
—			—	Métayer, Eugène-Joseph.	
Clairons.	Heurtault, Richard-Paulin.	Cotand, Louis-Auguste-Domin.	Clairons.	. . . .	Duteilleul, Armand-Honoré.

4e BATAILLON A L'ORGANISATION

GRADES	1re COMPAGNIE	2e COMPAGNIE	GRADES	3e COMPAGNIE	4e COMPAGNIE
Serg.-Majors.	DESCHAMPS, Germain-Sévère.	TRAVERT, Jules-Ernest-Isidore.	Serg.-Majors.	MAUGRAS, Jules-Florentin.	LECOINTRE, Louis-François-Marie.
Sergents.	LANDOUCHE, Elie-Adolphe-Louis.	THICHEUX, Jules-Pierre-Victorien.	Sergents.	BEAUDOUIN, Auguste-Ernest.	CLÉMENT, Mesmin-Louis-François.
—	BERTHAND, Eugène-Arthur.	MERCIER, Louis-Alexandre-Désir.	—	DELORME, Désiré-Jacques-Germ.	GOEKÈCHE, Alexandre-Désiré.
—	DUCLOS, Jules-Charles.	AYE, Henri-Ernest.	—	NAVEAU, Louis-Jules-Constant.	GRAFFIN, Adolphe-Alexandre.
—	VINCENT, Rose-Célestin.	TANDIVEAU, Serge-Félix.	—	ROGER, Louis-Médéric.	
Serg.-Fourr.	AUBENEAU, Julien-Emile-Const.	FORKAU, Omer-Barthélemy.	Serg.-Fourr.	BENOIST, Ladislas-Onésiphore.	TRAMBLIN, Louis-Alphonse.
Caporaux.	BINEAU, Augustin-Constant.	JOHAN, Ferdinand-François.	Caporaux.	LETER, Gaspard-Alexandre.	THOUVENIN, Honoré-Paul.
—	LANCELIN, Prosper-Philibert.	VINCENT, Henri-Eugène-Célestin.	—	FERRIÈRE, Victor-Hubert.	BARBON, Prosper-Louis-Pierre.
—	CHAROCHE, Auguste-François.	CARNIS, Carolus-Athanase.	—	GALLAIS, Louis-Alexandre-Simon.	BIDAULT, Julien-François.
—	DAVID, Louis-Pierre-Jules.	PELLETIER, Noël-Eugène.	—	LECONTE, François-Adrien.	SEGRÉTAIN, Emile-Toussaint.
—	BLIN, Néhémie-Victor.	PINEAU, François-Ernest.	—	ANDRÉ, Eugène-Célestin.	MERCIER, Louis-Désiré-Alfred.
—	MORIN, Charles-Gustave.	HARBOU, Urbain-Fulgence.	—	GADOIS, Jean-Louis-Vital.	THOUARD, Auguste-François.
—	BERTRAND, Magloire-Auguste.	ALEXANDRE, Aimé-Edm.-Louis.	—	LOUDMU, Louis-François.	GUILLIN, François-Eugène.
—	DAMOISEAU, Alphonse-Alfred.	BENOIST, Gabriel-Armand.	—	CHAUVEAU, Alcide-Henry.	LESAGE, Jules-Césairo.
Tambours.	. . . .	DAIGNAULT, Ludovic-Achille.	Tambours.	ROQUET, Louis-Frédéric-Victor.	LENOUX, Alexandre-Edouard.
—	. . . .	JARDIN, Adolphe-Grégorio.	—	GUILLEMAIN, Pierre-Alexandre.	CHARPENTIER, Albert-Théophile.
Clairons.	BERTHELOT, Marcel-Alexandre.	. . . .	Clairons.	. . . .	. . . .

GRADES	5e COMPAGNIE	6e COMPAGNIE	GRADES	7e COMPAGNIE	8e COMPAGNIE
Serg.-Majors.	MARTIN, Victor-Edouard.	ROLLIN, Eugène-Stanislas-Marie.	Serg.-Majors.	COUTONNEF, Simon-Achille-Théo.	BROUSSE, Louis-Amédée-Théodo.
Sergents.	GUILLEMIN, Armand-Alfred.	GOUGET, Eugène-Fulgence.	Sergents.	RABIGUET, Ernest-Victor.	PLANCY, Albert.
—	LEVEAU, Alphonse-Théodore.	AUGER, Alcide-Marie.	—	HOMMEY, Jules.	GRAFFIN, Jacques-François.
—	GANOT, Louis-Ambroise-Julien.	GAUDUKLIN, Victor-Jules-Paul.	—	NION, Alphonse-Edmond.	MORIN, André-Théodore.
—	LECHAMLE, Paul-Magloire.	VALLÉE, Alexandre-Jean-Baptiste.	—	MOULLIN, Henry-Adrien.	DEZELUS, Eugène-Ernest.
Serg.-Fourr.	DUQUÉ, François-Eugène.	BRETTE, Charles-Désiré-Victor.	Serg.-Fourr.	CHACHOIN, Edmond-Charles.	BLIN, Antoine-Henry.
Caporaux.	BRETTE, Marie-Louis-Joseph.	PENELLE, François-Théodore.	Caporaux.	GORNON, Denis-Michel.	HOUVET, Louis-Eugène-Alexand.
—	BOULAY, Ernest-Augustin.	BARDU, Gustave-Marie-Stanislas.	—	THOMASSU, Henri-Félix.	HUET, Charles-Casimir.
—	VALLÉE, François-Désiré.	FLET, Charles-Albert.	—	LECOURBE, Victor-Antoine.	SAGOT, François-Adrien.
—	VIRLOUVET, Armand-Pascal.	HAYE, Louis-Paul-Alexandre.	—	GUÉRINIER, Joseph-Alexandre.	ROUSSEAU, Lucien-Désiré.
—	JARDIN, Adolphe-Grégoire.	SAGOT, Joseph-Julien.	—	MULLET, Léon-Etienne.	VASSARD, Auguste-Eugène-Alex.
—	MARCHAND, Auguste-Constant.	DHONNEAU, Armand-Octave.	—	BARLON, Joseph-Emile-Désiré.	DURAND, Jean-Pierre-Alphonse.
—	DEROUET, Pierre-Louis.	MERICIER, Louis-François.	—	BRUGNON, Ernest-Louis.	COURRAY, Auguste-Louis.
—	MOREAU, Louis-Hippolyte.	. . . .	—	CABARET, Alexandre.	. . . .
Tambours.	TACHEAU, Admire-Jules-Domin.	. . . .	Tambours.	. . . .	CORMIER, Magloire-Ferdinand.
Clairons.	. . . .	LACHAMBRE, Gustave-Edmond.	Clairons.	MÉNAGER, Louis-Henry.	. . . .

Note C.

RÉSUMÉ DE L'HISTORIQUE DU 4ᵉ BATAILLON

Formation . . . . . A Nogent-le-Rotrou, du 20 août 1870 au 24 septembre 1870.

Entrée en campagne. Le 24 septembre 1870 jusqu'au 29 mars 1871, soit : 185 jours, pendant lesquels il est resté 102 jours campé ou cantonné; il a marché 83 jours et nuits, sans compter les marches pour les grand'gardes et les reconnaissances autour de Chartres.

Marches . . . . . . Le bataillon a fait 80 étapes environ et plus de 300 lieues. Il a traversé 9 départements (Eure-et-Loir, Orne, Eure, Sarthe, Loir-et-Cher, Mayenne, Maine-et-Loire, Vienne, Indre-et-Loire).

Combats . . . . . . Il a assisté aux combats d'Epernon, Chartres, Tréon, Chambléans près Dreux, Saint-Lubin-de-Cravant; puis avec la 2ᵉ armée de la Loire : à Poisly-Lorges, Fréteval, Connerré, Saint-Corneille et Ballon.

L'effectif au départ était d'environ 975 hommes.

GRADES	Tués sur le champ de bataille			Blessés			Morts pendant les marches	Prisonniers	Entrés aux hôpitaux et ambulances	Disparus illégalement	N'ayant jamais paru au bataillon
	Epernon	Tréon Chambléans	Saint-Lubin Connerré	Epernon	Tréon Chambléans	Saint-Lubin Poisly Connerré					
Capitaines .	»	1	»	»	»	1	»	»	5	»	»
Lieutenants.	»	»	»	»	1	»	»	4	1	»	»
Gardes Mobiles. . .	3	1	»	10	10	15	25	46	212	37	21
Totaux .	3	2	»	10	11	16	25	50	218	37	21

Le Capitaine adjudant-major du 4ᵉ bataillon,
MARCHANDON

Note D.

LES ORPHELINS DE LA GUERRE

Peu de départements ont droit de revendiquer une part aussi large que le nôtre dans la défense du pays; nos gardes nationaux, nos Mobiles, nos soldats ont lutté pendant de longs mois. Mais c'est là un honneur qui a été chèrement payé; car en 1871, Eure-et-Loir comptait 151 orphelins sans ressources, répartis entre 93 familles ruinées par la disparition de leur chef, mort pour la Patrie, et incapables de relever leur maison quand elle était incendiée.

Une œuvre centrale, destinée à soulager tant de misères dans les divers départements, s'était établie à Versailles, sous la présidence de Mme Thiers; notre Comité chartrain se composait de Mmes Bellier de la Chavignerie, Bonnard, Collier-Bordier, Edmond Foiret, Gustave Foiret, Francfort, Maréchal, Person et Savouré.

L'œuvre chartraine avait pour but de soutenir ces 151 enfants jusqu'à l'âge où ils pourraient gagner leur vie, c'est-à-dire jusqu'à 14 ou 15 ans.

Des appels divers à la charité publique, sermons, quêtes, loterie, demande au Conseil général, fournirent les fonds nécessaires pour les élever.

C'est à leur sujet qu'un de nos députés d'Eure-et-Loir, M. Noël Parfait, disait à Epernon, le 4 octobre 1872 :

« Un trop grand nombre de nos compatriotes, hélas ! ont succombé en laissant sans appui de malheureux orphelins. Mais à l'appel d'une femme d'un admirable dévouement, secondée par d'autres femmes au cœur généreux comme le sien, nous avons fondé et doté une œuvre destinée à soulager ces misères si intéressantes et si imméritées ; les enfants de nos morts seront désormais nos enfants ; nous les avons accueillis et adoptés ; ils sont les pupilles du département tout entier. »

Quelques semaines plus tard, M. Lepargneux disait à Marville :

« N'oublions pas que beaucoup de ceux que nous pleurons et qui ont versé leur sang pour défendre la Patrie, laissent des familles en détresse; que nos sympathies et notre reconnaissance ne se bornent pas à de stériles paroles !

» Si nous ne pouvons rendre à la veuve et à l'orphelin l'affection et la tendresse d'un époux et d'un père, soyons au moins leur appui; aidons la veuve à élever et établir ses enfants, à faire de ses filles de bonnes mères de famille, et de ses fils des citoyens laborieux, dévoués, prêts à marcher sur les traces glorieuses de leur père, à le venger et à relever l'honneur du drapeau. »

Consulter : *Journal de Chartres*, 5 mai, 18 juillet, 6 octobre et 14 novembre 1872. — *Voix de Notre-Dame*, 1872, pp. 115 et 156.

Note E.

ÉPERNON

Le 4 octobre 1872 on célébrait à Epernon un service religieux pour les Mobiles et Gardes nationaux qui étaient morts en défendant cette ville deux ans auparavant : on inaugurait le même jour les deux monuments érigés en leur honneur, et en grande partie votés par la municipalité.

Une brigade de gendarmes, de nombreux sapeurs-pompiers d'Épernon et des communes voisines, et un détachement de 40 dragons venus de Chartres donnaient à cette fête un bel air militaire et formaient un ensemble imposant.

On remarquait dans l'assistance, outre le maire d'Épernon et M. du Paty de Clam, colonel du 2ᵉ dragons, cinq députés d'Eure-et-Loir, MM. de Pontoi-Pontcarré, Lefèvre-Pontalis, De Gouvion Saint-Cyr, Vingtain et Noël Parfait, et quelques officiers de la Mobile d'Eure-et-Loir en uniforme : MM. d'Argent, de Prunelé, Du Temple de Rougemont, Berthault et Dablin.

La messe fut dite par M. l'abbé Robé, assisté de M. l'abbé Bouthemard, curé de Saint-Martin-de-Nigelles, et de M. l'abbé Paty.

Après la cérémonie funèbre et un discours patriotique de M. le Curé d'Épernon, le cortège, précédé du clergé, monte sur le plateau de la Diane où se dresse le monument à la mémoire du commandant Lecomte.

C'est une sorte de pyramide de granit à quatre pans, ayant une hauteur d'environ six mètres. Sur la face qui se présente aux regards du visiteur en arrivant au sommet de la butte, on lit :

4 OCTOBRE 1870

COMBAT D'ÉPERNON.

A LA MÉMOIRE

DU

COMMANDANT LECOMTE

2º BATAILLON

DE LA GARDE MOBILE D'EURE-ET-LOIR

A SES COMPAGNONS D'ARMES

SOLDATS DE LA GARDE MOBILE

ET DE LA GARDE NATIONALE SÉDENTAIRE

MORTS DEVANT L'ENNEMI

EN DÉFENDANT LA VILLE

CONTRE L'ATTAQUE D'UNE BRIGADE

DE L'ARMÉE ALLEMANDE

Ce monument s'élève sur l'emplacement de l'ancien château, à l'endroit même où se trouvait autrefois une tour dite, croyons-nous, tour de Henri III. Quatre mâts décorés de feuillage et de drapeaux tricolores avaient été plantés aux angles.

M. le Curé ayant bénit le monument, trois orateurs prirent successivement la parole : M. le Maire d'Epernon, pour rappeler que la ville a élevé ce monument en mémoire de ses défenseurs ; MM. Lefèvre-Pontalis et Noël Parfait pour donner un tribut de sympathiques regrets à ceux qui ont succombé dans la lutte.

On se rendit ensuite au cimetière où, après la bénédiction de la tombe, M. de Pontoi prit la parole pour rendre un hommage aux Mobiles de La Loupe que commandait son fils.

Le monument du cimetière est une colonne de stuc à fût brisé, reposant sur un socle à quatre faces. Sur la partie de la colonne tournée vers la route, on lit :

O crux ave, spes unica
Sursum corda

et au-dessous :

ICI REPOSENT NOS MORTS DU 4 OCTOBRE 1870.

Sur le pan à droite sont inscrits les noms suivants :

Lepicard, Jacques-Désiré, 74 ans, habitant d'Epernon ; Duclos, Pierre-Gustave, 21 ans, garde national d'Epernon; Trouvé, Alfred, 19 ans, garde national de Maintenon ; Dauvilliers, Louis-Victor-Maurice, 21 ans, garde national de Chartainvilliers; Martin, Pierre-Dominique, garde mobile de Luigny.

Sur le pan de gauche :

Manceau, Barthélemy, 22 ans, sergent de la garde mobile ; Leroy, Eugène, de Méréglise, soldat du 4ᵉ bataillon; Bois, Célestin, 21 ans, du 2ᵉ bataillon. — Cinq dont les noms sont inconnus.

Le cortège étant de retour à la mairie, M. Emile Labiche a remercié et félicité les nombreux sapeurs-pompiers du concours qu'ils avaient bien voulu donner à la fête.

Voir le *Journal de Chartres*, 6 octobre 1872.

Note F.

DROUE

La Société du *Souvenir Français* offrait à la commune de Droue, le dimanche 4 octobre 1896, une plaque commémorative du combat livré aux Allemands par plusieurs de ses habitants, le 4 octobre 1870.

Pendant le service funèbre à l'église, on voit assis derrière le catafalque les survivants du drame héroïque et les familles des victimes.

M. l'abbé Genet, curé d'Epernon, prononce en chaire, en termes sincèrement émus et éloquents, un discours vibrant de patriotisme. Dans la première partie, l'orateur se montre vraiment remarquable. Il fait un récit émouvant, palpitant, des journées des 4 et 5 octobre ; il met en relief le courage de chacun des combattants dont on célèbre l'anniversaire.

Il donne ensuite l'absoute et bénit la plaque commémorative que deux sapeurs-pompiers ont apportée aux pieds de l'autel.

Cette plaque, fixée sur la façade de la mairie, dans une baie spécialement pratiquée, au-dessus de la salle d'école, a les dimensions et la forme de celle posée à Jouy ; elle reproduit sur un fond rouge vif, en lettres d'or, les noms de ceux qu'elle invite à honorer et à imiter.

On y lit l'inscription suivante :

HONNEUR   PATRIE
LE 4 OCTOBRE 1870 :
AUX GARDES NATIONAUX MORTS EN COMBATTANT
MARTIN, LOUIS-DÉSIRÉ, SOUS-LIEUTENANT
LACOUR, LÉON-EUGÈNE, dit CHARLIER, CAPORAL
LEHONGRE, LOUIS-LÉOPOLD, GARDE NATIONAL
RAVET, EUGÈNE-MARIE   ID.
RINGUENOIR, AUGUSTE-LUDOVIC, INSTITUTEUR, GARDE NATIONAL

MORTS DES SUITES DE LEURS BLESSURES
FAUVES, LOUIS-FÉLIX, GARDE NATIONAL, 1878
LEBLANC, PIERRE-CHARLES,   ID.   1872

TUÉS SUR LE TERRITOIRE ET INHUMÉS A DROUE
SALLÉ, CYRILLE, GARDE MOBILE
TEMPLIER, LOUIS.   ID.
ET TROIS AUTRES GARDES MOBILES, ETAT CIVIL INCONNU
A NOUS LE SOUVENIR!
A EUX L'IMMORTALITÉ.

Société Nationale du *Souvenir Français.*

C'est devant cette stèle commémorative que M. Maitrot de Varenne, préfet d'Eure-et-Loir, fait revivre dans son discours, aux applaudissements de tous, la glorieuse et tragique journée du 4 octobre.

Au cimetière, auprès des tombes où reposent : à droite, les gardes nationaux, à gauche, les 5 Gardes Mobiles, plusieurs orateurs, parmi lesquels M. Lhopiteau, député, glorifient les vaillants qui ont su mourir pour la défense de la Patrie.

Consulter le *Journal de Chartres*, 7 octobre 1896.

Note G.

CHARTRES

Le cimetière de Saint-Chéron, à Chartres, renferme deux tombes monumentales qui recouvrent les restes des soldats morts dans notre ville pendant la guerre. L'une est consacrée aux Français et l'autre aux Allemands.

La tombe des Français porte sur son socle une croix érigée en souvenir spécial d'un Mobile de Lot-et-Garonne.

La croix, formée de la hampe d'un drapeau tricolore et d'un fusil, est ornée de sabres baïonnettes, de branches de chêne et d'une couronne d'immortelles.

On lit sur la base cette inscription :

A LA MÉMOIRE DE JEAN GAUMETOU
BLESSÉ AU COMBAT DE LUISANT, PRÈS CHARTRES
LE 21 OCTOBRE 1870
DÉCÉDÉ LE 23 OCTOBRE MÊME ANNÉE.
PRIEZ POUR LUI.
DERNIER SOUVENIR DE SES PARENTS DÉSOLÉS.

Note H.

JOUY

Le dimanche 20 octobre 1895, une manifestation patriotique et religieuse avait lieu à Jouy pour le vingt-cinquième anniversaire du combat livré aux Prussiens le 21 octobre 1870. — La Société du *Souvenir Français* offrait à la municipalité de Jouy une plaque rappelant le fait d'armes et les noms des huit gardes nationaux morts dans cette journée.

La foule était considérable; beaucoup de personnages, représentant l'armée et les principales administrations civiles de Chartres, avaient répondu à l'invitation de M. le Maire et du Conseil municipal de Jouy.

M. l'abbé Legué, Vicaire capitulaire, officiait à l'église; il était entouré de M. le Curé, de MM. Robé et Hervé, Aumôniers militaires en 1870 et de plusieurs ecclésiastiques. C'est au milieu d'une assistance d'élite que M. Robé, alors chanoine honoraire et curé-doyen de La Loupe, prononça une fort belle oraison funèbre, à laquelle nous avons emprunté deux passages dans le cours de cette histoire.

Avant de donner l'absoute, M. le Vicaire capitulaire bénit la plaque commémorative qui fut aussitôt emportée et placée sur la façade de la mairie.

Cette plaque, encadrée dans un châssis en fonte, avec attributs militaires, est à fond rouge, sur lequel se détache en lettres noires l'inscription suivante :

HONNEUR — PATRIE

A LA MÉMOIRE DES GARDES NATIONAUX
FUSILLÉS LE 21 OCTOBRE 1870 PAR LES PRUSSIENS
APRÈS LA PRISE DE CHARTRES

BAINVILLE, Victor-Hippolyte.
FORTIN, Michel-Isidore.
GLIN, Jean-Paul-Moïse.
HAMON, Théodore-Hippolyte.
HOGRÉAU, Alphonse-René.
HOYAU, Paul-Henri-Léon.
LOCHON, Eugène-Théodore.
TANCRET, Louis-Abel.

PASSANTS, SALUEZ LES NOMS DE CES BRAVES
MORTS POUR LA PATRIE
A EUX L'IMMORTALITÉ.
A NOUS, FRANÇAIS, LE SOUVENIR.
INSPIRONS-NOUS DE LEUR PATRIOTISME.
VIVE LA FRANCE !

Société Nationale du *Souvenir Français*.

Le cortège s'arrêta d'abord devant cette plaque indicatrice, puis se dirigea vers le cimetière où s'élève, en l'honneur des huit victimes, une tombe inaugurée le 21 octobre 1876.

C'est une modeste pyramide surmontée d'une urne. Sur une des faces on a sculpté deux sabres en croix; sur l'autre ces seuls mots : « A la mémoire des gardes nationaux tués en 1870.

De nombreux discours patriotiques ont été prononcés à la mairie, au cimetière et au banquet. Citons parmi les orateurs : M. Quijoux, maire de Jouy, M. le marquis de Maleyssie, ancien commandant de notre premier bataillon, et M. Desprez, préfet d'Eure-et-Loir.

Voir le *Journal de Chartres*, 23 octobre 1895.

Note I.

MARVILLE-MOUTIERS-BRULÉ

Le dimanche 10 novembre 1872, une assistance nombreuse et recueillie se pressait dans l'église de Marville-Moutiers-Brûlé. On devait inaugurer le monument élevé dans le cimetière à la mémoire des Mobiles tués au combat d'Imbermais, le 17 novembre 1870.

Tous les bataillons d'Eure-et-Loir avaient des représentants.

Deux anciens Aumôniers militaires, M. l'abbé Piau et M. l'abbé Hervé étaient là. Le premier célébra la sainte Messe à l'intention de ses chers Mobiles défunts; le second, par sa parole ardente et pieuse, sut exciter l'assistance à prier pour les victimes de la guerre.

Au cimetière, après la bénédiction du monument par M. Hervé, on entendit un discours de M. le Sous-Préfet de Dreux, du commandant de Castillon, du capitaine Hanquet et de M. Lepargneux. Nous empruntons à ce dernier les quelques lignes suivantes :

« Vive reconnaissance à tous les héros que cette tombe renferme! au commandant Bréqueville, à ce brave et brillant officier, au cœur généreux et chevaleresque, qui maintes fois a risqué sa vie pour sauver l'un de nos fils des positions périlleuses où l'avaient entraîné et son ardeur et sa témérité !

» Adieu et merci, brave commandant, ami dévoué! Adieu à vous aussi, chers morts, qui reposez à ses côtés! Dormez en paix; nous veillons sur ceux que vous avez aimés et pour lesquels a été votre dernière pensée. »

Le monument, dû au ciseau d'un ancien Mobile, M. Blin, alors sculpteur amateur, est remarquable par son exécution artistique et son inspiration chrétienne.

Voici les deux inscriptions qui se lisent sur la pierre :

POUR DIEU ET LA PATRIE

A NOS CHERS GARDES MOBILES DU 2ᵉ BATAILLON
TOMBÉS BRAVEMENT AU COMBAT D'IMBERMAIS
17 NOVEMBRE 1870

LE COMMANDANT BRÉQUEVILLE

LE CAPITAINE ROCHE DU 4ᵉ BATAILLON

FAIFEU	ALLIOT
PÉTARD	PITHOU
HERVET	CHAVIGNY
EMONET	LARUE
BELLESSORT	HERPIN
PONTET	MOULIN
JORRY	QUILLON
MANCION	SAVIGNY

REQUIESCANT IN PACE

Seconde inscription :

ÉRIGÉ

PAR LE TRAVAIL DÉSINTÉRESSÉ DE C. BLIN
LEUR COMPAGNON D'ARMES
AVEC LE CONCOURS DES OFFICIERS ET SOLDATS
DES HABITANTS DE LA LOCALITÉ
ET DE PLUSIEURS PERSONNES DÉVOUÉES
PAR LES SOINS DE M. L'ABBÉ HERVÉ, LEUR AUMÔNIER
ET DE M. L'ABBÉ RUSTIQUE, CURÉ DE MARVILLE
CONCESSION DE LA COMMUNE

Note J.

CONNERRÉ

On lit dans le *Journal de Chartres*, du 21 janvier 1872 :

Mercredi dernier, a été célébré dans l'église de Connerré un service en l'honneur des Gardes Mobiles d'Eure-et-Loir tués dans la dernière guerre.

C'est à Connerré et aux environs, à Lombron et à Saint-Corneille, que nos bataillons ont combattu pour la dernière fois; c'est là aussi qu'ils ont été le plus éprouvés. C'est donc là que nous sommes venus prier pour nos compagnons d'armes tombés sur nos champs de bataille : à Epernon, à Tréon, à Marchenoir et dans la Sarthe.

M. le comte A. de Maleyssie, commandant du 1er bataillon, avait pris l'initiative de cette cérémonie. C'est lui qui s'est chargé de l'organiser, avec le concours bienveillant de M. le Curé de Connerré et de nos Aumôniers, MM. Robé, Piauger et Hervé.

A onze heures, l'église était pleine, et la messe a commencé : M. l'abbé Robé officiait. M. l'abbé Piauger a prononcé l'oraison funèbre de nos chers camarades. Il a parlé en prêtre et en soldat, comme il faisait pendant la guerre. Il a rappelé, en termes chaleureux et patriotiques, la belle conduite de ces braves, si glorieusement morts pour la défense de la Patrie. L'émotion a été profonde. La quête a été faite par M. l'abbé Hervé, Aumônier du 2e bataillon.

M. le Maire de Connerré et son Conseil municipal assistaient à la cérémonie, ainsi qu'un grand nombre d'habitants. Autour de MM. les commandants de Castillon et de Maleyssie se groupaient plusieurs officiers et un grand nombre de sous-officiers et de soldats.

Après la messe, chacun est allé parcourir les lieux où il avait combattu. Nous revoyions la place où tant de nos camarades ont reçu la mort; plus d'un blessé reconnaissait d'un regard ému l'endroit où il était tombé il y a un an. Des débris de toute nature, tristes souvenirs, jonchaient encore le sol. Nous retrouvions nos sentiers, nos chemins creux, nos halliers, et surtout notre bois de sapins, si ravagé par les projectiles qu'on a dû l'abattre presque entièrement.

C'est dans ce bois que reposent une partie de nos morts ; aujourd'hui, de petits tertres surmontés de croix de bois rustiques indiquent seuls leur place. Mais nous voulons leur donner un souvenir plus durable ; tous, avant peu, seront réunis sous un petit monument commémoratif dont l'emplacement a été bénit mercredi par M. le Curé de la Chapelle-Saint-Remy. Après les prières, M. le comte de Castillon, notre commandant le plus ancien de grade, a prononcé les paroles suivantes :

« Messieurs,

» Avant de quitter nos chers camarades, permettez-moi de leur dire en votre nom un dernier adieu ; adieu non seulement à ceux qu'à couverts la neige de l'an dernier sur le sol que nous foulons, mais encore à tous ceux que nous avons laissés tant dans les plaines d'Eure-et-Loir que dans celles de Loir-et-Cher. Leur souvenir sera le légitime orgueil de leurs familles ; qu'il soit pour nous un exemple. Peut-être un jour la France demandera-t-elle de nouveaux sacrifices, et c'est de vous, nobles morts, que nous voulons apprendre, officiers, sous-officiers et soldats, comment on quitte femme, enfants et famille, quand la Patrie nous réclame.

» Un mot encore, et que ce mot soit une expression de gratitude envers nos Aumôniers, qui simplement et sans phrases, nous ont toujours offert le modèle de tous les dévouements. »

Après ce court hommage rendu à la mémoire de nos braves compagnons d'armes, la foule recueillie s'est écoulée silencieusement.

Un officier du 1ᵉʳ bataillon.

Note K.

MONUMENT DES ENFANTS D'EURE-ET-LOIR

C'est au vingt-cinquième anniversaire de la guerre de 1870 que M. le marquis de Maleyssie, ancien commandant de notre premier bataillon de Mobiles, forma le projet de faire ériger un monument à la mémoire de tous les Enfants d'Eure-et-Loir morts pour la Patrie pendant cette douloureuse campagne.

« Soldats, gardes nationaux et Mobiles d'Eure-et-Loir, disait-il alors, se sont conduits de manière à ce que j'ai cru de mon devoir de demander à tous leurs compatriotes de faire enfin pour eux ce qu'on a fait partout depuis longtemps. »

Messieurs les sénateurs et députés de notre département promirent aussitôt leur concours. L'un d'eux, M. Emile Labiche, accepta même la présidence du futur Comité qui devait centraliser les souscriptions.

MM. Hémard, Bonnet, Durand, Jourdain, de Possesse, Marcotte, Piébourg et de Goussencourt, répondirent également au premier appel de l'organisateur ; mais beaucoup lui prédisaient l'insuccès le plus complet.

Ecoutons M. de Maleyssie raconter, devant une assemblée préparatoire, le 9 février 1895, les objections dont il a dû triompher.

« Pour m'encourager, on m'a dit : « Vous ne réveillerez jamais le Beauceron. »

» Les Beaucerons, qui les connaît mieux que moi ? Pendant la guerre, j'ai toujours mangé à leur gamelle ; leur tente était la mienne, mon cœur battait à côté du leur.

» D'autres me disaient : « Il est trop tard ! »

» — Trop tard ! Allons donc ; à 3 heures, la bataille de Marengo était perdue ; à 3 heures, Desaix dit à Bonaparte : « Nous avons le temps d'en livrer une deuxième et de la gagner. »

» Nous ne sommes pas à Marengo, mais les 200,000 habitants d'Eure-et-Loir ont le temps de faire mieux que les autres, en jetant tous, hommes, femmes, enfants, l'obole que je leur demande, dans la caisse du Comité que vous allez nommer. Je suis sûr que nous gagnerons aussi cette patriotique bataille.

» Messieurs, en élevant ce monument, vous travaillez pour ceux qui sont morts, vous travaillez pour ceux qui vivent, mais vous travaillez surtout pour nos enfants.

» Nous ne rêvons pas guerres et batailles, mais nous n'oublions pas que l'ennemi s'est promené en victorieux dans nos plaines.

» Nous voulons que nos frontières soient respectées. Pour cela, nous devons donner à nos enfants une noble et grande idée du drapeau sous lequel ils auront peut-être à combattre, drapeau que nos marins montrent sur toutes les mers au milieu des tempêtes, drapeau sur lequel la France écrit en lettres d'or que la politique n'a pu ternir, ces mots magiques qui font sortir les héros des palais et des chaumières :

HONNEUR ET PATRIE. »

Une fois de plus, M. le marquis de Maleyssie se montra énergique et persévérant car, à l'heure où nous écrivons, la patriotique bataille est gagnée. Le gros œuvre du monument, payé par la souscription, est construit; l'Administration des Beaux-Arts fera le reste.

Aussi nous espérons que Chartres verra, le dimanche 29 septembre prochain, comme on l'annonce, inaugurer le monument des Enfants d'Eure-et-Loir, élevé au milieu des arbres de la promenade, près de la place Châtelet.

Note L.

Les réclamations ou rectifications auxquelles ce livre pourrait donner lieu, seront accueillies avec empressement.

TABLE DES MATIÈRES

Chapitre I. — ORGANISATION ET DÉBUTS

Pages

Sommaire : Création de la Garde Mobile. — Son rôle et son importance. — Nos quatre bataillons. — Officiers et sous-officiers. — Effectifs. — Exercices. — Armement. — Habillement. — Plan de campagne. — Premier séjour dans l'Orne. — Discipline. — Retour. — Les éclaireurs prussiens. — Nos Mobiles à Epernon. — Deux Aumôniers.   1

Chapitre II. — EPERNON

Sommaire : Combat d'Epernon. — Mort du Commandant Lecomte. — Retraite. — Secours tardifs. — M. le Curé d'Epernon. — Etrange rumeur. — Nos pertes. — Les Gardes nationaux de Droue. — Nos Aumôniers. — Le cercueil du commandant Lecomte et la caisse du 4ᵉ bataillon. — Un obstacle.   16

Chapitre III. — MAINTENON

Sommaire : Un départ de Chartres. — Le 4ᵉ bataillon. — Le camp de Maintenon. — Retraite du lieutenant-colonel Marais. — Nominations. — Escarmouches. — Les francs-tireurs imprudents. — Incendies d'Ablis et de Cherisy. — En route pour Dreux. — Les reconnaissances. — Nos trois Aumôniers. — La Cour Martiale. — Incendie de Châteaudun. — Un projet du colonel Du Temple. — Rappel.   45

Chapitre IV. — CHARTRES

Sommaire. — Au secours de Chartres. — Les préparatifs de défense et l'investissement de la ville. — Dispositions pacifiques. — M. le Curé de Morancez au camp prussien. — Quel malheur de bombarder un aussi beau dôme ! — La préfecture et le presbytère. — MM. Labiche et Delacroix. — La Convention militaire. — Une réponse à M. De Foudras. — Nos Aumôniers. — Les Mobiles de Lot-et-Garonne. —

Joseph de Gironde et le testament. — Les Gardes nationaux de Jouy et de Saint-Prest. — M. le Curé du Boullay-Thierry. — « Oh ! ces Chartrains ! » — Une mauvaise rencontre. — Le camp prussien de Coltainville. — « Vous serez fusillé pendant une heure ». — Un trésor dans un jardin. — Délivrance et retour.   61

Chapitre V. — PERCHE ET NORMANDIE

Sommaire : Attaque d'un convoi. — Mauvaise foi prussienne. — La forêt de Bailleau-l'Evêque. — Le Camp de Châteauneuf. — Un Aumônier malade. — Senonches. — L'aurore boréale. — La Loupe. — Au château de La Ferté. — Pauvres Mobiles ! — Les pantalons. — Les godillots. — Epidémie de variole. — On demande des médecins. — Le marin. — Tristesses et espérances. — En route.   85

Chapitre VI. — DREUX, MORVILLETTE, IMBERMAIS ET SAINT-LUBIN-DE-CRAVANT

Sommaire : Voilà les Français ! — Sur les rives de la Blaise. — M. le Curé de Marville. — Les tentes. — Morvillette. — Une mère au milieu des balles. — Trois gendarmes. — Le plan de campagne des Allemands. — Combat de Dreux. — Combat d'Imbermais. — Mort du Commandant Bréqueville. — Nos pertes. — Le comte d'Illiers. — Le presbytère de Boissy-en-Drouais. — Les Ambulanciers. — Les détrousseurs de cadavres et la chienne fidèle. — Une fin consolante. — Au cimetière de Marville-Moutiers-Brûlé. — M. de la Marlier à Crécy-Couvé. — Retraite mouvementée. — Nonancourt. — Panique. — Saint-Lubin-de-Cravant. — Une nuit d'angoisses. — Brezolles. — Une rencontre au presbytère de Crucey. — Retour inespéré. 101

Chapitre VII. — LONGNY, MORTAGNE ET COURTOMER

Sommaire : Le 4ᵉ Bataillon. — Marchainville. — Longny. — Le colonel Marty. — Rémalard. — Détour heureux. — Une lettre du capitaine Vigouroux. — Mortagne. — L'Etang des Personnes. — Un homme en blouse. — Un guide. — « Il faut que je résiste à l'ennemi ». — Moulins-la-Marche. — Château des Mares. — Courtomer. — Le biscuit. — Deux boulangers. — Le camp. — Séez. — Joyeux voyage. 125

Chapitre VIII. — DU MANS A MARCHENOIR

Sommaire : Le lieutenant-colonel du 63ᵉ. — Mobiles bien malheureux. — L'os à ronger. — La Cathédrale. — Dames charitables. — Le bouquet. — Le 21ᵉ corps et la 1ʳᵉ brigade. — Le commandant de Maleyssie. — Départ du Mans. — Le commandant Lavater. — Un fermier au désespoir. — La variole noire. — Loigny. — Un ordre du jour. — Marchenoir. — « C'était simplement horrible ! » 140

Chapitre IX. — BATAILLE DE JOSNES, MARCHENOIR, LORGES ET POISLY

Sommaire : Le plan de Chanzy. — Une belle nuit d'hiver. — Poisly. — Aux Nogentais. — La prière du vieux sergent. — La 1re brigade au matin du 8 décembre. — Les servants improvisés. — On demande des armes. — M. de Maleyssie. — Debout ! à l'ennemi ! — Le capitaine Baye. — En avant. — Les soutiens d'artillerie. — Forces de l'ennemi. — Félicitations bien méritées. — La journée d'un Aumônier. — La ferme du moulin de Lorges. — Le 9 décembre. — Les tranchées-abris. — Au milieu des tirailleurs. — Une pipe fumée tranquillement. — Le 10 décembre. — Mort du capitaine Bastide et du sergent Lagrange. — Profonde gratitude de nos Mobiles. — Pourquoi Chanzy ordonne la retraite. — Nos pertes. — Une promotion 156

Chapitre X. — RETRAITE ET REPOS

Sommaire : Un mot de Gambetta. — Ruse de guerre. — Retraite par échelons. — Le clairon. — Le bois démasqué. — Fréteval. — Du pain. — Mont-Henri. — Nouvelle résistance. — Le commandant Collet et ses marins. — Combat de Vendôme. — Comment on habille et nourrit son bataillon. — M. l'abbé Piauger. — Mondoubleau. — Connerré. — Patriotisme et découragement. — Sargé. — Visite au Mans. — L'armurier cupide. — Noël. — Le 1er janvier. — Nouveaux fusils. — Le colonel Villain. — La marche simultanée sur Paris. — Il faut se défendre 178

Chapitre XI. — BATAILLE DU MANS, CONNERRÉ ET SAINT-CORNEILLE

Sommaire : Retour offensif. — La neige. — Notre artillerie. — Un homme gelé. — Attaque de la gare de Connerré. — « Le couteau au canon ! » — Au bord de l'Huisne. — Les pointeurs prussiens. — Notre 1er bataillon. — La 8e compagnie. — Les blessés. — Le château de Loresse. — Froid de loup. — Le pont improvisé. — C'est ici, mon brave. — Sargé n'est pas loin. — Mobiles désarmés. — Grave nouvelle et mission périlleuse. — L'étrenne des chassepots. — Une ferme bien défendue. — Au plateau d'Auvours. — La prise du Mans et les Mobilisés. — L'ambulance de la Longraie. — Tombes militaires. — A la recherche des voitures. — Le feu de joie. — Au milieu des flammes. — Au château de Montfort. — Fête de l'Epiphanie. — Heureuse imprudence. — L'Aumônier rejoint ses Mobiles bien-aimés. . . 196

Chapitre XII. — RETRAITE SUR MAYENNE

pages.

Sommaire : Situation critique. — Combat de Courcebœufs. — Une pauvre veuve. — Prisonnier pour un moment. — Le pont de Beaumont-sur-Sarthe. — Éloge du 21e corps. — La première troupe, ce sera l'ennemi. — Journée épouvantable. — Combat de Sillé-le-Guillaume. — Voiture perdue. — Encouragements du général Collin. — Arrivée à Mayenne. — Brives. — Bonne humeur. — Encombrement des ambulances. — Blessés et malades abandonnés. — Un sermon de charité. — Notre-Dame-de-la-Vallée. — Le lieutenant-colonel Barille 221

Chapitre XIII. — ARMISTICE, PAIX ET RETOUR

Sommaire : Ce que pensaient nos Mobiles. — Le vote. — Les prisonniers. — La caserne de Blois. — Le camion et l'homme de peine. — Une évasion. — Si vous voulez la paix, préparez la guerre. — Pays vignoble. — Dissais. — Adieux de Jaurès au 21e corps. — Lettre des officiers du 2e bataillon à M. l'abbé Hervé. — Retour au foyer. — La Commune. — Combien manquent à l'appel ! — Vue de Châteaudun. — Arrivée à Chartres. — Ordre du jour au 1er bataillon. — Service à la Cathédrale. — Un discours bien écouté. — On licencie les bataillons. — Portrait du Beauceron. — Le Ministre de la guerre et le Curé de Loigny. — Deux réponses de Monseigneur Regnault. — Une ovation. 235

Chapitre XIV. — PERTES ET RÉCOMPENSES

Sommaire : Résumé des pertes. — Nos morts. — Retraités. — Prisonniers. — Une visite aux prisons d'Allemagne. — Officiers de la Légion d'honneur. — Chevaliers. — Médailles militaires. — Projets et notes de proposition. 257

TABLE DE L'APPENDICE

	Pages.
Note A. — Tableau des circonscriptions de recrutement.	268
Note B. — Tableau des officiers et sous-officiers à l'organisation	270
Note C. — Résumé de l'historique du 4ᵉ bataillon	282
Note D. — Les orphelines de la guerre.	283
Note E. — Epernon	284
Note F. — Droue	286
Note G. — Chartres	288
Note H. — Jouy	288
Note I. — Marville-Moutiers-Brûlé	290
Note J. — Connerré	292
Note K. — Monument des Enfants d'Eure-et-Loir	294
Note L. —	295

TABLE DES GRAVURES

		Pages.
1.	Carte	
2.	Garde mobile d'Eure-et-Loir.	6
3.	Officier de la Garde mobile.	9
4.	Le commandant Lecomte	19
5.	Monument d'Épernon	26
6.	Monument de Marville-Moutiers-Brûlé.	115
7.	Cantinier et cantinière du 1er bataillon.	131
8.	Le commandant de Castillon.	147
9.	Le clairon Alcide Genet	181
10.	Le lieutenant-colonel de la Marlier.	229
11.	Les Aumôniers militaires	249

www.ingramcontent.com/pod-product-compliance
Lightning Source LLC
Chambersburg PA
CBHW071347150426
43191CB00007B/883